TEOPOÉTICA
MÍSTICA E POESIA

Reitor
Pe. Josafá Carlos de Siqueira SJ

Vice-Reitor
Pe. Anderson Antônio Pedroso SJ

Vice-Reitor para Assuntos Acadêmicos
Prof. José Ricardo Bergmann

Vice-Reitor para Assuntos Administrativos
Prof. Ricardo Tanscheit

Vice-Reitor para Assuntos Comunitários
Prof. Augusto Luiz Duarte Lopes Sampaio

Vice-Reitor para Assuntos de Desenvolvimento
Prof. Sergio Bruni

Decanos
Prof. Júlio Cesar Valladão Diniz (CTCH)
Prof. Luiz Roberto A. Cunha (CCS)
Prof. Luiz Alencar Reis da Silva Mello (CTC)
Prof. Hilton Augusto Koch (CCBS)

TEOPOÉTICA
MÍSTICA E POESIA

MARIA CLARA BINGEMER
ALEX VILLAS BOAS
(ORGANIZADORES)

©**Editora PUC-Rio**
Rua Marquês de S. Vicente, 225 – Casa da Editora PUC-Rio
Gávea – Rio de Janeiro – RJ – CEP 22451-900
T 55 21 3527-1760/1838
edpucrio@puc-rio.br
www.puc-rio.br/editorapucrio

Conselho Gestor da Editora PUC-Rio
Augusto Sampaio, Danilo Marcondes, Felipe Gomberg, Hilton Augusto Koch,
José Ricardo Bergmann, Júlio Cesar Valladão Diniz, Luiz Alencar Reis
da Silva Mello, Luiz Roberto Cunha e Sergio Bruni.

Paulinas Editora
Rua Dona Inácia Uchoa, 62
04110-020 – V. Mariana – SP (Brasil)
Tel.: (11) 2125-3500
http://www.paulinas.com.br
editora@paulinas.com.br
Telemarketing e SAC: 0800-7010081
© Pia Sociedade Filhas de São Paulo

Direção-geral:
Flávia Reginatto

Editora responsável:
Vera Ivanise Bombonatto

Gerente de produção:
Felício Calegaro Neto

Revisão de texto: Eloise Porto e Cristina da Costa Pereira
Projeto gráfico de capa e miolo: Flávia da Matta Design

Todos os direitos reservados. Nenhuma parte desta obra pode ser reproduzida ou transmitida por
qualquer forma e/ou quaisquer meios (eletrônico ou mecânico, incluindo fotocópia e gravação)
ou arquivada em qualquer sistema ou banco de dados sem permissão escrita das editoras.

Dados Internacionais de Catalogação na Publicação (CIP)

Teopoética: mística e poesia / Maria Clara Bingemer e Alex Villas Boas (organizadores). –
Rio de Janeiro: Ed. PUC-Rio; São Paulo: Paulinas, 2020.

352 p.; 23 cm

Inclui bibliografia
ISBN (Ed. PUC-Rio): 978-65-990194-1-8
ISBN (Paulinas): 978-85-356-4565-1

1. Religião e literatura. 2. Mística. 3. Poesia. I. Bingemer, Maria Clara Lucchetti, 1949-.
II. Villas Boas, Alex.

CDD: 201.68

Elaborado por Sabrina Dias do Couto – CRB-7/6138
Divisão de Bibliotecas e Documentação – PUC-Rio

Sumário

Introdução Por Maria Clara Bingemer e Alex Villas Boas		9
Aforismas – "Teologias da distância" Por Marco Lucchesi		15
Capítulo 1	**Creio na nudez da minha vida – onde a mística e a literatura se encontram** José Tolentino Mendonça	21
Capítulo 2	**Alceu Amoroso Lima & Georges Bernanos – literatura, mística e correspondência** Leandro Garcia	35
Capítulo 3	**San Juan de la Cruz y el Islam: Una simbología mística compartida** Luce López-Baralt	51
Capítulo 4	**La teopoética latina desde los EE.UU. en y más allá del contexto norteamericano** Peter Casarella	81
Capítulo 5	**Un salto a lo invisible: El misterio como horizonte en la poesía de Dulce María Loynaz** María Lucía Puppo	93

Capítulo 6	**Elementos místicos en la poesía contemporánea** Luis Gustavo Meléndez	113
Capítulo 7	**Borges, leitor da Religião** Paulo Nogueira	137
Capítulo 8	**Michel de Certeau: A mística em diálogo com as ciências humanas. Retorno a maio de 1968** Geraldo De Mori	147
Capítulo 9	**Mística em desassossego: Entre cores e cinzas** Antônio Geraldo Cantarela	179
Capítulo 10	**Rejeição antimística e tradição delirante: Ontem e hoje** Eduardo Losso	199
Capítulo 11	**Eutopia, distopia e outros deslocamentos da temporalidade em *Os días contados* de José Tolentino Mendonça** José Rui Teixeira	227

Capítulo 12	Figuraciones de "Dios" en la poesía de Marcelo Rioseco	241
	Roberto O'Nell	
Capítulo 13	Teopoética e imaginación a la luz de Paul Ricoeur	263
	Cristina Bustamante	
Capítulo 14	La hospitalidad de la mirada que recrea. Giro estético y escritura mística en Juan de la Cruz y Christophe Lebreton	281
	Cecília Avenatti	
Capítulo 15	Ferramentas para negociar o racismo de fronteiras próximas: Migrações e a música de Selena	297
	Neomi De Anda	
Capítulo 16	A salvação que habita a Palavra: Um diálogo entre Teólogos e Poetas	307
	Alex Villas Boas	
Capítulo 17	A mística dos pobres em canções das CEBs	333
	Antônio Manzatto	

Introdução

Maria Clara Bingemer
Pontifícia Universidade Católica do Rio de Janeiro

Alex Villas Boas
Centro de Investigação em Teologia e Estudos de Religião da
Universidade Católica Portuguesa

Este livro oferece ao leitor o diálogo acadêmico entre Teologia e Literatura, apresentando textos com origem nas discussões do último Congresso Internacional da Associação Latino-Americana de Literatura e Teologia (ALALITE). Realizado na PUC-Rio, contou com pesquisadores de renome da América Latina, dos Estados Unidos e da Europa.

O subtítulo deste livro, "Mística e poesia", revela uma área de intersecção importante dentro do diálogo entre teologia e literatura. Na história das religiões foi possível encontrar místicos que eram poetas e vice-versa, tanto que a experiência mística serviu de inspiração para a poesia, assim como a própria poesia despertou experiências místicas em homens e mulheres ao longo dos tempos.

Poderia ser citada, como exemplo, a filósofa e mística francesa Simone Weil, que lendo repetidamente o poema "Love", de George Herbert, viveu a experiência mística de ser tomada por Cristo.[1] Da mesma forma, a poesia da brasileira Adélia Prado é considerada pela própria autora como um meio de salvação. A obra de Teresa de Ávila é inseparável de sua mística, assim como a de San Juan de la Cruz.

---

1 Simone Weil, *Attente de Dieu*, version numérique, 2004, p. 37. Cf. o poema e sua tradução, bem como a descrição da experiência no meu livro *Simone Weil: una mística en los límites*, Buenos Aires, Ciudad Nueva, 2011.

O discurso da "teopoética" em geral, e particularmente na intersecção entre mística e poesia, é um lugar de entrelaçamento cultural, onde se conectam teologia, literatura, estética, espiritualidade e todas as formas da arte. A linguagem humana, na medida em que toma consciência do que lhe foi dado, fala do que ouviu, do que recebeu e do que acolheu como dom primordial e mistério indecifrável e inefável, que é fonte de tudo o que pode ser caos, mas que pode igualmente constituir vida para muitos.

Em uma mudança de era como a nossa, quando por um lado se está vivendo a crise de uma sociedade secular e plural e, por outro, inúmeras novas potencialidades são vislumbradas para a humanidade, mística e poesia não se dedicam a, como as ciências duras, perguntar o "porquê" da existência. Pelo contrário, o místico e o poeta "sabem" e conhecem esse "porquê", já que o sentem tateando, recebendo essa sabedoria do Mistério por inspiração.

No marco do 50º aniversário da II Conferência do Episcopado Latino-Americano em Medellín, Colômbia, momento da "receptio" do Concílio Vaticano II na América Latina, essa projeção do diálogo acadêmico e cultural entre mística e poesia no coração de uma sociedade plural pode ser de grande fecundidade, já que abre canais de coexistência justa e cordial e ajuda a construir horizontes comuns de significado.

Este livro publica as principais contribuições do Congresso, contando com textos oriundos das conferências principais e dos painéis. Abrimos esta obra com a contribuição do presidente da Academia Brasileira de Letras, Marco Lucchesi, que nos ofereceu Aforismos dos mais diversos mares poéticos, do Ocidente ao Oriente, de Dante e a *Divina Comédia* a Hölderlin e Rainer Maria Rilke, fazendo incursões nos campos da mística e da poesia.

O primeiro capítulo desta obra é escrito pelo cardeal José Tolentino Mendonça. Biblista e poeta, recém-nomeado cardeal pelo Papa Francisco, Dom Tolentino deixou o cargo de professor no departamento de Teologia da Pontifícia Universidade Católica de Lisboa, bem como a coordenação de um Centro de Teologia e Literatura, para assumir o

Introdução

posto de bibliotecário do Vaticano. Sua bela conferência, que resultou neste primeiro capítulo, nos traz o tema da nudez humana como vital ponto de intersecção entre mística e literatura.

Especialista em epistolografia, o professor Leandro Garcia, do departamento de Letras da Universidade Federal de Minas Gerais, traz, para o segundo capítulo desta obra, a correspondência e o diálogo entre o pensador católico Alceu Amoroso Lima e Georges Bernanos, escritor católico francês que viveu no Brasil. O texto aponta como ambos, apesar das divergências, procuraram o diálogo a partir da experiência de Deus, em comum, que os uniu.

Arabista, especialista nas raízes islâmicas dos místicos da Idade de Ouro Espanhola, Luce López-Baralt, professora da Universidad de Puerto Rico, apresenta no terceiro capítulo uma reflexão sobre a literatura e a poesia dos textos místicos de São João da Cruz e do Islã, a partir de um diálogo inter-religioso.

No quarto capítulo, Peter Casarellla, professor de Teologia da Duke Divinity School (EUA), parte da definição de poética para discutir a religiosidade e a poesia na vivência latino-americana no contexto norte-americano.

Já no quinto capítulo, a professora María Lucía Puppo, da Universidad Católica Argentina, analisa a poesia de Dulce María Loynaz, autora cuja biografia revela alguns dos paradoxos históricos vivenciados em Cuba ao longo do século XX.

O professor Luis Gustavo Meléndez, da Universidad Iberoamericana Ciudad de México, apresenta, no sexto capítulo desta obra, alguns dos elementos comuns entre o misticismo e a poesia através dos versos de poetas latino-americanos como José Ángel Valente, Octavio Paz e Javier Sicilia.

O sétimo capítulo, escrito por Paulo Nogueira, professor da Pontifícia Universidade Católica de Campinas, traz uma reflexão sobre possíveis analogias da escrita de Jorge Luis Borges com a narrativa religiosa, principalmente no conto "La escritura secreta" (1957).

No oitavo capítulo, Geraldo De Mori, Reitor da Faculdade Jesuíta de Filosofia e Teologia, retoma alguns estudos do jesuíta francês Michel de Certeau sobre a mística, buscando relacioná-los com as incursões de Certeau no campo da política e sua interpretação de maio de 1968.

Professor da Pontifícia Universidade Católica de Minas Gerais, Antônio Geraldo Cantarela é autor do capítulo nove desta obra. Destacando algumas das construções poéticas do *Livro do desassossego*, de Fernando Pessoa, este capítulo pauta-se pela indagação: poderíamos falar de uma mística das cores?

No capítulo dez, Eduardo Guerreiro Brito Losso, professor na Universidade Federal do Rio de Janeiro, defende a ideia de que a mística é a base fundamental de uma *tradição delirante*, que atravessa boa parte da poesia moderna. Nesse capítulo, o autor discute como as reações antimísticas à linguagem extravagante de escritores apofáticos e visionários se encontram tanto no controle eclesiástico, no racionalismo iluminista quanto na crítica literária e humanista moderna.

Diretor da Cátedra Poesia e Transcendência da Universidade Católica Portuguesa, José Rui Teixeira escreve o capítulo onze, explorando na poesia de Tolentino Mendonça a expressão estética da espiritualidade do cristianismo oriental, herdeira da tradição bizantina.

No capítulo doze, Roberto O'Nell H., professor da Pontifícia Universidad Católica de Chile, apresenta a poesia de Marcelo Rioseco, em que "o problema de Deus" aparece descrito com ironia, autoconfiança e dor. O'Nell levanta a questão sobre as figuras de Deus na poesia de Marcelo Rioseco.

O capítulo treze, escrito por Cristina Bustamante, professora da Pontifícia Universidad Católica de Chile, busca revelar o lugar da teopoética nas obras de Paul Ricoeur, principalmente, a noção de poética ligada à ideia de imaginação do filósofo.

Cecília Avenatti, professora da Universidade Católica Argentina, traz, no capítulo quatorze, o debate filosófico e teológico no diálogo

Introdução

entre teopoética e misticismo, abordando tanto o clássico Juan de la Cruz quanto o poeta e mártir Christophe Lebreton.

No capítulo quinze, Neomi De Anda, professora da University of Dayton, conta sua experiência como latina, tendo crescido na fronteira do México com os Estados Unidos. Passando por diferentes experiências políticas, ela busca neste capítulo um pensamento para além da lógica da dominação branca.

O capítulo dezesseis mostra como o discurso teológico, enquanto "de" e "sobre Deus", integra o mesmo contexto de outros discursos e práticas de acordo com as diferentes épocas. Este capítulo é de autoria de Alex Villas Boas, então coordenador do programa de pós-graduação em Teologia da Pontifícia Universidade Católica do Paraná e atualmente coordenador científico e investigador principal do CITER (Centro de Investigação em Teologia e Estudos de Religião) e professor das disciplinas de Hermenêutica de Textos Religiosos no Mestrado Integrado de Teologia e Ciências Religiosas e Teologia e Literatura no Doutorado em Teologia da Faculdade de Teologia da Universidade Católica Portuguesa, (UCP), em Lisboa.

Um dos fundadores da ALALITE, o professor da Pontifícia Universidade Católica de São Paulo Antonio Manzatto traz, no último capítulo, sua experiência com a poesia dos cantos das comunidades eclesiais de base e o testemunho de sua dedicação à Igreja dos Pobres.

Esperamos que o leitor possa desfrutar do conhecimento literário, místico e teológico que neste momento oferecemos ao público brasileiro, latino-americano e de além-mar. Que a leitura dilate seus espaços interiores e multiplique suas energias vitais.

Aforismas – "Teologias da distância"

Marco Lucchesi
Academia Brasileira de Letras

1. No seio fulgurante da distância, irrompe o abandono do sagrado.

2. Como assentar-se na distância, em meio às brumas, e ocupá-la?

3. A metafísica da luz inacessível. Interdição e salvaguarda da beleza.

4. O nome que contém o inominável. A potência especular. O vocativo prefacia o sem-pronúncia. Antemanhã das formas coalescentes.

5. A metalinguagem suspensa, indeclinável.
A consequência do nome permanece fora do ser, na dilação da noite dos fenômenos, sem causa e filiações batismais.

6. A permanência da distância, medida pelo impulso e gestação do Nada.

7. Prestar todas as honras ao indizível, cobri-lo de silêncio, e proclamá-lo. O silêncio não é fim de linha, mas uma vocação remissiva. Passar do silêncio dissonante ao silêncio consonante, pós-verbal.

8. Como tocar as prerrogativas do nome, incerto e fugaz, em sua irredutível alteridade?

9. A Teologia positiva é insuficiente, e a negativa é sucedâneo. Aquela denuncia, ao passo que esta anuncia o estupor de uma adição transcendente.

10. Não existe propriamente uma Teologia negativa, mas um intervalo dialético, pulsão entre o silêncio e a palavra.

11. O Eminente projetado no intervalo: a hiante progressão do Absoluto.

12. O nome em revisão, preso e suspenso a uma dúvida hiperbólica. Seria preciso decretar a desapropriação de todos os conceitos, que extraem a condição orgânica do nome, enquanto lugar-tenente do inefável.

13. A iminência desvelada de atributos. A métrica perdida de mim para o outro. Repousa a alteridade num círculo de comunhão.

14. O impensável da distância, afirmação do descontínuo. O sol e a claridade que o gerou.

15. Cresce a urgência de uma busca erótica de Deus, com despudor e adesão. A pele ardente na cova dos leões.

16. Alianças entre Deus e o Nada produzem Teologias de alto impacto, através do autolimite do meio divino.

17. O atalho perigoso da distância. Miragem no deserto voraz da analogia.

18. A negação do meio divino: ponto de partida, não de chegada.

19. A distância pressupõe a fidalguia da hospitalidade.

20. Enquanto a negação afirma, a afirmação denega.

21. O ser análogo implica um mal de origem que aliena a biopolítica da filosofia.

22. O ser análogo atinge múltiplas camadas. Um trânsito abstrato de dissuasão.

23. Analogia: ponte que se estende entre o não-ser e as vísceras do nada.

24. Longe da intimidade, as desoladas proporções
da analogia.

25. Blocos de gelo da analogia, derretidos no calor de
uma fugaz, inapelável realidade.

26. O rosto como princípio e fim. Instaura uma nova
dimensão, quase uma terra prometida. Por causa de
um rosto, quantos rostos se perdem no abismo,
siderados pela alteridade?

27. Arrostar a ideia de futuro absoluto.
Os mananciais do tempo na face imprecisa e
bela do Outro. Assim foge o presente nos olhos
que vislumbram o ainda-não.

28. O mundo começa pelo Tu: o rosto materno,
inabordável nos primórdios, absorvido no futuro
pela aura dentro da qual se emoldura.

29. Não existe uma adesão mais densa que o rosto.
Vedado em tantas confissões, relicário de
um tesouro remissivo, salvaguarda de uma
beleza abissal.

30. Autorizar o silêncio, dar-lhe espessura e intensidade,
motivado pelo rosto, apenas iminente, que se
constitui como repto ao vazio ontológico.

Aforismas – "Teologias da distância"

31. Silente por definição, loquaz para o outro.

32. A cifra de transcendência proposta por Jaspers.
Camadas metafísicas de alta densidade.
Como quem desce passo a passo à litosfera.

1 Creio na nudez da minha vida – onde a mística e a literatura se encontram

José Tolentino Mendonça
Biblioteca do Vaticano

A palavra "pessoa" (*persona*) significa, na sua origem, "máscara". E é através da máscara (isto é, da representação social) que o indivíduo, pelo menos na construção ocidental, adquire um papel e uma identidade. Na antiga Roma, por exemplo, cada indivíduo era, tal como hoje, identificado por um nome que o ligava à sua *gens*, à sua gênese, à sua estirpe. E esta estirpe, por sua vez, era representada plasticamente por uma máscara de cera do rosto do antepassado, que vinha fixada no átrio da casa das famílias patrícias. O que dava o nome, o que instituía o conjunto de membros de uma determinada família, era, de fato, aquela máscara. E deste termo *persona* ao termo personalidade, que se refere ao modo como cada indivíduo atua no intrincado do teatro social, com seus ritos, práticas e representações, vai um passo.

A ideia de *persona*/máscara acabou, assim, por significar a capacidade jurídica e a dignidade política do homem livre. Não de todos os homens, porque nem todos os homens são considerados "pessoa" no mundo romano, mas apenas do homem livre. O escravo, por exemplo, não tem antepassados, não tem máscara, não tem um nome e por isso não vinha a ser considerado pessoa. Dizia o direito romano: "*servus non habet personam*", ou "os servos não são pessoa" (em português), não têm a *persona* e aquilo que a máscara significa. Na cultura contemporânea, a *persona* expandiu-se ainda para campos ulteriores referindo-se à dimensão moral, psicológica e estética. Tudo isso para recordar que, quando pensamos em nós, não pensamos imediatamente na nossa nudez, mas na nossa "máscara", nas nossas representações. E quando os outros pensam em nós, o que consideram é prevalentemente a nossa personalidade, a nossa "máscara". As nossas sociedades ainda assentam neste pressuposto: aquilo que conta é a máscara, isto é, o decisivo é o que nos veste e não aquilo que somos. Há aquela passagem do poema "Tabacaria", de Álvaro de Campos, que funciona como um grande sintoma da experiência humana na modernidade, e que diz a dado passo:

> (...)
> Fiz de mim o que não soube,
> E o que podia fazer de mim não o fiz.
> O dominó que vesti era errado.
> Conheceram-me logo por quem não era e não desmenti, e perdi-me.
>
> Quando quis tirar a máscara,
> Estava pegada à cara.
> Quando a tirei e me vi ao espelho,
> Já tinha envelhecido.
> Estava bêbado, já não sabia vestir o dominó que não tinha tirado. (...)

O jogo que os versos constroem traduzem, no fundo, uma experiência que é a do sujeito moderno, que vive prisioneiro da própria representação, perdido no labirinto do seu eu fragmentado, incapaz de reencontrar a unidade do seu rosto nos estilhaços do espelho quebrado, incapaz de tocar a nudez. *Conheceram-me logo por quem eu não era e não desmenti, e perdi-me...* Esta é a nossa vida, o desencontro fundamental de que é feita a nossa história, a experiência de exílio que nos acontece no tempo, tão distanciados, tão de costas voltadas para a nossa nudez.

Recordo um poema de Sophia de Mello Breyner, precisamente intitulado *Exílio*, e retirado da sua antologia *Livro Sexto* (1962):

Quando a pátria que temos não a temos
Perdida por silêncio e por renúncia
Até a voz do mar se torna exílio
E a luz que nos rodeia é como grades.

A nossa nudez original

Aqui é preciso dizer que algumas interpretações e apropriações insuficientes da tradição bíblica e cristã contribuíram porventura para cimentar esta espécie de exílio. Existe efetivamente um modelo antropológico e depois teológico, que nos distancia da nossa nudez. Não nos ajudar a olhar, a viver, a assumir, ou até a rezar a partir da nudez que somos. A questão da nudez surge, porém, logo no início do *Livro do Gênesis*, naquele drama do jardim relatado nos capítulos 2 e 3. Não é por acaso, diremos, que a revelação bíblica comece falando da nudez. Sem ela é simplesmente impossível pensar a pessoa humana.

O capítulo 2 do *Livro do Gênesis* narra a história da criação do homem e da mulher. Deus é descrito como um oleiro que amassa o homem da terra, para lembrar precisamente a nossa condição mortal. Insufla-lhe o ar, o espírito, pelas narinas, para dizer que este ser é ao mesmo tempo terreno e levantado da terra (ou como José Saramago diria, "levantado do chão"). Depois conta-se a solidão do homem na criação. O ser humano precisa de uma relação inter-humana e aí temos o contexto para a criação da mulher. E, quando o homem vê a mulher, há aquele primeiríssimo poema que é um dos mais belos da Bíblia, em que Adão exclama: "Esta é realmente osso dos meus ossos e carne da minha carne."

No final desse relato, no último versículo do capítulo 2 de *Gênesis*, afirma-se o seguinte: "Estavam ambos nus, tanto o homem como a mulher, mas não sentiam vergonha." Isto o que significa? Antes de tudo que a nudez não é uma invenção posterior, a nudez não é uma consequência da transgressão originária. A nudez é a nossa condição, a nossa gramática criatural. Perante si mesmo, com a consciência que tem de si, perante Deus e perante o outro, o homem está nu e não sente vergonha. A primeira imagem da nudez é, assim, a da nudez como estado, como modo de ser, como traço que descreve o ser do homem sobre a terra, a sua expressão, a modalidade primária da sua existência. Como sublinha Adélia Prado, "A nudez apazigua porque o corpo é inocente". Mas é precisamente em relação ao versículo 25 do capítulo segundo que se irão amontoar as dificuldades. Os comentadores bíblicos, tanto judaicos como cristãos, fugirão a encarar esta imagem da nudez original como apaziguadora. É interessante, por exemplo, constatar que, tanto uns como outros, tentam interpretar esta nudez no sentido de uma vestimenta ou de um revestimento, dizendo: "Eles não estavam nus, eles estavam revestidos da Graça divina"; ou, como diz o Zoar, "Eles estavam revestidos do esplendor divino"; ou como dizem os padres da Igreja, "Eles estavam cobertos da nuvem da glória de Deus, revestidos pela graça divina que é invisível, mas que realmente os vestia. Eles não estavam nus". São João Damasceno, comentando este passo, há de escrever isto exatamente: "mesmo se os seus corpos estavam nus, eles estavam cobertos pela graça divina."

Quem te disse que estavas nu?

Por um lado, o texto bíblico não hesita em dizer que os humanos, desde o princípio, estavam nus, e essa era a sua condição natural e sobrenatural, pois assim Deus os criou; por outro lado, os comentadores lidam mal com a nudez do casal original e revestem-na. Por que é que isso acontece? Acontece porque precisamente a nudez vai ser o palco dramático que expressa a mudança que ocorre no jardim, quando a mulher e o homem, dando ouvidos à serpente, acabam por se desviar do mandato original de Deus e comem do fruto proibido. Explica-nos *Gênesis* 3:7: "Quando eles comeram abriram-se os olhos aos dois e reconhecendo que estavam nus, cozeram folhas de figueira umas às outras e colocaram-nas como se fossem cinturas à volta dos rins."

O reconhecimento da nudez passa a estar deste modo associado à transgressão, à desobediência primeira. No fundo, é porque pecaram, para usar a linguagem tradicional, que os olhos deles se abriram e eles se depararam com a sua nudez. É curioso o jogo linguístico que no texto se estabelece com a palavra nudez. Em hebraico, nudez diz-se *arom* e astúcia, que é a característica da serpente, o animal mais astuto, diz-se *arum*. *Arum*, astúcia e *arom*, nudez. Etimologicamente parece haver como que um parentesco entre os dois termos, apresentando-se assim a nudez como uma realidade ambivalente e ambígua.

Mas sublinhemos este aspecto: a nudez que emerge aqui no capítulo 3 é diferente da nudez do capítulo 2. Trata-se de uma nudez transformada, tumultuada pela experiência da transgressão. Veja-se *Gênesis* 3:8-10:

> Ouviram então a voz do Senhor Deus que percorria o jardim pela brisa da tarde e o homem e a sua mulher esconderam-se do Senhor Deus por entre o arvoredo do jardim. Mas o senhor Deus chamou o homem e disse-lhe: "Onde estás? Ele respondeu, ouvi a tua voz no jardim e cheio de medo escondi-me porque estou nu. O senhor Deus perguntou-lhe, Quem te disse que estavas nu? Comeste porventura da árvore da qual te proibi comer?."

Quem te disse que estavas nu? À primeira nudez que não levantava problemas (a do capítulo 2) – a apaziguada nudez da inocência – sucede esta segunda nudez, metamorfoseada pela própria experiência do pecado. Alguma coisa nos diz agora que estamos nus e essa nudez passa a ser alguma coisa que escondemos. Que escondemos do olhar de Deus, do olhar dos outros e do nosso próprio.

A natureza e a graça, a nudez e a veste

É significativo que, ainda na conclusão do drama do jardim, em *Gênesis* 3, antes de despedir o casal humano para fora do jardim, nos diga o versículo 21 o seguinte: "Deus fez a Adão e a sua mulher túnicas de pele e vestiu-os." A vestimenta torna-se uma espécie de proteção para o homem enfrentar a dificuldade do mundo, que é como quem diz, a dificuldade de ser. Contudo, não só sobre a vestimenta este trecho reflete. Na sua simbologia inesgotável, diz-nos coisas fundamentais também sobre a nudez e uma delas é que aí se jogam o conflito, as linhas de ruptura e de reinvenção, o tumulto e o processo de consciência caraterísticos do teatro do eu e da construção de si. Na nudez, de fato, experimentam-se a extrema dificuldade de ser, essa complexa arte de existir, o drama da liberdade que caberá a cada ser humano representar... A nudez original (aquela que vimos primeiramente em *Gênesis* 2) não era isso, mas passa a ser identificada como tal. Emerge então como resposta uma certa necessidade de cancelar a nudez, porque ela está identificada com a transgressão. E, rapidamente, de realidade positiva que foi perturbada, a nudez passa a ser considerada o próprio elemento de perturbação. É bem sintomático, por exemplo, verificarmos que na teologia cristã a natureza passou a ser identificada com a nudez, e a graça de Deus com a veste. A nudez é sempre carência, a veste é aquilo que qualifica. Nessa linha, Santo Agostinho usa a expressão *indumentum gratiae*. A graça é um vestido que nos é colocado. E se pensarmos em todas as representações da graça, em todos os símbolos que fomos encontrando na história para significar a experiência do socorro divino, elas surgem-nos muito mais do lado da veste do que do lado da nudez.

A nudez é um estado ocasional ou uma condição?

Gostaria de reportar-me ao discurso de um pensador contemporâneo, Giorgio Agamben, que tem trabalhado persistentemente a questão da nudez no contexto da história teológica do judaísmo e do cristianismo, bem como o seu impacto na imaginação ocidental. Numa obra sua, intitulada precisamente *Nudità* (2009), ele escreve o seguinte:

Uma das consequências do nexo teológico que na nossa cultura une estreitamente natureza e graça, nudez e veste, é o facto de que a nudez deixou de ser considerada um estado e passou a ser vista como um evento, como um acontecimento. Enquanto obscuro pressuposto da adição de uma veste, ou súbito resultado da sua subtração, a nudez serve para quê? Serve para ser vestida ou para ser despida por uma veste. Quer lhe seja acrescentado o dom da veste, quer lhe seja subtraída essa perda, a nudez passou a ser olhada como pertencente ao tempo e à história e não ao ser e à forma. Na experiência que possamos ter, a nudez é sempre desnudamento e colocar a nu nunca é forma, nunca é uma condição que possuímos estavelmente, ela é sempre difícil de agarrar, impossível de manter e de descrever.

Há assim uma dificuldade fundamental que temos com a nudez e que deriva também da gramática que utilizamos e dos seus limites. Uma gramática que passou a olhar a nudez como ocasional, um lugar transitório, um evento, uma esquiva e duvidosa passagem e não uma condição. E daqui a nossa dificuldade em abraçar a nudez e o que ela significa. Mais do que de uma dificuldade individual, trata-se de um interdito cultural, um limite do modelo teológico que acabou por triunfar.

Jesus expõe a nudez de Deus

De vestes e de nudez também se costuram os Evangelhos. E vale a pena observarmos sobretudo a narrativa da Paixão, na qual o problema ganha um significado extraordinariamente relevante, e como que se insinua a possibilidade de outro caminho, de outra compreensão. Na entrada da narrativa da Paixão, no *Evangelho de Marcos*, existe um episódio intrigante, de que todos certamente nos recordaremos, e que relata a fuga dos discípulos quando Jesus é preso pelas autoridades. E o narrador evangélico acrescenta o seguinte: "Os discípulos, deixando Jesus, fugiram todos e um certo jovem, que o seguia, envolto apenas num lençol, foi preso, mas ele, largando o lençol, fugiu nu" (Marcos 14:51-52). Diz-se que este jovem poderá ser o próprio evangelista, e que estamos aqui perante um marcador autobiográfico: teria sido o próprio Marcos a fugir nu. Mas a hipótese de que se trata de um anônimo não é menos interessante. Numa narrativa não há peças soltas: se esta referência nos surge numa narrativa tão econômica como é aquela de Marcos, certamente tem um significado. E um possível é aquilo que os narratólogos chamam o *fluxo do real*. Quer dizer, um detalhe inesperado como este fornece à narrativa um traço do real, que poderíamos resumir assim: na paixão de Cristo a nudez está presente. A paixão de Jesus não é um debate em torno às suas vestes: é uma problematização da sua carne, pois a paixão é vivida, por ele, na carne. Este fluxo do real, trazido aqui pelo movimento narrativo do jovem nu, é uma referência que serve de chave para a hermenêutica da Paixão de Jesus.

Nas narrativas da Paixão nos quatro Evangelhos encontramos indicadores quer da nudez, quer das vestes, pois na sequência dos acontecimentos descritos ora Jesus é vestido, ora despido. Em *Marcos* 15:16-17, conta-se que os soldados levam Jesus para dentro do pátio, para o pretório e convocam toda a corte. Nessa ocasião, revestiram-no de um manto de púrpura e colocaram-lhe uma coroa de espinhos. Se nos fixarmos neste apontamento, a Paixão é o momento em que vestem Jesus. Em *São Mateus*, no capítulo 27, narra-se uma consequência da Paixão de Jesus. Diz-se que quando Jesus, pelas três horas da tarde, clamou com voz forte, *"Eli Eli, lemá sabactháni?* Isto é: Meu Deus, meu Deus, por que me abandonaste?"*, um resultado visível foi este: "Então o véu do templo rasgou-se em dois, de alto a baixo" (Mateus 27:51). Os soldados vestem Jesus e Jesus despe o templo, expõe o templo a qualquer olhar, anula a cortina que ocultava o Santo dos Santos. Quer dizer, Jesus expõe Deus na sua nudez. No capítulo 19 do *Evangelho de João* temos ainda uma outra memória da Paixão de Jesus. A partir de *João* 19:23, pode ler-se o seguinte:

Os soldados, depois de terem cruxificado Jesus, pegaram na roupa dele e fizeram quatro partes, uma para cada soldado, exceto a túnica. A túnica, toda tecida de uma só peça de alto a baixo, não tinha costuras. Então os soldados disseram uns aos outros: "Não a rasguemos; tiremo-la à sorte, para ver a quem tocará." Assim se cumpriu a escritura que diz, "Repartiram entre si as minhas vestes e sobre a minha túnica lançaram sortes".

Na iconografia cristã, a nudez de Jesus é tratada com muita discrição. Os Evangelhos, porém, não hesitam em mostrar como Jesus é espoliado das suas vestes e, na cruz, aparece despido, para agravar o escândalo. A exposição da nudez tem um duplo sentido: para Jesus documentava a radical oferta de si; para os que ordenaram a sua morte era uma forma ulterior de humilhação, de diminuição, de desqualificação da sua vida. A vida do crucificado é, assim, uma vida desqualificada, uma vida reduzida ao extremo da nudez. Contudo, para nós, cristãos, o ponto não é apenas que a vida de Jesus foi desqualificada, mas que essa desqualificação se tornou para nós o polo transformador das nossas próprias vidas. Aquela vida desqualificada, que é a do crucificado, torna-se para nós o caminho, a verdade e a vida. Oferece-nos o mapa e a possibilidade da viagem. Por isso se entende que aquele abaixamento quenótico, aquela desqualificação, aquela subtração levam a que a nudez de Jesus seja exposta, seja lida pelos cristãos das primeiras gerações não como transgressão e vergonha do pecado, mas como inédita Boa Nova. A nudez passará a ser um ponto de partida para a compreensão da gesta de Deus que acontece em Jesus. Desse Deus que nos fala pela boca, pelos olhos, pelas mãos, pelo corpo, pela humanidade do próprio Jesus. A nudez torna-se uma grafia da salvação.

A nudez como hermenêutica cristã

É oportuno revisitar esse passo que nos aparece no epistolário de Paulo, na *Carta aos Filipenses*, capítulo segundo, e que se discute muito se não será um hino anterior que o apóstolo introduz ali em forma de citação. Em *Filipenses* 2 diz-se o seguinte:

Tende entre vós os mesmos sentimentos de Cristo Jesus. Ele, que é de condição divina, não considerou como uma usurpação ser igual a Deus; no entanto, esvaziou-se a si mesmo, tomando a condição de servo. Tornando-se semelhante aos homens e sendo, ao manifestar-se, identificado como homem, rebaixou-se a si mesmo, tornando-se obediente até à morte e morte de cruz.

Em *Gênesis* 3 tínhamos a questão da desobediência; em *Filipenses* 2 temos a questão da obediência: Jesus foi obediente até à morte e morte de cruz. Em *Gênesis* 3 temos a nudez como vergonha; em *Filipenses* 2 a nudez (o esvaziamento, o rebaixamento) emerge como a expressão radical da verdade de Cristo. E qual é a verdade de Cristo? É a desapropriação. É nessa humanidade nua que Cristo se torna oferta ao Pai. É nessa forma sem forma, neste não querer para si mesmo ser igual a Deus, nesse esvaziamento de si, que Ele se manifesta. E nessa forma sem forma, Deus comunica-se. Jesus passa a ser, de fato, o mediador da viragem no modo como a nudez deve ser entendida. O relato da Paixão funda aquilo que poderíamos chamar a mística da nudez.

O *Evangelho de Tomé*, que possivelmente será o texto apócrifo mais próximo dos Evangelhos canônicos, conserva a memória seguinte:

Os discípulos perguntam a Jesus: "Senhor, quando é que te manifestarás a nós e quando é que te veremos?" Jesus responde, "quando estiverdes nus e não tiverdes vergonha nisso" (*logíon* 37).

Precisamos reencontrar a nossa nudez! E esse reencontro é um processo, é um caminho de maturação espiritual e mística.

Na mesma linha, um dos pais da mística cristã, Mestre Eckhart pregava a nudez como uma forma de pobreza espiritual necessária para experimentar aquele vazio de si onde Deus habita. E penso naquela história de Lanza del Vasto – um místico contemporâneo – ocorrida na sua primeira viagem à Índia. Ele conta que sentia, com um incômodo forte, que toda a gente queria alguma coisa dele. O estranho gera uma expectativa e uma cobiça. Lanza del Vasto explica que, cansado dessa perseguição, vai para um sítio distante e encontra uma lagoa. Finalmente pode estar em paz. Despe então a sua roupa e, nu, mergulha naquelas águas. Quando sai, porém, apercebe-se, com terror, que lhe haviam roubado tudo, inclusive a roupa. Mas ele assegura no seu relato: "foi quando me viram nu que a minha história na Índia começou, a minha história de hospitalidade e de amigável intercâmbio." Não raro, só quando se consente na vulnerabilidade do amor começamos uma nova história, marcada por outros referentes, escrita com outra lógica, com outra linguagem, com outras imagens.

A nudez como hermenêutica literária

Não só da experiência mística, também da experiência literária se pode dizer que é uma recondução à nudez. Para usar um dos títulos emblemáticos da literatura moderna, podemos dizer que a literatura visa esse "Mon coeur mis à nu" ("O meu coração a nu", em português), de que falava Baudelaire. A literatura sabe bem que a construção de si não é apenas um processo exterior, linear, racional ou contínuo. Por isso, ela cria um método que nos adentra sempre na experiência do inominável, no silêncio da vida nua. Um método que se pretende uma contraposição da verdade com a falsidade da indústria ideológica em que a comunicação humana se veste e reveste de máscaras e se apaga.

Sophia de Mello Breyner Andresen (1962) explica-o (ela preferiria que se escrevesse "implica" em vez de "explica") assim:

> A poesia não me pede propriamente uma especialização, pois a sua arte é uma arte do ser. Também não é tempo ou trabalho o que a poesia me pede. Nem me pede uma ciência, nem uma estética, nem uma teoria. Pede-me antes a inteireza do meu ser, uma consciência mais funda do que a minha

inteligência, uma fidelidade mais pura do que aquela que eu posso controlar. Pede-me uma intransigência sem lacuna. Pede-me que arranque da minha vida que se quebra, gasta, corrompe e dilui uma túnica sem costura. Pede-me que viva atenta como uma antena, pede-me que viva sempre, que nunca me esqueça. Pede-me uma obstinação sem tréguas, densa e compacta.

Pois a poesia é a minha explicação com o universo, a minha convivência com as coisas, a minha participação no real, o meu encontro com as vozes e as imagens. Por isso o poema não fala de uma vida ideal, mas sim de uma vida concreta: ângulo da janela, ressonância das ruas, das cidades e dos quartos, sombra dos muros, aparição dos rostos, silêncio, distância e brilho das estrelas, respiração da noite, perfume da tília e do orégão.

É esta relação com o universo que define o poema como poema, como obra de criação poética. Quando há apenas relação com uma matéria há apenas artesanato.

É o artesanato que pede especialização, ciência, trabalho, tempo e uma estética. Todo poeta, todo artista são artesãos de uma linguagem. Mas o artesanato das artes poéticas não nasce de si mesmo, isto é, da relação com uma matéria, como nas artes artesanais. O artesanato das artes poéticas nasce da própria poesia a qual está consubstancialmente unido. Se um poeta diz "obscuro", "amplo", "barco", "pedra" é porque estas palavras nomeiam a sua visão do mundo, a sua ligação com as coisas. Não foram palavras escolhidas esteticamente pela sua beleza, foram escolhidas pela sua realidade, pela sua necessidade, pelo seu poder poético de estabelecer uma aliança. E é da obstinação sem tréguas que a poesia exige que nasce o "obstinado rigor" do poema. O verso é denso, tenso como um arco, exatamente dito, porque os dias foram densos, tensos como arcos, exatamente vividos. O equilíbrio das palavras entre si é o equilíbrio dos momentos entre si. E no quadro sensível do poema vejo para onde vou, reconheço o meu caminho, o meu reino, a minha vida.

De que falamos aqui se *não de nudez?*

A nudez como exercício espiritual

Tanto a mística como a literatura são, por isso, experiências nuas. Quer uma, quer outra constituem-se como formas dissidentes em relação ao ornamento. No seu campo de operação não se trata de revestir, de colocar mais um véu, um filtro ou uma máscara. Tanto a mística como a literatura assentam na nua evidência do que somos, sem evanescências, nem escapismos. Aquilo que nos é dito com clareza no texto da carta aos Hebreus: "Não te agradaram oblações, nem holocaustos, mas deste-me um corpo" (Hebreus 10:5). Que é como quem diz, deste-me uma nudez. E o essencial reside aí, mais do que em qualquer outro lugar. Quer dizer: é letra, é corpo, é tessitura, é texto, é exposição real. Isso que nos aparece dito com uma clareza cortante no poema de Adélia Prado, *Festa do Corpo de Deus*:

> Como um tumor maduro
> a poesia pulsa dolorosa,
> anunciando a paixão:
> "ó crux ave, spes unica
> ó passiones tempore".
> (...)
> Ó mistério, mistério,
> suspenso no madeiro
> o corpo humano de Deus.
> (...)
> Eu te adoro, ó salvador meu
> que apaixonadamente me revelas
> a inocência da carne.
> Expondo-te como um fruto nesta árvore de execração
> o que dizes é amor,
> amor do corpo, amor.

Falando de literatura. Falando de mística. A maior parte das vezes, o que falta ao itinerário crente ou à criação literária não são ideias, nem mensagens. O que falta é nudez, é presença, é espessura, é pura ressonância do que no silêncio existe sem mais. O que falta é a precariedade e a fragilidade da nudez, o grito que nela está contido, pois a sua comum e cotidiana respiração aproximam-nos mais de Deus do que qualquer elaboração conceitual. Qualquer experiência espiritual autêntica não é senão uma experiência nua. Supõe uma confiança e uma entrega sem garantias. Uma confiança e uma entrega incondicionais, à maneira de Abraão, e daquilo que Abraão descobriu subindo o monte Horeb. A mística e a literatura não possuem o objeto que as fundam: elas são sempre *alter*, sempre outras. Acreditam encontrar a Deus se avançarem ao seu encontro, mas Ele não está lá. Procuram em toda a parte, perscrutam em cada detalhe onde Ele possa estar, mas ele não está em parte alguma. E o que nos é dado tocar é o sepulcro vazio, o que nos é dado tatear são as paredes nuas desse silêncio, finalmente nosso. Deus revela-se ausentando-se. Entre Deus e nós há o espaço vazio, entreaberto e nu, como o lado rasgado do corpo do crucificado, e nós movemo-nos nesse espaço. O essencial está além e só na pobreza da nudez, que é feita de carne e de tempo de Deus, o podemos entrever. E por isso, uma das mais belas orações que conheço em língua portuguesa é também um dos mais belos versos: "Creio na nudez da minha vida."

Referências bibliográficas

ANDRESEN, Sophia de Mello Breyner. *Obra poética*. Lisboa: Assírio & Alvim Editora, 2015.
AGAMBEN, Giorgio. *Nudità*. Milão: Nottetempo, 2009.
CAMPOS, Álvaro de. Tabacaria. *Presença*, n.39, jul. 1933.
PRADO, Adélia. Festa do corpo de Deus. In: Terra de Santa Cruz. Poesia Reunida. Rio de Janeiro: Record, 1981.

2 Alceu Amoroso Lima & Georges Bernanos – literatura, mística e correspondência

Leandro Garcia
Universidade Federal de Minas Gerais

Alceu Amoroso Lima e Georges Bernanos, certamente, não planejaram a publicação e muito menos a pesquisa sobre os seus arquivos, sobre as suas cartas, sobre os seus mais diferentes documentos manuscritos até hoje inéditos. O arquivo pessoal de um escritor é um espaço privado, múltiplo, híbrido de linguagens e textualidades, no qual a correspondência, na maioria das vezes, ocupa um espaço singular de produção de notícias e de conhecimentos, possibilitando ao crítico as mais diferentes possibilidades hermenêuticas e de produção de sentidos.

Pensar nas diferentes naturezas e funções da epistolografia é, sem dúvida, entrar num terreno complexo e conflituoso que envolve remetentes, destinatários, cartas, envelopes, selos e outros rituais próprios da correspondência, levando-nos a pensar nesta liturgia que tanto marcou a vida literária, e que hoje em dia corre o risco de ser inserida no museu das grafias, dado o avanço avassalador das comunicações virtuais. Franz Kafka foi um dos epistológrafos mais comprometidos e conscientes deste mister, tanto que afirmou:

> Se não fosse absolutamente certo que a razão por que deixo cartas (...) sem as abrir durante um tempo é apenas fraqueza e covardia, que hesitaria tanto em abrir uma carta como hesitaria em abrir a porta de um quarto onde um homem estivesse, talvez já impaciente à minha espera,

poderia explicar-se muito melhor que era por profundidade que deixava ficar as cartas. Ou seja, supondo que sou um homem profundo, tenho então de tentar estender o mais possível tudo o que se relacione com a carta, portanto, tenho de a abrir devagar, lê-la devagar e várias vezes, pensar durante muito tempo, fazer uma cópia a limpo depois de muitos rascunhos, e finalmente hesitar ainda em pô-la no correio. Tudo isto posso eu fazer, só que receber de repente uma carta não se pode evitar. Ora é precisamente isto que eu atraso com um artifício, não a abro durante muito tempo, ela está em cima da mesa, à minha frente, oferece-se a mim continuamente, recebo-a continuamente, mas não a aceito (Kafka, 1997 apud Pereirinha, 2014:32).

A correspondência possibilita que diferentes mundos se comuniquem e se troquem mutuamente, numa complicada rede de contatos e cumplicidade que caracteriza a troca epistolar. Isto é, pensando nesta atividade como algo regular e metódico (como o foi para Kafka, Stefan Zweig, Georges Bernanos, Mário de Andrade, Alceu Amoroso Lima, Paulo Francis, Marcel Proust, Reiner Maria Rilke, entre outros) e não apenas como uma simples troca de informações, podemos dizer que a correspondência entre intelectuais e artistas ganha força e alcança um certo status de obra, tamanho o grau de sua complexidade e organização.

Não é à toa que Stefan Zweig escrevia e reescrevia suas cartas, num incansável trabalho sobre rascunhos e textos originais, "pensando" a sua epistolografia com os mais diferentes destinatários, num cuidado em geral deferido à escrita da obra tradicional, aquela posteriormente publicada. Ou então Mário de Andrade, cuja atitude cuidadosa para com sua correspondência era tão forte que chegou a escrever uma carta-testamento ao seu irmão orientando o futuro e o destino do seu arquivo epistolar. Ou seja, carta é obra; carta é matéria pensante e pensada; carta é documento e testemunho.

A carta é um texto instável nas suas formas e expressões, é uma tipologia polimorfa e híbrida por natureza, não podendo receber definições e limites inflexíveis sem abrir a possibilidade das exceções. É um gênero de fronteira, de entre-lugar, cambiando sempre entre o público e o privado, embaralhando por completo estes espaços em determinadas correspondências, especialmente quando estas são publicadas e reveladas. Neste sentido, uma boa questão é: será que o missivista escreve a sua carta e pensa na possibilidade futura de a mesma ser publicada? Ou a publicação é uma vontade de seus herdeiros ou então de pesquisadores com intenções investigativas e/ou voyeurísticas?

Talvez, o medo de Kafka se justifique por não sabermos o que vem dentro de uma carta – esperam-se mil possibilidades, segredos, revelações, términos, propostas, ideias, boas ou más intenções, chantagens, boas ou péssimas notícias etc. O que se pode dizer numa carta que não se poderia dizer em outro lugar, num outro suporte? Segundo Geneviève Haroche-Bouzinac:

> A leitura da carta é facilitada por sua realização no "contínuo": a classificação que cada missiva coloca diante da respectiva resposta (...) é a que fornece o maior número de indícios sobre a harmonia de uma relação epistolar, a qualidade do entendimento, o estabelecimento de um eco, a compreensão mútua. (...) De maneira ainda mais evidente do que em outros gêneros, como poesia ou romance, o sistema de leitura modifica o sentido da mensagem; é o olhar do leitor que faz com que os epistológrafos se tornem personagens de uma ficção verdadeira (Haroche-Bouzinac, 2016:15).

Ou seja, precisamos considerar um outro problema sério da relação tempo/espaço da experiência epistolar: o quando e o onde da escrita de uma carta não é, obrigatoriamente, o quando e o onde da sua leitura, já que o presente da escrita é o futuro da leitura, assim como o presente da recepção corresponde ao passado do envio. E nestes intervalos, nestas fraturas muita coisa pode acontecer, remetente e destinatário se modificam, os assuntos tratados envelhecem, verdades são refeitas e repensadas tornando-se hipóteses ou até mesmo ganham o status de falácia. Estaria aí a razão para o medo de Kafka? Pois, certamente, o autor de *A meta-morfose* sabia muito bem que a carta é sempre cortada pelas instâncias do efêmero e do eterno, das certezas e das deformidades, do claro e do opaco, realidades estas que contribuem para a sua dimensão de segurança precária, própria das escritas íntimas, das autografias, das escritas do eu que não são impressas, que não visam uma edição, pelo menos à primeira vista.

Talvez, um dos medos do remetente seja a imagem de si que chegará ao destinatário – o que eu quero que ele saiba de mim? – trata-se de uma intrigante pergunta suscitada deste medo, deste cuidado, desta hesitação. Sabe-se que o remetente de uma carta se constrói para o seu destinatário, encenando um eu fictício, construído e moldado no sentido de corresponder a certas expectativas. Por isso, o caráter poroso e fragmentado das verdades epistolares – se são verdades construídas, de que tipo se fala? São seguras?

Ou seja, é a complicada encenação de si no texto epistolar, situação esta sempre denunciada pelos estudiosos deste gênero, a *mise-en-scènes* que o epistológrafo provoca de forma nem sempre assumida, porém perceptível e perigosa, num jogo de representação forjado na sua relação (às vezes tensa) com o destinatário. Estaria aí uma arte da carta ou a carta a serviço de uma arte? Stefan Zweig tentou responder a esta questão no seu texto *A arte da carta,*[1] no qual se lê:

> Pelo fato de cada carta se dirigir sempre a uma pessoa singular, a uma pessoa específica, presente ao sentimento, a carta se tornou involuntariamente um retrato duplo de quem fala. Inconscientemente, a voz do destinatário respondia, e essa aura de comunhão irradiava uma familiaridade que era, ao mesmo tempo, aberta e íntima, eloquente e discreta, familiar e secreta (Zweig apud Moisés, 2013:20).

---

1 O pequeno texto *A arte da carta* (*Die Kunst des Briefes*) foi publicado por Stefan Zweig em 1924, como posfácio ao livro *Briefe aus Eisamkeiten*, de Otto Heuschele.

"Eu sou o outro" – talvez seja uma fórmula que ajuda a (re)pensar as idiossincrasias da epistolografia pois, como defendeu Zweig, a voz do destinatário responde – inconscientemente – no discurso do remetente. O problema é quando somos, ao mesmo tempo, remetente e destinatário das nossas próprias cartas, pois escreve-se para não estar só, para não ficar só, para não deixar o outro só, para se ter a sensação de que alguém nos receberá, alguém lerá o que escrevi. Escreve-se também pela sensação, às vezes vã, de que alguém se importa comigo e quer saber como eu estou, o que tenho para contar e partilhar.

A carta é um discurso dos ausentes e a correspondência se alimenta pelas ausências. Escreve-se uma carta não apenas para não se sentir só, mas também para não se acreditar ser uma pessoa tão solitária. Então a carta é uma estratégia pertinente para se preencher tais lacunas, estes vazios ontológicos com os quais vivemos – uns mais, outros menos – ao longo da vida. Certamente, a correspondência trocada entre Alceu Amoroso Lima e Georges Bernanos nos possibilita fazer uma série de análises e especulações, nos mais diversos campos do saber. Opto, para este congresso, refletir um pouco sobre os questionamentos de ordem religiosa, mística e ontológica – o "desconforto deste mundo" – usando uma expressão do próprio Bernanos, desconforto este que nos obriga a (re)pensar o lugar do Sagrado e do Mistério não apenas nesta troca epistolar, mas também na obra e no pensamento de ambos.

A (anti)mística do mundo moderno

Georges Bernanos nasceu em Paris, em 1888, falecendo no subúrbio da mesma capital, em 1948. De família numerosa e muito religiosa, desde cedo se encaminhou nas fileiras do catolicismo conservador francês, de tendência monarquista e orleanista e sempre alinhado ideologicamente à *Action Française*. Foi contemporâneo, leitor e comentador de grandes escritores desse período, como Charles Maurras, Joseph de Maistre, François Mauriac, Paul Claudel, Charles Péguy, Léon Bloy, Jacques Maritain, entre tantos outros.

Bernanos participou intensamente da vida política francesa: foi soldado na *Primeira Guerra Mundial* e repórter na *Guerra Civil Espanhola*. Após a derrota da França para os alemães, em 1940, já exilado no Brasil, decide apoiar – mesmo à distância – o movimento *França Livre*, escrevendo uma infinidade de artigos de jornal nos quais se posicionava contra o *regime de Vichy* e a favor da *Resistência Francesa*. Nesta mesma Resistência, Georges Bernanos atuou via literatura e imprensa, acreditando no soerguimento da "segunda filha da Igreja", mesmo após o esfacelamento da mesma pelas "patologias" da modernidade: Iluminismo, Revolução Francesa, República, cientificismo, marxismo, comunismo etc. Quando se referia a Bernanos, Alceu sempre o chamava de o "martelo da Igreja", epíteto este motivado pela contundência ideológica que o autor de *Sob o sol de Satã* defendia a instituição e, ao mesmo tempo, atacava com força o mundo moderno e as suas derivas, como se pode verificar neste fragmento de *Les enfants humiliés*:

> A esperança, eis a palavra que eu queria escrever. (...) O mundo vive demasiado depressa, o mundo já não tem tempo de esperar. A vida interior do homem moderno tem um ritmo demasiado rápido para que nela se forme e amadureça um sentimento tão ardente e terno, e ele encolhe os ombros à ideia dessas castas núpcias com o futuro... A esperança é um alimento demasiado leve para o ambicioso, ameaçaria enternecer-lhe o coração. O mundo moderno não tem tempo de esperar, nem de amar, nem de sonhar. É a pobre gente que espera em seu lugar, exatamente como os santos amam e padecem por nós (Bernanos, 1973:241).

Nesta passagem, como em tantas outras, Bernanos apresenta um dos temas mais caros à sua obra e ao seu pensamento: a difícil convivência com o mundo moderno, com a modernidade, esta inimiga da cristandade – pois para este autor, a experiência católica se dava pela manutenção cega dos valores mais tradicionais do catolicismo, numa perspectiva medieval de cristandade e manutenção dos valores desta. Se para Baudelaire, poeta e filósofo, a modernidade se caracteriza, entre outros aspectos, pela tensão entre o efêmero e o eterno, entre o contingente e o imutável, Bernanos achava que a solução para este conflito estava justamente em evitar e até mesmo negar estes valores do transitório, declarando uma espécie de guerra a este elemento inexorável da experiência existencial. Daí sua noção de mística calcada na afirmação dos valores cristãos mais antigos, especialmente aqueles defendidos pelos padres da Igreja e pelos textos sagrados mais arcaicos. Nesta carta a Alceu Amoroso Lima, em janeiro de 1940, assim afirmou:

> Eu estava só, ou melhor dizendo, eu estava a bordo da solidão, eu me acreditava só, ainda que eu não ignorasse, no fundo, que eu não me comportasse bem, que eu iria seguramente mais além. (...) No plano da exegese, esta preguiça clerical nos valeu a crise modernista. Se verificará bem cedo o resultado no plano político. Como transcender a este mundo, a esta realidade, a esta dor de existir que tanto arruinou os santos?

"Como transcender a este mundo, a esta realidade"? Parece-me que a dúvida do autor do *Diálogo das carmelitas* é deveras atemporal e, por isso mesmo, atual, buscando uma resposta sempre intrigante e desconcertante seja para a mística moderna ou a mais tradicional. Respondendo ao amigo, em 25 de fevereiro de 1940, assim afirmou Alceu Amoroso Lima:

> Creio ser impossível a sobrevivência humana e intelectual neste mundo que se organiza em torno de uma guerra, de mortes organizadas e programadas. Meu caro Georges, como sobreviver neste mundo que caminha rumo ao nada? Como viver num mundo sem Deus, num mundo que mata a sua juventude? Como viver num mundo que nega Cristo e sua Igreja sabidamente? (...) Entretanto, meu caro Georges, é neste mesmo mundo que deve-se forçar a graça de Deus, porque não conseguimos nos afastar deste mesmo mundo, e nele devemos agir em nome da única Verdade.

Lembro que esta defesa intransigente pela Verdade, por parte de Alceu Amoroso Lima, condiz com aquele momento biográfico do crítico literário, isto é, os anos 1940. Este "primeiro Alceu" dialogava bem com Bernanos, uma vez que também defendia valores e pressupostos da ideia de cristandade. Na realidade, este "primeiro Alceu" ainda estava impregnado pela liderança ideológica de Jackson de Figueiredo, principal responsável pela conversão religiosa do crítico ao catolicismo, em 1928. Era o Alceu intransigente e presidente do Centro Dom Vital, editor da revista *A ordem*, homem de confiança do ministro Gustavo Capanema, último reitor da antiga Universidade do Distrito Federal, que um ano antes, em 1939, decidiu pela total extinção desta, alegando que a mesma era "um ninho infestado de comunistas". Nesta fase de sua vida e à frente da Ação Católica Brasileira, Alceu fortaleceu a aliança de cooperação político-religiosa entre o Estado brasileiro e a Igreja Católica, fazendo as pontes necessárias entre os palácios do Catete e São Joaquim. Ambos – Alceu e Bernanos – acreditavam numa espécie de recristianização da sociedade: Alceu por meios da arregimentação de intelectuais, artistas e políticos em torno da Ação Católica e Bernanos da sua produção literária e atuação quase bélica na imprensa do seu tempo – mas ambos imbuídos de um mesmo ideal místico de afirmação intransigente da fé católica e recuperação, na sociedade hodierna do seu tempo, do prestígio milenar da Igreja. Escrevendo a Alceu, em 25 de fevereiro de 1942, e relatando o processo de criação do seu romance *Monsieur Ouine*, Bernanos dá mais informações acerca da sua visão de inclusão ou exclusão no Mistério:

Assim como em *Sous le Soleil de Satan* quis fazer uma sátira contra Anatole France, neste livro pretendo uma sátira contra André Gide. Escolhi este nome por ser uma contradição: *oui* e *non*. Para Gide não há sim nem não. Não há bem nem mal. Não há passado nem futuro. Não há distinção entre virtude e vício. Tudo lhe é indiferente. O que há de perverso no gidismo é que ele destrói nas criaturas humanas o sentido do bem e do mal, a capacidade de escolha. É como aquele inseto relatado por Fabre, que ao ferrar suas presas, termina diluindo-as, transformando-as numa espécie de geleia fácil de ser deglutida. Gide é um desses insetos, que mergulha seu ferrão na indistinção de todos os valores modernos. *Monsieur Ouine* é precisamente este homem para o qual não existe nem sim, nem não. Precisamos, meu caro Alceu, mergulhar no grande Mistério que é Deus e sua Igreja, precisamos ser envolvidos, sem temor, neste grande Mistério que nos envolve, que nos engloba, que nos cerca, que nos une indelevelmente nesta espécie de matrimônio místico e sagrado. Ou é isso ou é a danação eterna.

Percebe-se o diálogo com a mística própria dos carmelitas espanhóis do século XVI, especialmente Santa Teresa de Ávila e seu ideal místico de uma união quase hierogâmica com o Sagrado.

Ora, não se pode querer uma única perspectiva de compreensão da ideia de mística, uma vez que esta é sempre mutante, contextualizada e atravessada pelas forças e dinâmicas de cada época, obrigando que este mesmo conceito sofra os mais diversos processos de diferenciação e até de marginalização e incompreensão, conforme bem nos alerta Michel de Certeau no seu livro *Le lieu de l'autre: histoire religieuse et mystique* (2005:335). E quando se trata da experiência moderna de mística presente na literatura, e lembro aqui da ficção de Georges Bernanos e da crítica literária de Alceu Amoroso Lima, cito o que afirmou Eduardo Guerreiro Losso no seu ensaio "Teoria crítica da mística e teoria da literatura":

A mística moderna nos apresenta um sujeito que, devido à sua perda de horizonte de valores metafísicos, remete cada vez mais para si mesmo. A falta de orientação metafísica torna a própria subjetividade incerta e deixa aparecer a busca pela verdade e autenticidade, assim como a saudade, direcionada a si mesma através da aniquilação de si, da experiência da diferença e do desenraizamento radical. Ao contrário da mística anterior, que proporia a união mística com o absoluto, a indistinção de sujeito e objeto, a mística na modernidade procura o contato com o outro já em si mesmo. Em vez da humilhação que é também um sentimento de elevação, da autodiminuição que também é autoengrandecimento, o artista moderno duvida desse modelo de aniquilamento do eu e inventa outro (Losso, 2014: 23).

Podemos dizer que, neste momento, Bernanos e Alceu invertem a direção do que se poderia esperar de um artista moderno na perspectiva defendida acima por Eduardo Losso, ou seja, enquanto a modernidade pratica as mais diferentes formas de mística, inclusive uma neomística ateia sem Deus, Bernanos e Alceu defendem uma espécie de retorno àquela noção mais tradicional de mística teocêntrica corroborada e praticada, ao longo dos séculos, por santos, santas, clérigos, religiosos, religiosas, leigos e leigas que mergulharam profundamente em águas mais profundas do Absoluto, do Mistério, do Inefável. Tanto que, nesta carta a Bernanos, em janeiro de 1942, Alceu assim afirmou:

> O mundo moderno perdeu a vocação para a verdade e para a paixão em nome da vontade pela destruição. (...) A linguagem interior do homem está reprimida, anulada que o faz perder a abertura ao sagrado, à perfeição. E perde-se mais: a comunicação ecumênica, a participação na Verdade, na beleza. (...) O homem moderno perdeu sua comunhão, sua humanidade, entrou numa crise fremente com este mundo que o atrai e do qual não consegue repelir. As guerras, as bombas provocam o escândalo de um mundo cadavérico, que produz uma poesia igualmente cadavérica que provoca o escândalo da Verdade. A Verdade está mutilada, a poesia está mutilada, este mundo está mutilado, o Eu está mutilado. Somente a inserção e a permanência no Mistério poderá nos resgatar, nos fará respirar e resistir a este caos generalizado no qual vivemos.

Devemos afirmar a necessidade de se diferenciar e particularizar as mais diversas práxis místicas, respeitando sempre o contexto, as forças motivadoras e, principalmente, os sujeitos envolvidos e praticantes. Não se podem compreender as experiências místicas ignorando a noção de transformação e movimento inerente a estas mesmas experiências. Talvez resida, neste aspecto, uma imensa dificuldade que a crítica literária tem apresentado, pelo menos no Brasil, em compreender o pensamento de Alceu e Bernanos, pelo menos deste "primeiro Alceu" que dialogou e foi amigo pessoal do romancista francês, entre 1925 – início da correspondência – até 1948, ano da morte de Bernanos.

Sabe-se que Alceu Amoroso Lima, a partir dos anos 1950, sofreu uma profunda mutação ideológica que influenciou diretamente na construção do seu pensamento e na sua maneira de encarar a vida, o mundo, a teologia e a Igreja. Tenho algumas pistas para compreender esta mudança: a) a amizade epistolar e o convívio pessoal com Thomas Merton, com quem Alceu teve contato com noções de pluralismo religioso e ecumenismo, bem como diferentes tipos de asceses orientais e uma mística integrada na vida comum e cotidiana; b) a reflexão teológica de Dominique Chenu e Yves Congar, teólogos dominicanos, futuros peritos do Concílio Vaticano II, com quem Alceu conviveu durante as várias temporadas em que passou no convento dominicano de Saint Jacques, em Paris (no caso de Chenu) e na Cúria Geral dos dominicanos, em Roma (no caso de Congar), por influência direta do poeta Murilo Mendes, que no final dos anos 1950 vivia e lecionava na Universidade de Roma, e estabeleceu amizade e contato direto com Yves Congar; c) a mística cósmica de Teilhard de Chardin, teólogo jesuíta que Alceu conheceu nos Estados Unidos, no início dos anos 1950, quando o pensador brasileiro ocupou a presidência do Departamento Cultural da União Pan-Americana, futura Unesco, e teve contato com toda a reflexão teológica e filosófica de Chardin, ainda hoje incompreendida por muitos. Poderia citar outras influências que contribuíram para a guinada ideológica de Tristão de Athayde, todavia, creio que estas foram as mais significativas.

Georges Bernanos não conheceu o Alceu dos anos 1960, 1970 e início dos 1980, época marcada de um profetismo deste em denunciar os sadismos do Regime Militar brasileiro e suas torturas institucionalizadas pela Lei de Segurança Nacional. Bernanos não viu Alceu defender o Concílio Vaticano II, a renovação pastoral e teológica da Igreja, as conferências episcopais latino-americanas – especialmente a de Medellín – a Teologia da Libertação e o então profetismo da CNBB e de algumas figuras do episcopado brasileiro, destaco aqui Dom Hélder Câmara, outro grande amigo de Alceu desde a época da Ação Católica e do Integralismo. Bernanos não viu Alceu, em 1979, em companhia de Antonio Candido e Sérgio Buarque de Hollanda, assinando a ata de fundação do Partido dos Trabalhadores, o PT, e recebendo após esta cerimônia o então líder metalúrgico Luís Inácio Lula da Silva para almoçar na Abadia beneditina de Santa Maria, em São Paulo, cuja abadessa era a sua filha, a Madre Maria Teresa Amoroso Lima.

Certamente, Bernanos não teria aceitado e convivido com este Alceu, não teriam trocado 89 cartas ao longo de 28 anos, não teriam refletido – na crítica literária de cada um – a obra e o pensamento do outro. Bernanos era intransigente e, segundo o grande poeta Jorge de Lima, "estranhamente autoritário, porém necessário".

Contudo, em 1973, ao lançar pela editora Vozes o seu precioso livro *Memórias improvisadas*, Alceu lembrou do amigo francês e sua influência, afirmando:

> A posição de Bernanos sempre foi extremamente radical. Personalidade inconfundível, não se adaptava e não se adequava a coisa alguma e a nenhum partido. Era um exilado no mundo moderno, uma espécie de feudal. Sendo um agressivo por temperamento, mostrava-se frequentemente capaz das maiores manifestações de ternura. (...) No fundo, era um homem desarvorado num mundo onde se sentia um estranho, um anjo caído ou um feudal egresso da Idade Média. Jamais aceitou a vida moderna. Daí seu horror aos Estados Unidos, país onde nunca pisou. É que não podia entender a civilização mecânica, a civilização do robô, como costumava dizer. Era um cruzado, um cavaleiro de outras eras perdido neste mundo. (...) Bernanos foi para mim a reação agressiva, violenta, ao diletantismo, ao ceticismo,

a tudo aquilo que exercera tão grande influência sobre a minha evolução intelectual, do evolucionismo spencenriano ao evolucionismo bergsoniano. Uma fase igualmente difícil, caótica, de grande decepção com relação ao Brasil, sua cultura, sua política, sua literatura.

Assim, podemos afirmar e acreditar que a amizade e o respeito mútuos são possíveis na diversidade, podemos construir uma harmonia dos contrários que transcenda as adversidades e os paradoxos. Não estaria aí, nesta perspectiva, uma possibilidade de se viver e construir uma experiência de mística contemporânea necessária e vital a estes tempos sombrios de hoje em dia? Acredito que sim.

Referências bibliográficas

ANDRADE, Mário de. *Mário de Andrade escreve cartas a Alceu, Meyer e outros.* Rio de Janeiro: Editora do Autor, 1968.

_____. *Aspectos da literatura brasileira*. São Paulo: Martins/MEC, 1972.

_____. *Vida literária*. São Paulo: EDUSP/HUCITEC, 1993.

_____. *O empalhador de passarinho*. Belo Horizonte: Itatiaia, 2002.

AZZI, Riolando. O início da restauração católica no Brasil: 1920-1930. *Síntese*. NF 4, n.10, 1977.

_____. *Os pioneiros do Centro Dom Vital*. Rio de Janeiro: Educam, 2003.

_____. *História da Igreja no Brasil: terceira época 1930-1964*. Petrópolis: Vozes, 2008.

BERNANOS, Georges. *Les enfants humiliés: Journal 1939-1940*. Paris: Gallimard, 1973.

_____. *Correspondance inédite 1904-1948*. Paris: Plon, 1983.

_____. *Sob o sol de Satã*. São Paulo: É Realizações, 2010.

_____. *Diário de um pároco de aldeia*. São Paulo: É Realizações, 2011.

_____. *Os grandes cemitérios sob a lua: um testemunho de fé diante da guerra civil espanhola*. São Paulo: É Realizações, 2015.

BOFF, Leonardo. *O testemunho espiritual de Alceu Amoroso Lima*. Petrópolis: Vozes, 1983.

BOTHOREL, Jean. *Bernanos: Le Mal-pensant*. Paris: Grasset, 1998.

CERTEAU, Michel. *Le lieu de l'autre: histoire religieuse et mystique.* Paris: Gallimard, 2005.

FERNANDES, Cléa Alves de Figueiredo. *Jackson de Figueiredo: uma trajetória apaixonada.* Rio de Janeiro: Forense Universitária, 1989.

GALVÃO, Walnice Nogueira. À margem da carta. In: _____. *Desconversa (ensaios críticos).* Rio de Janeiro: Editora da UFRJ, 1998.

GENNETE, Gérard. *Palimpsestes: la littérature au second degré.* Paris: Seuil, 1987.

GOMES, Ângela de Castro. *Essa gente do Rio... modernismo e nacionalismo.* Rio de Janeiro: Fundação Getúlio Vargas Editora, 1999.

GOSSELIN-NOAT, Monique. *Bernanos, militant de l'éternel.* Paris: Michalon, 2007.

GUIMARÃES, Júlio Castañon. *Distribuição de papéis: Murilo Mendes escreve a Carlos Drummond de Andrade e a Lúcio Cardoso.* Rio de Janeiro: Fundação Casa de Rui Barbosa, 1996.

_____. *Contrapontos: notas sobre correspondência no modernismo.* Rio de Janeiro: Fundação Casa de Rui Barbosa, 2004.

HAROCHE-BOUZINAC, Geneviève. *Escritas epistolares.* São Paulo: EDUSP, 2016.

KAFKA, Franz. *A metamorfose.* São Paulo: Companhia das Letras, 1997.

KAUFMANN, Vicent. *L'equivoque épistolaire.* Paris: Éditions de Minuit, 1990.

LIMA, Alceu Amoroso. *Affonso Arinos.* Rio de Janeiro: Civilização Brasileira, 1922.

_____. *A estética literária e o crítico.* Rio de Janeiro: Livraria Agir Editora, 1954.

_____. *Companheiros de viagem.* Rio de Janeiro: José Olympio, 1971.

_____. *Memórias improvisadas: diálogos com Medeiros Lima.* Petrópolis: Vozes, 1973.

_____. *Memorando dos 90.* Rio de Janeiro: Editora Nova Fronteira, 1984.

_____. & FIGUEIREDO, Jackson de. *Correspondência: harmonia de contrastes,* Tomos I e II. Rio de Janeiro: Academia Brasileira de Letras, 1991.

LOSSO, Eduardo Guerreiro. Teoria crítica da mística e teoria da literatura. In: CABRAL, Jimmy Sudário; BINGEMER, Maria Clara. (orgs.). *Finitude e mistério.* Rio de Janeiro: PUC-Rio; Mauad, 2014.

MARITAIN, Jacques. *Religião e cultura*. Rio de Janeiro: Atlântica, 1945.

MARTINA, Giacomo. *História da Igreja: de Lutero a nossos dias*. São Paulo: Loyola, 1997.

MARTINS, Wilson. *A crítica literária no Brasil*. Rio de Janeiro: Francisco Alves, 2002.

MATOS, Henrique Cristiano José. *Nossa história: 500 anos de presença da Igreja Católica no Brasil*. São Paulo: Paulinas, 2003.

MENDES, Cândido. *Dr. Alceu: da persona à pessoa*. São Paulo: Paulinas/EDUCAM, 2009.

MILLET-GÉRARD, Dominique. *Bernanos, un sacerdoce de l'écriture*. Roma: Via Romana, 2009.

MORAES, Marcos Antônio.(org.). *Correspondência Mário de Andrade & Manuel Bandeira*. São Paulo: EDUSP, 2000.

_____. *Orgulho de jamais aconselhar: a epistolografia de Mário de Andrade*. São Paulo: EDUSP/FAPESP, 2007.

_____. Razões mais profundas. In: RODRIGUES, Leandro Garcia. *Drummond & Alceu: correspondência de Carlos Drummond de Andrade e Alceu Amoroso Lima*. Belo Horizonte: UFMG, 2014.

MOISÉS, Patrícia Cristina Biazão Manzato. *Kunst des Briefes – Arte da Carta: um estudo sobre cartas de Stefan Zweig no exílio*. Dissertação de Mestrado. São Paulo: Universidade de São Paulo, 2013.

PEREIRINHA, Filipe. Uma leitura da *Carta ao pai*. *Cult*, n.194, p.32, 2014.

RODRIGUES, Leandro Garcia. *Uma leitura do modernismo: cartas de Mário de Andrade a Manuel Bandeira*. Dissertação de Mestrado. Rio de Janeiro: Pontifícia Universidade Católica do Rio de Janeiro, 2003.

_____. *Alceu Amoroso Lima: cultura, religião e vida literária*. São Paulo: EDUSP, 2012.

_____. *Drummond & Alceu: correspondência de Carlos Drummond de Andrade e Alceu Amoroso Lima*. Belo Horizonte: UFMG, 2014.

_____. *Cartas de esperança em tempos de ditadura: Frei Betto e Leonardo Boff escrevem a Alceu Amoroso Lima*. Petrópolis: Vozes, 2015.

_____. *Correspondência Mário de Andrade & Alceu Amoroso Lima*. São Paulo: EDUSP/PUC-Rio, 2018.

SANTIAGO, Silviano. Suas cartas, nossas cartas. In: ANDRADE, Carlos Drummond de & ANDRADE, Mário de. *Carlos & Mário: correspondência completa entre Carlos Drummond de Andrade e Mário de Andrade*. Rio de Janeiro: Bem-Te-Vi, 2002.

SARRAZIN, Hubert. *Georges Bernanos no Brasil*. Petrópolis: Vozes, 1968.

VILLAÇA, Antônio Carlos. *O pensamento católico no Brasil*. Rio de Janeiro: Civilização Brasileira, 2006.

3 San Juan de la Cruz y el Islam: Una simbología mística compartida

Luce López-Baralt
Universidad de Puerto Rico

San Juan de la Cruz es el poeta más sublime pero también el más misterioso de la literatura española. La crítica suele admitir la extrañeza esencial de su arte poético, que ha resultado "extranjero" a los lectores occidentales. Las extrañas fórmulas literarias del *Cántico*, en efecto, han causado "religioso terror" en Marcelino Menéndez Pelayo (1915:55-56) y "espanto" en Dámaso Alonso, que sólo se atrevió a considerarlas "desde esta ladera" (Alonso, 1942). Roger Duvivier considera que el santo escribe una "obra inclasificable" (Duvivier, 1971:285),[1] mientras que Colin P. Thompson intuye que en sus versos opacos "queda oculto más de lo que por el momento se nos ha revelado" (1977/1985:38). El desconcierto ante los versos sanjuanísticos es antiguo: las primeras monjas del Carmelo "corrigieron" el original "Mi Amado las montañas", que omite, como en hebreo y en árabe, el verbo "ser", por "Mi Amado *es* las montañas" o "Mi Amado *en* las montañas"). Pi y Margall (1853:xix), por su parte, encuentra a San Juan "incorrecto" pero "sublime" mientras que Azorín señala sus "transgresiones gramaticales" (1973:48).

---

1 A menos que indique lo contrario, advierto que todas las traducciones al español del inglés, francés y árabe son mías, aun a pesar de que algunas traducciones españolas de las obras citadas han ido viendo la luz en los últimos años. Advierto también que me sirvo del sistema de transliteración de la Escuela de Estudios Árabes de Madrid, que usó la revista *Al-Andalus* y ahora la revista *Al-Qanṭara*. Con todo, respeto siempre el sistema de transliteración que los distintos estudiosos usan: de ahí las variantes.

Paul Valéry (1962), ya en el siglo XX, enseñó a los poetas de la Generación del 27 a asumir a San Juan como un escritor "contemporáneo" – sus imágenes le parecían "visionarias" – aunque, con todo, admitió que su arte lo desconcertaba porque el exceso de metáforas misteriosas indisponía su alma "occidental". Estamos, sencillamente, ante un poeta raro. Admito que cuando lo leí por primera vez fue como si un rayo me explotara a los pies: sabía bien que no había nada semejante a los versos de San Juan en todo el Renacimiento europeo.

Frente a esta perplejidad colectiva, arabistas como Michel Farid Ghurayyib leen las liras del santo sin asombro, y la islamóloga Annemarie Schimmel insiste en que San Juan nunca le pareció extraño porque siempre lo leía "como si fuera la de un sufí".[2] Ambos estudiosos asumían pues los versos embriagados del santo con comodidad, pues lo hacían desde coordenadas estéticas semíticas. Esta curiosa dicotomía entre la recepción occidental y oriental del arte sanjuanístico habla por sí sola y vale más que cualquier disertación erudita. La extrañeza de Occidente ante san Juan se vuelve complicidad en Oriente.

Después de la ingente obra del arabista Miguel Asín Palacios, sin embargo, a pocos sorprendería la asociación de los *mystici majores* de España, San Juan de la Cruz y Santa Teresa, con la mística musulmana. A lo largo de varias décadas he continuado los estudios pioneros de Asín (1931, 1933, 1935, 1990), y me ha sido dado corroborar muchas de sus hipótesis y aun abrir nuevas rutas de investigación en ese sentido.[3]

Al presente voy a referirme tan sólo a algunos de estos numerosos puntos de tangencia entre el misticismo islámico y la obra de San Juan, que hemos solido leer con tanto asombro desde Occidente. Advierto que no todas estas coincidencias – ya lo advirtió Asín – responden al tronco común neoplatónico que tanto el misticismo islámico como el cristiano asumen: estamos ante paralelos demasiado pormenorizados

---

2 Schimmel me hizo el comentario en la Universidad de Harvard en 1971, y con ella coincidió de cerca mi colega de Harvard Wasmaa' Chorbachi.

3 Algunos de mis estudios sobre el tema aparecen citados en la Bibliografía.

y reiterados como para poder ser explicados como una coincidencia casual. Importa también recordar que la transmisión de ideas espirituales y de símbolos literarios no se da tan sólo de un libro a otro, ya que la comunicación oral, sobre todo en el contexto secretivo de una alta dirección espiritual, cumple muchas veces un papel importante en este tipo de transmisión cultural. Muchas de las imágenes que voy a explorar aquí, que elaboraron los místicos del Islam siglos antes que los místicos de España, acaso estarían ya lexicalizadas y correrían como moneda común anónima entre los contemplativos peninsulares.

El modo en el que operó esa posible transmisión de fuentes literarias místicas en pleno Renacimiento español fue una interrogante que se planteó Asín en sus últimos estudios, y que replanteo a mi vez en mis propios trabajos. Asín creyó que los moriscos – pensemos en el Mancebo de Arévalo – tendrían que haber jugado un papel importante en esta transmisión cultural, pero al explorar por años su literatura secreta aljamiada (escrita en castellano pero transliterada en caracteres árabes), me ha dido forzoso concluir que San Juan y Santa Teresa manejaron mucho mejor la simbología musulmana que los criptomusulmanes del siglo XVI. Ese es otro misterio más de las letras hispánicas renacentistas, que aun queda incólume pese a que estudiosos como María Teresa Narváez, Xavier Casassas, Pablo Beneito y Wilnomy Pérez reastrean al presente rasgos esotéricos de tipo místico en la literatura morisca.

San Juan de la Cruz y el Islam: una simbología mística compartida

San Juan de la Cruz nos depara una sorpresa muy singular: comparte con los sufíes del medioevo muchos de sus símbolos y de su lenguaje técnico místico más importante. Estamos ante el fenómeno de una literatura europea con numerosas claves literarias árabes, incluso, persas. Los poetas sufíes respetan un número de equivalencias fijas en su poesía à clef: se trata del lenguaje secreto o *trobar clus* de cuya clave participaban, según críticos como Louis Massignon y Émile Dermenghem, exclusivamente los iniciados sufíes. Oigamos lo que Ibn al-Fāriḍ (1932:62-63) dejó dicho sobre el asunto en el siglo XIII:

> Los místicos (...) han acordado expresar con metáforas sus estados espirituales, (y) han organizado un lenguaje que no comprenden quienes no hayan tenido su propia experiencia espiritual, de suerte que [sólo los místicos] habrán de comprender el sentido oculto de sus términos, [que] le resultará oculto a quienes no participen [de su clave cifrada]. Algunos iniciados expresan diferentes grados de la contemplación mística por los símbolos de los rizos de cabellos, mejillas, lunares, vino, llamas, etc., que a los ojos de los profanos no constituyen sino una poesía de una apariencia brillante. [Pero] el rizo de cabello [significa] la multiplicidad de cosas que oculta la faz del Amado; (...) el vino representa (...) la embriaguez espiritual; la llama la irradiación de luz divina en el corazón del que sigue la vía mística...

Esta literatura en clave es antiquísima y constituye una tradición literaria por lo menos desde el siglo X: ʿAṭṭār se jacta de dicho lenguaje hermético, cuya clave secreta sólo los sufíes iniciados conocían (ʿAṭṭār, 1966:237-238). Los islamólogos insisten a su vez en este "vocabulario especial": " las gacelas u odas (...) son, para quienes conozcan la clave de su imaginería simbólica, las expresiones fervientes de los corazones (...) embriagados de amor espiritual", explica Margaret Smith (1954:45), subrayando el sentido místico bajo la metaforización erótica. "Pero, a medida que pasa el tiempo, algunas palabras comenzaron a tener un sentido que [los iniciados] podían reconocer". Florence Lederer (1969) tiene razón: el *trobar clus* termina por lexicalizarse y deviene una convención literaria fácilmente reconocible. Pero reconocible – recordémoslo – dentro del Islam. De ahí que cuando sorprendemos esta misma imaginería simbólica secreta en las páginas de San Juan e incluso de Santa Teresa de Jesús, cuyos siete castillos concéntricos también parecen ser de estirpe islámica (Asín, 1990; López-Baralt, 2001; Antón Pacheco,

2001) no podemos sino asombrarnos ante la rica hibridez cultural de los místicos peninsulares.

Damos por descontado, con Carl Jung, Evelyn Underhill y Mircea Eliade, que hay que tomar en cuenta la insistencia de todas las religiones en ciertos símbolos o imágenes fundamentales: la luz, el fuego, la oscuridad, por no hablar de la deuda neoplatónica en común que tienen los contemplativos cristianos y los sufíes. Pero el caso de San Juan no se puede delimitar a estas coincidencias generales: parecería, como anticipé, que conoce con demasiada especificidad algunos de los símbolos islámicos más importantes, estudiados con promenor por Javad Nurbakhsh (s.f.), como para tratarse de una coincidencia "casual". Incluso en algunos casos en los que el símbolo estudiado pudiera ser patrimonio de la mística universal, la manera particular que tiene San Juan de elaborar dichas imágenes coincide estrechamente con la de los sufíes. Como era de esperar, hay variantes entre ellos y San Juan, pero hemos podido documentar más de treinta de estos símbolos compartidos. Detengámonos tan sólo en algunos de los más significativos.

El vino o la embriaguez mística

Aunque los sufíes no sean los primeros en utilizar el vino como arquetipo de sabiduría espiritual (ya en el *Gilgames* y en la *Mišna* encontramos la asociación) en la literatura mística musulmana, tras numerosos siglos de uso, se lexicaliza la equivalencia del vino entendido invariablemente como éxtasis místico (Nurbakhsh, 1986: I, 155-207). San Juan lo usa siempre en este mismo sentido; y nos advierte que su "adobado vino" es una "merced (...) que Dios hace a las almas aprovechadas, que las embriaga del Espíritu Santo con un vino de amor suave (...) que es el que Dios da a los ya perfectos..." (CB 25,7).[4] Sorprendemos la misma equivalencia vino = éxtasis entre los sufíes, que son conscientes que manejan

---

4 Todas las citas de la obra de san Juan de la Cruz las tomo de mi edición conjunta con Eulogio Pacho (1991/ 2015).

un vocabulario técnico. Cuando explica el verso del *Elogio del vino* del egipcio Ibn al-Fāriḍ, "Hemos bebido a la memoria del Amado un vino que nos ha embriagado antes de la creación de la viña", Būrīnī comenta: "Has de saber que esta casida está compuesta en el lenguaje técnico de los sufíes, en cuyo léxico el vino (...) significa (...) el Conocimiento de Dios y el deseo ardiente de ir hacia Él" (Ibn al-Fāriḍ, 1932/1989:117).

Si existe una equivalencia lexicalizada en el sufismo es esta del vino entendido como embriaguez extática. Los poetas cantan simbólicamente a la alegría del zumo de la vid porque les precipita la extinción del ser o *fanā'* en el seno de Dios (Álvarez, 2009:35). Los místicos persas Al-Ḥallāŷ, Ŷalāl al-dīn Rūmī, Šabastarī y Ḥafiz, así como el andalusí al-Šuštarī, dedican poemas enteros a esta bebida, vedada por el Corán pero celebrada por ellos a un nuevo nivel secreto durante los siglos XII y XIII. Ŷalāl al-dīn Rūmī está particularmente cerca del poeta carmelita: "el ardor del vino encendió mi pecho e inundó mis venas..." (Nicholson, 1945:15), exclama, y San Juan parecería seguirlo casi al pie de la letra: "así como la bebida se difunde y derrama por todos [las] venas del cuerpo, así se difunde esta comunicación de Dios sustancialmente en toda el alma..." (CB 26,5).

El Reformador usa la variante del *mosto de granadas* para significar el conocimiento extático, advirtiendo cómo, bajo la aparente multiplicidad de los granos de la fruta, subyace el zumo de la absoluta unidad de Dios, representada por la bebida embriagante (CB 37,8). Es precisamente la granada la fruta que marca la llegada del sufí a la cuarta etapa del camino místico y simboliza, según Laleh Bakhtiar (1976:30), "la integración de la multiplicidad en la unidad, en la morada de la unión". El anónimo *Libro de la certeza* (1997), atribuido a Ibn 'Arabī o a Kašānī, insiste a su vez en esta fruta emblemática de la esencia y unidad última de Dios: estamos ante un lugar común del *trobar clus* sufí. Después de beber, como Hāfez o 'Aṭṭār (Nurbakhsh, 1986: I, 155), en la "interior bodega" del Amado, exclama la esposa del "Cántico": "cuando salía / por toda aquesta vega, / ya cosa no sabía / y el ganado perdí que antes seguía". Cuán cerca del *Diván del Sol de Tabriz* de Rūmī:

"no tengo otro quehacer que la embriaguez y la algazara" (Nicholson, 1945:126). Pero esta "embriaguez" espiritual le es muy útil a San Juan, pues adquiere, merced a ella, una lucidez especial porque implica el olvido de lo creado: "... aquella bebida de altísima sabiduría de Dios que allí bebió le hace olvidar todas las cosas del mundo, y le parece al alma que lo que antes sabía (...) es pura ignorancia" (CB 26,13). En su citado *Kašf al-Maḥŷūb*, Al-Hūŷwīrī había expresado el mismo acerto casi al pie de la letra: la embriaguez es un "cerrar el amante los ojos a las cosas creadas, para ver al Creador en su Corazón" (Nicholson, 1945:15; Murata, 1992).

Pero volvamos a la embriaguez extática que celebra San Juan con la mayor parte de los espirituales musulmanes. Un "borracho" habla sin coherencia: de la misma manera, un embriagado místico emitirá palabras delirantes que traducen de alguna manera lo intraducible de su experiencia espiritual. Una vez más, el santo parecería seguir las huellas de los sufíes que le preceden. Tanto Ḥallāŷ y Bāyazīd Bisṭāmī (Nurbakhsh, 1991:V,157) como los más tardíos Šaḏilíes hispanoafricanos insisten en que el místico auténtico no es dueño de su lenguaje. El delirio espiritual de estos embriagados se traduce en versos frecuentemente ininteligibles como los de un Ibn ʿArabī o un Ibn al-Fāriḍ.

San Juan es plenamente consciente de su propia estética del delirio, y explica a la destinataria del *Cántico*, la Madre Ana de Jesús, el por qué de su lenguaje afásico. Para ello se sirve de una curiosa imagen: por la sobreabundancia de sentido que experimenta el espíritu al momento del éxtasis, las palabras lo rebosan y se vierten irrestañables, traducidas en secretos y misterios desarticulados de sentido. El poeta llama "dislates" a sus desatinos verbales: las almas arrobadas no pueden describir su vivencia fruitiva, y "ésta es la causa por que con figuras, comparaciones y semejanzas antes rebosan algo de lo que sienten y de la abundancia del espíritu vierten secretos misterios (...) que (...) antes parecen dislates (...) que dichos puestos en razón (...)" (Pról. al *Cántico*). Extraña teoría poética, no cabe duda, para un escritor renacentista europeo.

La expresiva imagen con la que el santo defiende sus enigmas poéticos nos lleva, en primer lugar, a la opacidad del *Cantar de los cantares*, de la que me he ocupado en varios estudios (López-Baralt, 1998;2007). Pero también nos remite, y de manera especial, a la teoría del delirio verbal de los poetas místicos sufíes que precedieron a San Juan al teorizar en torno a la necesaria opacidad del lenguaje místico embriagado. Se refieren a los "dislates" verbales, que tan bien conocían, con el nombre técnico de *šaṭṭ*, y consideran, exactamente como nuestro poeta, que estos misterios poéticos rebosaban como torrente de un espíritu henchido de sentimientos excesivos, de la misma manera que un río se desborda de sus cauces. Al-Sarrāŷ se refiere a ello en su *Kitāb al Lumaʿ* (siglo X), explicando que las palabras "extrañas y oscuras" se conocen "técnicamente como *šaṭṭ* (1914, 6). El término *šaṭṭ* se asocia en árabe precisamente con "aquello que excede o rebosa sus límites y rebosa su cauce; con un río o ribera marítima desbordada" (Cowan, 1990; Corriente, 1970; Cortés, 1995).

Ibn ʿArabī de Murcia, meditando sobre las dificultades del lenguaje humano para traducir la Divinidad, admite que muchos pasajes le resultaban misteriosos aun al propio poeta (Ibn ʿArabī, 1911/1977:7), pero defiende sus "dislates" o *šaṭṭ* con el mismo *savoir faire* que vimos esgrimió el "embriagado" San Juan en el prólogo al *Cántico*.

La noche oscura del alma

El símbolo de la noche oscura del alma, el más famoso y el más complejo de San Juan de la Cruz, dejó perplejo al insigne sanjuanista Jean Baruzi, que no dio con las posibles fuentes que lo hubiesen podido inspirar (Baruzi, 1924:147). Difícil saber en qué tradiciones contemplativas concretas estaría pensando el santo, que indica que se sabe poco de "la Noche espiritual, por haber della muy poco lenguaje, así de plática como de escritura, y aun de experiencia muy poco" (N 8,2).

Algunos estudiosos como Colin P. Thompson (1977/1985 y 2002) han esgrimido ciertos antecedentes occidentales como la *divina caligo* o tiniebla luminosa del Pseudo Dionisio Areopagita y las *Moradas* de San Juan Gregorio, que alguna relación guardan con la compleja noche sanjuanística. Pero la noche de San Juan rebasa los matices de sus supuestas fuentes cristianas. Algunas de las modalidades de su complicada noche simbólica no se encuentran entre los citados posibles antecedentes del santo. Pero, una vez más, cuando acudimos a la literatura musulmana, muchos de los enigmas del símbolo más famoso del reformador carmelita van quedando resueltos.

Asín Palacios asoció la noche oscura del alma sanjuanística a la de Ibn-Abbād de Ronda y Abū-l-Ḥasan al-Šaḏilī en su ensayo "Un precursor hispano-musulmán de San Juan de la Cruz" (Asín, 1933:7-79) y en su libro póstumo *Šaḏiĺes y alumbrados* (1990). El arabista admite la posibilidad de una fuente común que ayudase a explicar ciertas coincidencias entre la mística musulmana y la cristiana. Aunque la influencia del monacato oriental cristiano sobre el Islam, defendida por Asín en su *Islam cristianizado* de 1931, es aun motivo de polémica, es plausible pensar que algunos sufíes podrían haberse nutrido, en efecto, de autores como el Pseudo Dionisio Aeropagita. Con todo, y aun suponiendo que hayan recibido del primitivo cristianismo los rudimentos del símbolo de la noche, los místicos musulmanes medievales (Nurbakhsh, 1990: IV, 77-79) lo elaboraron con obsesión durante siglos, haciéndolo suyo y dotándolo de intrincados matices inmediatamente reconocibles como islámicos y no trazables – como advierte Asín – a fuentes neoplatónicas. Justamente algunas de estas modalidades de la noche son las que vamos a sorprender en la obra de San Juan, que parecería haber recibido el símbolo – acaso de antiguo origen cristiano – ya islamizado.

Ya desde el siglo XII, Rūmī celebra su noche espiritual en apasionados versos: "Hacia la noche de mi corazón / por una senda estrecha / anduve a tientas / y he aquí que de repente surge la luz / y la infinita tierra del día" (Arberry, 1968:117). Abū al-Māwāhib al-Šaḏilī también exclama extático en sus *Máximas de la iluminación*: "¡Oh noche de amor y de felicidad! ¡Su alegría hizo a nuestros briosos corceles danzar de gozo!

La oscuridad no es nociva para el espíritu perfecto..." (Jurji, 1938:59).

La noche no es siempre, sin embargo, tan celebrable para los musulmanes: a menudo la ven, como San Juan, en términos angustiosos. Estamos, en ambos casos, ante un símbolo místico curiosamente plurivalente. Tanto para el poeta de Fontiveros como para los místicos del Islam la *noche* apunta a la purgación del alma – la sequedad y la tristeza – pero, simultáneamente, alude al momento extático jubiloso en el que se *anochecen* los sentidos y la razón para que pueda surgir la luz interior en el hondón último del alma. Veremos pues que la noche se sufre como oblación en la senda mística y a la vez se celebra como el momento culminante del éxtasis. Así, el anónimo autor del citado *Libro de la certeza* advierte la "completa ausencia de la Sabiduría de la Certeza [que] corresponde a la más oscura de las noches" (1997:67), mientras que Naŷm ad-dīn al-Kubrā, uno de los teóricos más complejos del sufismo del siglo XIII, establece en su célebre tratado *Fawāt'iḥ al-ŷamāl wā-fawāfīḥ al-ŷalāl* la distinción – y también en ello nos recuerda las sutilezas de San Juan – entre la "Noche luminosa de la supraconsciencia y la Noche tenebrosa de la inconsciencia..." (al-Kubrā, 1957:20-21). Saʿdī, de otra parte, declara que él puede – exactamente como San Juan – "apreciar la prolongación de la oscura, larga noche" (Smith, 1954:113) como etapa espiritual ardua pero necesaria. Šabastarī, en su famosa *Rosaleda secreta*, más cerca aun del santo carmelita, celebra el aspecto jubiloso de la *noche* en un verso célebre para todo sufí: "Noche luminosa, mediodía oscuro" (Corbin, 1961a:117). Este verso de Šabastarī recibe numerosos comentarios, entre ellos el de Lahiŷī, digno de la complejidad y la hondura del de San Juan de la Cruz. Y ello nos lleva a la noche de San Juan, "más clara que la luz del mediodía".

Esta "noche divina de lo incognosible" de Suhrawardī y de Avicena marca distintas moradas del camino hacia Dios; para Semnānī se trata del sexto grado, el del *"aswād nūrānī"* (luz negra). Henry Corbin (1961:151) recuerda que esta "noche luminosa" constituye "la etapa iniciática más peligrosa". Tanto para Lahiŷī como para Naŷm Rāzī la noche implica, de otra parte, la culminación extática – el grado séptimo y final, que es el de la luz negra, y que resulta – como para San Juan – "avasallante, anonadante" (Corbin, 1961:161). Niffarī, ya desde principios del siglo X y con una voluntad teórica muy definida que recuerda a la del Reformador, entiende también su noche oscura personal como un hito en el camino que conduce al éxtasis último:

> Dios me puso en la morada de la Noche, y entonces me dijo: cuando te sobrevenga la Noche, manténte delante de Mí y toma en tu mano el desconocimiento (*ŷahl*): así desviarás de Mí la ciencia de los cielos y de la tierra, y, desviándola, verás Mi descenso (*Mawāqif*) (Nuwyia, 1971:105).

También el persa Rūmī ve concretamente cómo el místico debe abrazar y aceptar esta noche que conduce precisamente a la intuición de la unidad esencial de Dios: "Toma a Laylā [*layl:* la Noche] sobre tu pecho, oh Maŷnūn." Rūmī emplea un juego de palabras con el nombre árabe Laylā o "Leila", que en árabe significa también "noche". Laylā y Maŷnūn eran una pareja famosa de amantes, tal el Romeo y Julieta occidentales. Sospecho que la amada nocturna de San Juan se pudo haber llamado "Laylā", ya que abrazar a la amada significaba asumir de lleno la *noche* unitiva (López-Baralt, 2001:235-266).

Asín Palacios (1933) exploró el hecho de que que el carmelita, al teorizar sobre la Noche, utiliza una terminología que parecería repetir muy de cerca la que siglos antes trabajaron los šadilíes. El *bast* o anchura de espíritu, que es un sentimiento de consuelo y dulzura espiritual, se asocia entre ellos al día y se contrasta con el *qabd* o apretura, estado de angustia que se asocia a su vez a la noche oscura del alma en la que Dios sume al místico para desasirlo de todo lo que no es Él. San Juan, al igual que los šadilíes, nos depara la sorpresa de preferir el estado de la noche o *qabd* y Asín descubre que el santo repite al detalle los matices que ambos términos técnicos poseen en árabe:

El término técnico *qabḍ*, que (...) es el quicio sobre el que gira toda la teoría šaḏilí, deriva de la raíz árabe *qabaḍa*, que tiene los siguientes sentidos: "coger", "apretar" (...), "contraerse", "experimentar angustia", "apretarse el corazón". El término, pues, funciona en los textos árabes con la misma rica variedad de ideas, hermanas de las que San Juan (...) expresa con las voces castellanas siguientes: (...) "apretura", "oprimir", "poner en estrecho", "angustia", "pena".

Su opuesto, el término *basṭ*, que en árabe significa (...) "ensanchar", "dilatar", "abrir la mano", y, en sentido metafórico, "alegrarse", "sentir bienestar"; "estar contento", es también sinónimo de la voz castellana "anchura", que (...), usa igualmente (...) San Juan de la Cruz (Asín, 1990:8).

Asín limita su estudio al caso de los šaḏilíes, pero es importante señalar que la presencia de los términos *qabḍ* y *basṭ* en el Islam es muchísimo más antigua. Massignon advierte que se trata de léxico coránico, pues lo encontramos en la azora 11, 246 del Libro revelado, y la reiteran Algazel, Ibn-ʿArabī, Qušayrī, Al-Sarrāŷ, Ibn al-Fārid. Para el teórico Simnānī, el *qabḍ* y el *basṭ* corresponden a las etapas 85 y 86 del IX escalafón del camino místico (Bakhtiar, 1976:96-97), mientras que para el más poético Kubrā (1957:43) "la apretura y la anchura constituyen la ciencia sabrosa del corazón".

Esta noche mística de San Juan y de los sufíes deviene, por último, la deseada aurora de la unión teopática. *Imla* – "levantes" o "auroras" *(tawali)* – llama Algazel a los resplandores nacientes de la intuición divina, cuyo brillo basta para apagar en el horizonte de la conciencia las cosas que no son Dios. San Juan está muy cerca de esta versión algaceliana al comentar su verso "la noche sosegada" / "en par de los levantes del aurora": así como los levantes de la mañana despiden la escuridad de la noche y descubren la luz del día, así el espíritu sosegado (...) en Dios es levantado de la tiniebla (CB 15,23).

Lo supo bien Ibn ʿArabī, que esgrime el mismo aserto teórico sufí del que San Juan parecería hacerse eco: la *noche* marca la morada de la vía mística cercana ya a la unión. Se trata de la estación de la proximidad (Ibn 'Arabī, [1911]1997:146) muy próxima ya a los "levantes del aurora" o posesión final de Dios.

Iluminación interior: La llama de amor viva y las lámparas de fuego

Otro de los símbolos más importantes de San Juan de la Cruz es la iluminación interior. En la *Llama de amor viva* el poeta celebra la luz y las llamas en las que arde su alma extática y las misteriosas lámparas de fuego que la alumbran cuando se transforma en Dios. La luz como símbolo es, sin duda, universal: lo vemos elaborado en las *Jerarquías celestes* del Pseudo Dionisio y tanto Evelyn Underhill como Mircea Eliade nos llaman la atención sobre las distintas culturas que lo hacen suyos: el judaísmo, el helenismo, el gnosticismo, el sincretismo, el cristianismo en general. Pero algunos de los pormenores del símbolo sanjuanístico parecen, una vez más, sufíes. El misticismo islámico se obsede con el símil de la iluminación desde muy temprano porque funden frecuentemente las ideas de Plotino y Platón con las de Zoroastro y otros sabios persas antiguos. Suhrawardī (m. en 1191), autor del Hikmāt al-išrāq (*La filosofía de la iluminación*) y de los *Hayākil an-nūr* (*Los altares de la luz*) está considerado como el *"šayj al-išrāq"* o maestro de la filosofía de la iluminación. Sus seguidores insisten tanto en esta luz interior que ganan el sobrenombre de *išrāquíes*, literalmente "iluminados" o "alumbrados", como aquella secta perseguida del XVI español. El motivo de la iluminación es común a toda la mística islámica (Chittick, 1989), y los críticos no dejan de advertir su importancia.

Pero la coincidencia más notable del santo con el misticismo musulmán es, sin duda, la imagen de las lámparas de fuego, que Baruzi, quizás por parecerle excesivamente enigmática, la declara "una imagen bastante pobre" (1934:360). La lámpara simbólica alumbra el centro del alma del sufí aprovechado en la vía mística, y de seguro proviene de la famosa azora de la lámpara (24:35) del Corán. Bayazīd celebra "tener dentro de sí la lámpara de la eternidad" (Nicholson, 1945:79); Ruzbehān de Shiraz (1209) advierte las "numerosas lámparas que resplandecen con una viva luz" (Corbin 1961:79) en su alma; Algazel insiste en lo esplendente de la "luz de la lámpara que arde en su corazón" (Asín, 1935:37l), mientras que Ibn-'Arabī enseña que el corazón es la habitación de Dios y el gnóstico debe "alumbrarlo con las lámparas de las virtudes (...) divinas hasta que su luz penetre en todos sus rincones" (Asín, 1931:423). Al-Muhsāibī, por su parte, en su *Fasl fi-'l-mahabba* (*Tratado sobre el amor*) del siglo VIII, nos da noticia de que Dios enciende una lámpara inextinguible que termina por iluminar las más secretas "cavernas" del corazón del gnóstico: "Cuando Dios enciende la lámpara en el corazón de Su siervo, quema con fuerza en las cavernas del corazón hasta que lo ilumina todo" (Arberry, 1968:50).

San Juan se sirve a su vez en *La Llama* de la imagen de las lámparas de fuego que iluminan precisamente las cavernas de su alma interior. Aunque cita el *Cantar de los cantares*: "quia fortis est un mors dilectio, dura sicut infernus aemulatio, lampades ejus, lampades ignis atque flammarum" (7:6), el santo reinterpreta estas "lámparas" en términos muy parecidos al del discurso místico sufí y coincide al detalle con algunos maestros musulmanes en cuanto a su interpretación exacta de estas lámparas espirituales: para Algazel, en su *Nicho de las luces*, las lámparas significan los "arquetipos o los Nombres y Manifestaciones Divinas" y para los šadilíes, a través de los *Šarh al- Hikam* (I, 69), las "luces de los atributos [divinos]" (Asín, 1990:264). Es justamente así como San Juan entiende sus propias lámparas de fuego. En su *Maqāmāt al qulūb* (*Moradas de los corazones*) del siglo IX, Nūrī de Bagdad aclara cuáles son estos atributos divinos que se metaforizan en lámparas de fuego:

> Dios ha suspendido [en la casa del corazón] una lámpara de entre las lámparas de su gracia (..) y la alumbra con el aceite de la pureza y la hace brillar con la Luz de Su misericordia (al-Nūrī, 1999:56).

Los atributos de Dios que significan de la lámpara (o la luz que producen) son prácticamente los mismos en las glosas de San Juan a su poema: *Bondad y misericordia*:

El resplandor que le da esta lámpara de Dios [el alma] en cuanto es bondad (...) y, ni más ni menos, le es lámpara de (...) misericordia, y de todos los demás atributos que al alma juntamente se le representan en Dios (Ll 3,3).

De otra parte, Al-Ša'rānī explora las misteriosas profundidades de su alma incendiada de amor al calor de las lámparas de fuego, y observa que se subdivide en siete estados concéntricos cada vez más profundos (Schimmel, 1975:174). El santo lleva a cabo idéntico descubrimiento al advertir en la "Llama" (1,13) que su alma es también concéntrica. Cierto que ya el Pseudo Dionisio preludió esa concentricidad, que refleja microcósmicamente las órbitas celestes, pero San Juan y los sufíes coinciden en sus pormenores descriptivos de esta curiosa concentricidad, pues se les presentan a manera de siete pozos concéntricos. Para Al-Kubrā, por ejemplo, las concentricidades del alma se dan precisamente en la forma de siete pozos que el alma interior tiene que subir hasta alcanzar la Luz última (Al-Kubrā, 1957:17).

El alma como pozo interior tiene larga estirpe musulmana: también la usa, entre otros, Naŷm Razī, sufí del siglo XIII. Pero pocos sacan tanto partido al símil como Al-Kubrā. En un pasaje de su citado *Fawāt'iḥ al-ŷamāl wā-fawāfiḥ al-ŷalāl* (17:8) juega con la raíz trilítera árabe *q-l-b*, que significa "corazón" y que incluye simultáneamente los sentidos de "transmutar", "reflejar", "invertir", "cambiar". La raíz árabe también admite la variante de "pozo" (*qalīb*): de ahí lo reiterado de la curiosa imagen entre los sufíes. Kubrā advierte pues, que el corazón iluminado del místico puede reflejar [a Dios], transformarse en Él, constituir el centro más profundo del alma ["corazón"] y ser, metafóricamente, un pozo. Este maestro del estilo coincide con sorprendente exactitud con San Juan, pues el santo – como si conociera las posibilidades de la raíz árabe – equivale también en la "Llama" al centro más profundo de su alma, capaz de reflejar a Dios y de transformarse en Él, con un pozo siete veces concéntrico (CB26,4): "¡oh dichosa alma! (...) que eres también el pozo de aguas vivas..." (Ll 3,7). Por más, la cisterna mística de Kubrā, en medio de su proceso de iluminación, confunde sus aguas vivas con las llamas de la transformación en Dios: el pozo del alma de "se metamorfoea en pozo de luz" (Corbin, 1961:121). En el caso de San Juan, otro tanto: agua y fuego se equivalen en un milagro que duplica el de la transformación de la Amada en el Amado:

> De manera que estas lámparas de fuego son aguas vivas del espíritu (...) aunque eran lámparas de fuego, también eran aguas puras y limpias (...) Y así, aunque es fuego, también es agua (...) porque la transformación del alma en Dios es indecible (Ll 3, 8).

El poema comentado de la "Llama" de San Juan parecería celebrar pues la morada de la unión iluminativa desde el punto de vista de un *išraquí* o alumbrado musulmán. De un *išraquí*, por cierto, muy bien versado en la materia y en la simbología iluminista pertinente.

El agua o la fuente mística interior

Pero este "versado" en la simbología islámica que parecería ser San Juan urde otro símbolo de matices islámicos. Se trata de la fuente interior del alma, que poetiza en una lira del *Cántico*: "Oh cristalina fuente / si en esos tus semblantes plateados / formases de repente / los ojos deseados / que tengo en mis entrañas dibujados." Estamos ante la fuente más extraña de la literatura europea. Algunos estudiosos – Ludwig Pfandl, María Rosa Lida, Dámaso Alonso, Cristóbal Cuevas – la han tratado de asociar con las fuentes del *Platir*, de la Égloga II de Garcilaso, de la *Arcadia* de Sannazaro, de un epigrama de Paulo el Silenciario, de la *Historia del Abencerraje*, ya que en estas obras el enamorado se mira en la alfaguara y ésta le devuelve reflejado el rostro de su amada: la conversión neoplatónica de los amados se plasma simbólicamente en las aguas de la fuente.

Pero la fuente de San Juan subvierte estos manantiales de la tradición occidental con una extraña innovación: su fuente no refleja un rostro, sino unos *ojos*. Estos ojos van a señalizar, a su vez, la transformación mística en uno, que se vive ahora a niveles simbólicos en los semblantes plateados del manantial nocturno. Sabemos que la Sulamita de los *Cantares* es "fuente sellada" (VII, 4), pero eso no basta para decodificar la imagen de San Juan. ¿De dónde tal originalidad literaria?

Cuando la amada del *Cántico* se mira en la fuente, tan sólo ve unos ojos. Un sufí comprendería el símil de San Juan mucho mejor que nosotros, pues la fuente en la que el gnóstico se mira para encontrar los ojos de Dios, que son los mismos suyos, es un *leit-motiv* de la literatura mística musulmana. Tanto Ibn'Arabī de Murcia (en sus *Futūḥāt* II, 47) como) Abū-l-Ḥasan al-Nūrī (en sus *Maqamāt al-qulūb*) nos hablan de las fuentes del interior de sus almas, en las que se reflejaba el grado de contemplación que han alcanzado. (El arabizado Raimundo Lulio debe haber tomado su símil de la fuente de su propia contemplación de sus admirados "morabitos sufíes", que cita directamente.)

La imagen de la fuente autocontemplativa es tan común en el Islam porque se basa justamente en la ductilidad de la raíz trilítera árabe *'ayn*. *'Ayn* significa, simultáneamente no sólo "fuente" y "ojo" (como el *'ayin* hebreo), sino "identidad" y "lo mismo". Como si conociese los secretos de la lengua árabe, nuestro santo pide al lector que entienda que la fuente que le devuelve a la amante los ojos del Amado simboliza la transformación total del uno en el otro. Su "identidad" deviene la "misma" en el instante supremo del *unus/ambo* (CB XII, 7). Para señalizar la absoluta unidad de la esencia transformada de estos amantes, San Juan hace que la amada vea reflejados los *ojos* de su amado en la *fuente*, y no su rostro. Si entiende que los ojos equivalen semánticamente a la fuente en la que ella se mira, y que esta fuente y estos ojos a su vez equivalen a la *identidad*, ahora compartida, no nos puede extrañar que elabore la imagen literaria dentro de estas líneas de misteriosa equivalencia lingüística. Todo queda igualado: los *ojos*, la *fuente*, la *ipseidad* de los amantes que se transforman en uno en los semblantes plateados del manantial que les sirve de espejo. Esta extraña alquimia verbal, que da pie a la imagen de la fuente que espejea unos ojos capaces de una mirada compartida, la comprende de manera espontánea un contemplativo sufí, pero, en cambio, constituye uno de los enigmas más difíciles de desentrañar de San Juan de la Cruz.

Los contemplativos sufíes, de otra parte, suelen describir la llegada del místico a una fuente autónoma en medio de las tinieblas de la noche. El caminante simbólico detiene su peregrinar para contemplarse en la alfaguara, porque ha alcanzado lo que Semnānī (siglo XIV) llamaba la morada de la "luz negra" o *aswād nūrānī*. (La fuente de San Juan otro tanto: emite reflejos "plateados" porque debe haber anochecido ya que la luz lunar brilla en el agua.) En el espejo fluido de la fuente de los gnósticos del Islam comienza la fusión mística, exactamente como en el caso de San Juan. Traduzco las palabras elocuentes de Naŷm ad-dīn al-Kubrā (1957: 57): "el doble círculo de los dos ojos [aparece] en la morada final de la peregrinación mística". El ojo humano no puede resistir la visión directa de Dios, que lo ciega, como la luz del sol; de ahí, asegura esta vez Šabastarī, que el gnóstico tenga primero que ver los simbólicos ojos de la Deidad reflejados en el agua, para no abrasarse. Acaso por ello mismo San Juan pide primero contemplar esos ojos ardientes en su "cristalina fuente": sólo así los podrá resistir. En la estrofa siguiente la amada gime: "¡Apártalos, Amado, que voy de vuelo!" Se ha quemado en la mirada directa del Amado, y, aunque se sume en ella, perdiendo su propio ser, suplica clemencia en el instante mismo de la experiencia límite del *eros-tánatos*.

Queda claro que san Juan ha identificado la fuente de semblantes plateados con el órgano de la gnosis mística, que llama *corazón* en sus glosas explicativas: "El corazón significa aquí el alma" (CB 12,8)]. Tras la unión extática, la Esposa refleja a Dios en la fuente de su propio *corazón*, ensanchado hasta el infinito:

Mi Amado, las montañas,
los valles solitarios nemorosos,
las ínsulas extrañas,
los ríos sonorosos,
el silbo de los aires amorosos;

la noche sosegada
en par de los levantes del aurora,
la música callada,
la soledad sonora,
la cena que recrea y enamora.

Nuestro lecho florido
de cuevas de leones enlazado
en púrpura tendido
de paz edificado
de mil escudos de oro coronado.

El Amado sin rostro se concibe como una cascada vertiginosa de espacios y de tiempos – montañas, noches, músicas – que se revela en el corazón de la amada, devenido espejo infinito y rutilante. Dios no es sólo todas esas cosas, sino infinitas más, porque de la enumeración febril se desprende que la recepción de estos atributos no acaba nunca.

Estamos ante un proceso dinámico, ante una danza embriagada de epifanías simultáneas. El alma se pliega gozosamente a la recepción de los secretos divinos y no tiene por qué atarse a ninguno de ellos, porque sólo Dios puede terminar de conocerlos de veras. [Curiosamente, san Juan no se sirve aquí del dinamismo trinitario, con su flujo y reflujo, de místicos cristianos como Rusbroquio y Taulero, que sabemos tenía leídos.)

Los sufíes, por su parte, llamaron a su órgano de percepción mística, como san Juan, corazón o *qalb*. Se trata de un simbólico receptáculo cristalino y proteico, capaz de reflejar la manifestación inacabable de las epifanías de Dios. El vocablo *qalb*, de la raíz *q-l-b*, además de su sentido primario de "corazón", emparenta los significados de "alma", "médula", "receptáculo", "cambio perpetuo", "convertirse", "transmutarse". Los sufíes aprovecharon la maleabilidad de la voz *q-l-b* para expresar el proceso dinámico de la experiencia mística, como han explorado a su vez Carlos Frederico Barboza, William Chittick, Pablo Beneito y Suad Hakim.

Este molde espejeante del corazón o *qalb* extático tiene capacidad de movimiento perpetuo, y por ello fluctúa cuando atestigua los atributos inagotables de la revelación divina, sin limitarse a ninguna, pues Dios las posee todas en Su absoluta Unidad. Sólo con un órgano de percepción en oscilación perpetua podrá el místico metaforizar el proceso de su conversión en Dios, a quien los sufíes conciben como el *muarrif al-qulūb* ("El que hace fluctuar a los corazones").

En su *Tarŷumān al-ašwāq* o *Intérprete de los deseos* Ibn 'Arabī de Murcia culmina esta *'ilm al-qulūb* o "ciencia de los corazones", que yo he llamado "cardiología mística" y Barboza (2010) *cardio gnosis* o *religio cordis*. Oigamos a Ibn 'Arabī:

> Mi corazón es capaz de asumir cualquier forma: es un pasto para gacelas y un convento de monjes cristianos,
>
> Y un templo para ídolos y la Kaba del peregrino y las Tablas de la Tora y el libro del Corán.
>
> Yo sigo la religión del amor: dondequiera que vayan los camellos del Amor, ahí está mi religión y mi fe (Ibn 'Arabī, [1911]1977:19).

Michael Sells (1994) propone que estos versos no sólo apuntan a la aceptación religiosa de todas las revelaciones, sino a la morada altísima del corazón que es receptivo de cualquier epifanía divina, sin limitarse a ninguna. Es lo mismo que sugiere san Juan en las liras espejeantes "Mi Amado, las montañas...": las manifestaciones de Dios en el espejo del alma parecerían no terminar nunca, y no hay por qué atarse a ninguna de ellas.

Los sufíes proponen que Ibn 'Arabī ha alcanzado la más alta de las moradas místicas: la "morada de la no-morada" (*maqām lā maqām*) porque su alma se une a lo Real en cada una de las noticias que recibe de Dios, sin quedar constreñida a ninguna, porque sólo Dios las puede terminar de conocer infinitamente, como advirtió san Juan en su propio caso. El conocimiento intelectual ha quedado atrás para dar paso a un conocimiento dinámico o *ma'rifa*, que es el acto de *conocer en continua transformación* ("A continually transformative knowing") según Sells (1994:91). No otra cosa, por cierto, era la "ciencia sabrosa" o gustada fruitivamente de san Juan de la Cruz.

San Juan ha simbolizado el éxtasis de manera muy extraña: el *corazón* místico es una fuente que refleja tan solo los ojos encendidos del Amado y que, por más, está dotada de un dinamismo perpetuo que le permite reflejar las revelaciones infinitas que Dios hace de Sí mismo al alma. Son los sufíes quienes nos ayudan a entender estas imágenes del santo, que resultan excesivamente arcanas para un lector occidental.

La extraña ornitología de San Juan de la Cruz: el pájaro solitario y la dulce Filomena

San Juan concibe al alma como "pájaro solitario" (tal el "passer solitarius" del salmo 101:8 de David) tanto en los *Avisos espirituales* o *Dichos de luz y Amor* como en las glosas al *Cántico* (CB 15,23). El *Tratado de las propiedades del pájaro solitario*, que tanto nos hubiera iluminado, está, hasta el presente, perdido. El santo adjudica a su ave simbólica propiedades enigmáticas que lo convierten en un símbolo que ha atormentado a críticos como el P. Eulogio Pacho por su total carencia de antecedentes occidentales. En realidad son muy difíciles de encontrar en Europa:

cuando revisamos a San Buenaventura, a San Bernardo, a Hugo de San Victor, a Lulio, el Beato Orozco, a Laredo, o bien textos anónimos medievales como el *Libro das aves* portugués y el *Ancren Riwle* (*The Nun's Rule*), de una anacoreta inglesa del siglo XIII, nos es fuerza admitir que no nos son útiles a la hora de entender las claves ornitológicas de San Juan. Una vez más, las claves más fecundas parecen ser sufíes. A lo largo de la Edad Media los tratados musulmanes sobre el pájaro místico se suceden: Sanā'ī, 'Aṭṭār, Bāyazīd al-Bisṭāmī. Son particularmente importantes en este sentido los tratados que tanto Suhrawardī como Avicena y Algazel compusieron bajo el título de *Risalāt al-Ṭair* o *Tratado del pájaro* (Nasr, 1964:51).

Detengámonos en las "propiedades" del pájaro sanjuanístico. El santo coincide estrechamente con el persa al-Bisṭāmī (m. 877), que se auto-describe como "un pájaro cuyo cuerpo estaba constituído por la Unidad", y que vuela "en singularidad" ('Aṭṭār, 1966). Recordemos a San Juan: su pájaro es "solitario" y no sufre "compañía de otra criatura" (*Dichos*, 41). El pájaro simbólico de Rūmī vuela alejándose de todo lo material y perecedero (Nicholson 1945: 86); el de San Juan "ha de subir sobre todas las cosas transitorias" (*Dichos*, 41). El ave del persa levanta su cabeza hacia Dios ('Aṭṭār, 1966), el del carmelita "pone el pico al aire del Espíritu Santo" (*Dichos*, 41). Ḥallāŷ exclama "vuelo con mis alas hacia mi Amado" (1974:34), mientras que en el vuelo de San Juan, "El espíritu" (...) "se pone en altísima contemplación" (*Dichos*, 41). Y ambos terminan por adquirir un conocimiento que trasciende toda razón: el alma de Ḥallāŷ, como ave metafórica, "cayó en el mar del Entendimiento y se anegó en él" (1974:34); la de San Juan se eleva tanto que "queda como ignorante de todas las cosas, porque solamente sabe a Dios sin saber cómo" (S II: 14, 11). Pero la coincidencia más interesante la tiene San Juan con el pájaro contemplativo de Suhrawardī. El pájaro solitario de Reformador resulta muy extraño, porque "no tiene determinado color" (*Dichos*, 41). Muy "normal" para Suhrawardī: tampoco su Simurg, pues "todos los colores están en él, pero no tiene determinado color" (Nasr, 1964:30). En ambos casos, por más, lo incoloro implica el desasimiento y vacío de todo lo material en el alma. 'Aṭṭār alude a la misma ausencia simbólica de color del pájaro Simurg en su *Manṭīq al-ṭayr*. Cuando los treinta pájaros (*si-murg*), cada uno de distinto color, descubren, en el umbral mismo del éxtasis, que ellos eran el Simurg o "Pájaro-Rey" que tanto buscaban, se anula el hermoso arcoiris de sus diversos colores, por lo que tampoco tienen, en éxtasis transformante, "determinado color".

Las coincidencias de San Juan con la condición incolora y a la vez capaz de incluir todos los colores de su ave mística, muy propias de los sufíes, son tan estrechas que no cabe sino lamentar una vez más la pérdida del tratado sobre el pájaro solitario de San Juan, que tantas claves adicionales hubiera podido ofrecernos.

Pero es que también su "dulce Filomena" nos trae problemas inesperados. En el *Cántico*, el poeta nos hace entrar en el jardín sobrenatural del alma en éxtasis, donde experimenta "el aspirar del aire,/ el canto de la dulce Filomena,/ el soto y su donaire,/ en la noche serena, /con llama que consume y no da pena". Ha llegado la estación florida (CB 39,8-9) porque escuchamos el canto jubiloso de la "Filomena", es decir, del ruiseñor. Pero el esplendente cántico de ave resulta enigmático para un frecuentador de Virgilio, de Horacio, de Ovidio, de Garcilaso, de Camoens, de Keats y de Heine. Estos poetas, medulares en la tradición occidental, asocian al ruiseñor con el llanto desconsolado de la pena humana, y no con la alegría irrefrenable del éxtasis. Ahí está el mito de la ateniense Filomena, violada por su cuñado, el rey Tereo de Tracia, y convertida en ruiseñor asociado al llanto y a la queja. También está Virgilio, quien en sus *Geórgicas* (IV,511-515) nos habla de la afligida filomena-ruiseñor, que lamenta el robo de sus hijos implumes del nido entonando su *miserabile carmen*, con la que inunda de dolor los espacios circundantes. La Filomena sanjuanística celebra en cambio las bodas ultraterrenales del alma: parecería que San Juan se burla de Virgilio y a sus imitadores al transmutar la "miserable" canción del ave en alborozado canto extático.

Ante el canto del ruiseñor sanjuanístico, de otra parte, el soto o arboleda adquiere "donaire": parecería moverse con gracia o bailar al viento. Este misterio de un bosque danzante al son del canto del ruiseñor es típico de la literatura islámica sí. Rūmī describe al ruiseñor que canta y hace bailar de júbilo al bosque, que ha quedado invitado a unirse a la danza cósmica en celebración de Dios: "el ruiseñor regresa y convoca a todos los habitantes del jardín a unírsele en danza para celebrar la primavera [del alma]" (Schimmel 1978, 220). Y todo sucede de noche, porque el ruiseñor canta de noche: en la *noche serena*, ya no oscura, que también pasa a celebrar San Juan en estos mismos momentos del "Cántico", porque estamos en el momento de la alegría del éxtasis y ha quedado atrás la sequedad ascética. Extraño pero cierto: Rūmī nos es más útil que Virgilio para desentrañar las claves de la extraña avecica cantora de San Juan de la Cruz, que se comporta como el *bolbol* sufí pese a su ropaje onomástico griego de "Filomena".

Las azucenas del dejamiento

La protagonista poética de la "Noche oscura" de San Juan rinde la conciencia en medio de un campo de azucenas: "dejando mi cuidado / entre las azucenas olvidado." Si atendemos a posibles referentes verbales musulmanes, el *grand final* del poema quedaría subrayado y la elección de esa flor específica parecería más artística e intencional. Es que las azucenas son precisamente la flor del dejamiento – el *fanā'* – para los sufíes que han alcanzado la etapa mística última donde falla todo lenguaje. En ellos, la azucena, "anhelante de adoración" en palabras de Annemarie Schimmel (1975:308) glorifica a Dios en silencio con las diez lenguas forzosamente mudas de sus pétalos. Sin duda, un sufí entendería mejor por qué se celebra el dejamiento místico último – "quedéme", "olvidéme" – con la flor de la *azucena*: con la simple mención de esta flor todo queda dicho.

Las esmeraldas del éxtasis

En una de las liras más misteriosas del *Cántico*, San Juan anuncia que recogerá "flores y esmeraldas" en las "frescas mañanas" del jardín sobrenatural de su alma en éxtasis, y tejerá con ellas la guirnalda más extraña de las letras españolas. Una vez más, el poeta da la espalda a las tradiciones occidentales que asocian la esmeralda con la esperanza y con poderes curativos particulares (recordemos los lapidarios medievales), y entiende que quien logra recoger estas esmeraldas ha alcanzado la unión teopática. Los sufíes lo entenderían inmediatamente, pues asocian la llegada al minero esmeraldino justamente con la llegada a la cima del éxtasis. Se trata de la *visio smaragdina* celebrada una y otra vez por Kubrā, por Semnānī, por Suhrawardī. Todos llegan a la roca de las esmeraldas justamente al rayar el alba, porque se han dirigido al fin al oriente místico de una geografía visionaria simbólica y han sido iluminados con la jubilosa *cognitio matutinae* de las esmeraldas. Son pues *išraquíes*: orientales e iluminados, ya que *išraq* significa amboas cosas a la vez. Igualmente iluminado quedó san Juan de la Cruz, no cabe duda, cuando recogió sus esmeraldas en la madrugada.

Cumple que cerremos aquí nuestro muestrario representativo de símbolos místicos compartidos. Como adelanté, algunas de estas equivalencias simbólicas, que forman parte del *trobar clus* sufí, bien pudieron haber pasado a formar parte del legado literario místico español al cabo de tantos siglos de convivencia estrecha entre cristianos y musulmanes en la Península. Esta transmisión, o al menos buena parte de ella, posiblemente fue anónima y oral, por lo que ni San Juan ni Santa Teresa tendrían necesariamente noticia de que estaban manejando símiles acuñados por quienes considerarían sus enemigos en la fe. Acaso el ambiente monacal, resguardado y secreto, guardó como en prodigioso frasco de alcohol estas imágenes de remoto origen islámico. El símil de los siete castillos concéntricos, tan enigmático en Occidente, es ejemplo cimero de ello, pues Asín los trazó al tratado anónimo de los *Nawādir* del siglo XVI (Asín, 1990), y yo los he podido descubrir a mi vez en muchos otros sufíes que escriben entre los siglos IX y XVI: Nūrī de Bagdad, Al-Ḥakim al-Tirmīḏī, Mūsa al-Damīrī, Mullā Saḍrā, Rūmī, 'Aṭṭār. (López-Baralt, 1985/89, 2001a). Curiosamente, para entender mejor a Santa Teresa tuve que rebuscar las bibliotecas del Líbano, de Bagdad, de Teherán, de Estambul.

El ejercicio de la dirección espiritual, más proclive a darse a viva voz que por escrito, podría haber quedado, de otra parte, relativamente impermeable a la contaminación de las corrientes culturales de vanguardia como el humanismo renacentista: recordemos la poesía culta de Garcilaso, escrita para lectores cortesanos, y la lírica de fray Luis, destinada a colegas universitarios. San Juan, en cambio, escribía para sus dirigidos espirituales, que algunas veces eran mujeres religiosas – Ana de Jesús – y aun viudas laicas, como Ana de Peñalosa. Me inclino a creer que más de un espiritual español contemporáneo del santo hubo de entender sin tanta dificultad las equivalencias secretas (acaso, para ellos, no tan "secretas") del lenguaje sanjuanístico. Nadie escribe para un público completamente ajeno al tema que le urge dirimir y, más aún, enseñar. Estos primeros destinatarios del santo posiblemente comprenderían mejor que el lector moderno que el canto de la "Filomena" era jubiloso y no *miserabile*; no se asombrarían de que una refulgente fuente mística reflejara tan sólo los ojos el Amado, y no el rostro; asumirían que el camino del alma a través de sus propias moradas interiores se podía explicar adecuadamente con el símil de siete castillos concéntricos; sabrían de noches oscuras esplendentes como el mediodía, y también de lámparas de fuego que iluminaban las cavernas secretas del corazón interior. San Juan hablaba con destinatarios enterados de los asuntos del alma, hijos de su alto magisterio espiritual. Algún día sabremos más acerca de cómo fue que el poeta de Fontiveros se hizo de un lenguaje técnico tan eficaz para comunicar sus estados místicos, no empece pareciera tomarlos de prestado de sus hermanos sufíes. Lo importante es que aclimató para siempre en su obra este antiguo legado contemplativo musulmán, y lo cristianizó con una creatividad insólita en las letras españolas del siglo XVI, enriqueciéndolas para siempre.

Referências bibliográficas

Obra manuscrita:
MS. ESAD EFFENDI 1312, Biblioteca Suleymaniye Çami, Estambul: Al-Ḥakim al-Tirmiḍī, *Gawr al-umūr,* sin fecha.

Obra impressa:
AL-KUBRĀ, Nagm ad-Din. *Fawāt'iḥ al-gamāl wā-fawātīḥ al-galāl.* Akademie der Wissenschaften und der Literatur, Fritz Meier, ed. Wiesbaden: Veröffentlichungen der Orientalischen Kommision, Bd. IX, 1957.

AL-NŪRĪ, ABŪ-L-ḤASAN. *Maqamāt al-qūlūb (Moradas de los corazones).* Traducción del árabe, notas y estudio preliminar de Luce López-Baralt. Madri: Trotta, 1999.

AL-SARRĀŶ AL-TUSĪ , ABŪ NAṢR ʿABDALLĀH B. ʿALĪ. *Kitāb al-Luma'-fi l-Taṣawuuf.* Reynold A. Nicholson, ed., Leiden-Londres, 1914.

ALONSO, Dámaso. *La poesía de San Juan de la Cruz (Desde esta ladera).* Madri: Aguilar, 1942.

ANTÓN PACHECO, José Antonio. El símbolo del castillo interior en Suhrawardī y en Santa Teresa. In: BENEITO, Pablo (ed.). *Mujeres de luz.* Madri: Trotta, 2001.

ARBERRY, Arthur J. *Sufism. An Account of the Mystics of Islam.* Londres: George Allen & Unwin Ltd., 1968.

ASÍN PALACIOS, Miguel. *El Islam cristianizado. Estudio del "sufismo" a través de las obras de Abenarabí de Murcia.* Madri: Plutarco, 1931.

_____. Un precursor hispano-musulmán de San Juan de la Cruz. *Al-Andalus* I, p.7-79, 1933.

_____. *La espiritualidad de Algazel y su sentido cristiano,* v.4. Madri: Escuela de Estudios Árabes, 1935.

_____. *Šadilīes y alumbrados. Estudio introductorio de Luce López-Baralt.* Madri: Hiperión, 1990.

ʿAṬṬĀR, FARID AD-DIN. *Muslim Saints & Mystics. Episodes from the Tadhkirat al-Auliya' (Memorial of the Saints).* Arthur J. Arberry, trad., Londres: Routledge & Kegan Paul, 1966.

AZORÍN (José Martínez Ruiz). Juan de Yepes. In: *Los clásicos redivivos. Los clásicos futuros.* Madri: Espasa-Calpe, 1973.

BAKHTIAR, Laleh. *Sufi. Expressions of the Mystic Quest*. Londres: Thames & Hudson, 1976.

BARBOZA, Carlos Frederico. *A mística do coração. A senda cordial de Ibn 'Arabī e João da Cruz*. São Paulo: Paulinas, 2010.

BARUZI, Jean. *Saint Jean de la Croix et le problème de l'expérience mystique*. Paris: Félix Alcan, 1924.

CHITTICK, William. *The Sufi Path of Knowledge*. New York: State University of New York Press, 1989.

CORBIN, Henri. *Trilogie Ismalienne*, Teheran-Paris, 1961.

_____. *L'homme de lumière dans le soufisme iranien*. Paris: Ed. Présence, 1961a.

CORRIENTE, Federico. *Diccionario Español-Arabe/Arabe-Español*. Madri: Instituto Hispano-Arabe de Cultura, 1970.

CORTÉS, Julio. *Diccionario de árabe culto moderno*. Madri: Gredos, 1995.

COWAN, J.M. (ed.). *Arabic-English Dictionary*. Ithaca, N.Y: Spoken Languages Services, Inc, 1994.

DUVIVIER, Roger. *La genèse du Cantique spirituel de Saint Jean de la Croix*. Paris: Les Belles Lettres, 1971.

IBN AL-'ARABĪ, Muhyi'dīn. (1911/1977). *The Tarjumān al-Ashwāq. A Collection of Mystical Odes*. Bilingual Edition. R. A. Nicholson, tr. London: Royal Asiatic Society, 1911; London: Theosophical Publishing House, Ltd., 1977. Traducción española: Carlos Varona Narvión, Murcia: Editorial Regional de Murcia, 2002 y Vicente Cantarino: México, Porrúa, 1977; traducción francesa: Maurice Gloton: Paris, Albin Michel, 1996.

IBN AL-FARIDH, 'Omar (1932). *L'Éloge du vin (Al Khamriya, Poème mystique)*. Paris: Les Éditions Véga. Traducción española: Carlos Varona Narvión Madrid: Hiperión, 1989.

JURGI, Edward Jabra. *Ilumination in Islamic Mysticism*. Princeton University Press, 1938.

LEDERER, Florence (ed.). *The Secret Rose Garden of Sa'd ud-din Mahmud Shabistari*. Lahore, 1969.

LÓPEZ-BARALT, Luce. Simbología mística musulmana en San Juan de la Cruz y en Santa Teresa de Jesús. *Nueva Revista de Filología Hispánica* XXX, p.21-91, 1981.

_____. *Huellas del Islam en la literatura española. De Juan Ruiz a Juan Goytisolo.* Madri: Hiperión, 1985/1989.

_____. *San Juan de la Cruz y el Islam.* Colégio do México/Universidade de Porto Rico; Madri: Hiperión, 1985/1990.

_____. *Estudio introductorio. Šadilíes y alumbrados de Miguel Asín Palacios.* Madri: Hiperión, IX-LXVII, 1990.

_____. *La visio smaragdina* de San Juan de la Cruz: acerca de las esmeraldas trascendidas que encontró en el fondo de su alma iluminada. *Nueva Revista de Filología Hispánica,* p.68-99, México, 1997.

_____. *Asedios a lo indecible. San Juan de la Cruz canta al éxtasis transformante.* Madri: Trotta, 1998.

_____. *Estudio introductorio y traducción del árabe. Moradas de los corazones de Abū-l-Ḥasan Al-Nūrī de Bagdad.* Madri: Trotta, 1999.

_____. *The Sufi Trobar Clus and Spanish Mysticism. A Shared Symbology.* Lahore, Pakistan: Iqbal Academy, 2000.

_____. Santa Teresa y el Islam: nuevos hallazgos en torno al símil de los siete castillos concéntricos del alma. In: BENEITO, Pablo (ed.). *Mujeres de Luz.* Congreso Internacional Sobre Mística Femenina. Madri: Editorial Trotta, 2001a.

_____. La amada nocturna de San Juan de la Cruz se pudo haber llamado Laylā. In: BENEITO, Pablo (ed.). *Mujeres de luz.* Congreso Internacional sobre mística femenina. Madri: Editorial Trotta, 2001b.

_____. El corazón simbólico en San Juan de la Cruz, espejo de la manifestación infinita de Dios en vertiginoso cambio perpetuo. In: MANERO, María Pilar (ed.). *Literatura y espiritualidad,* Universitat de Barcelona, Bacelona, 2004.

_____. *A zaga de tu huella: La enseñanza de las lenguas semíticas en Salamanca en tiempos de san Juan de la Cruz.* Madri: Trotta, 2006.

_____. San Juan de la Cruz y el Islam. *Diccionario Carmelita de Espiritualidad,* Burgos, 2009.

_____. Acerca del *aroma del Yemen* en la literatura española y de la dificultad de su estudio. *Actas de la Asociación Internacional de Hispanistas,* Patricia Botta, ed. *Rumbos del hispanismo en el umbral del cincuentenario de la AIH.* Roma: Bagatto Libri, 2012.

_____. La filomena de San Juan de la Cruz, ruiseñor de Virgilio o de los persas? *SUFI*. Madri: Editorial Nur, 2012a.

LÓPEZ-BARALT, Luce; PACHO, Eulogio (eds.). *San Juan de la Cruz. Obra Completa* v.2 Madri: Alianza, 1991/2015.

MENÉNDEZ PELAYO, Marcelino. *Estudios de crítica literaria*. Madri, 1915.

MURATA, Sachiko. *The Tao of Islam*. New York: State University of New York Press, 1992.

NASR, Seyyed Hossein. *Three Muslim Sages: Avicenna, Suhrawardi, Ibn 'Arabî*. Cambridge: Harvard University Press, 1964.

NICHOLSON, A.R. *Poetas y místicos del Islam, traducción y estudio preliminar de Fernando Valera*, México, 1945.

NURBAKHSH, Javad. *Sufi Symbolism. (Translation from the Farhang-e Nurbakhsh. The Nurbakhsh Enciclopedia of Sufi Terminology.)* Five Vols. London/New York: Khanikahi-Nimatullahi Publications, 1983-1991. (Existe una edición posterior inglesa de 1990 en 16 volúmenes, y una edición española, *Simbolismo sufi*, publicada por la Editorial Nur de Madrid en 2003-2010.)

NWYIA, Paul. *Ibn 'Ata' AIlah et la naissance de la confrérie shadilite*. Beyrouth: Dar El-Machreq, 1971.

PI Y MARGALL, José. *Prólogo a las obras del Beato Padre Juan de la Cruz. Escritores del siglo XVI*, t. I. Madri: B.A.E., t. XXVII, 1853.

SELLS, Michael. Ibn 'Arabī's Garden Among the Flames: The Heart Receptive of Every Form. In: *Mystical Languages of Unsaying*. Chicago and Londres: The University of Chicago Press, 1994.

SCHIMMEL, Annemarie. *Mystical Dimensions of Islam*. Chapel Hill: The University of North Carolina Press, 1975.

SMITH, Margaret. *The Sufi Path of Love. An Anthology of Sufism*. Londres: Luzac & Co, 1954.

THOMPSON, Colin Peter. *The Poet and the Mystic. A Study of the "Cántico espiritual" of San Juan de la Cruz*. Oxford: Oxford University Press. Traducción española: *El poeta y el místico*. Madri: Trotta, 1977/1985.

_____. *Canciones en la noche*. Traducción de Marta Balcells. Madri: Trotta, 2002.

VALÉRY, Paul. Cantique spirituel. *Oeuvres*. Paris: Gallimard, p.445-457, 1962.

4 | La teopoética latina desde los EE.UU. en y más allá del contexto norteamericano

Peter Casarella
Duke Divinity School

La teopoética del desplazado

Comienzo con el proverbio más famoso del poeta español de la generación de 98, Antonio Machado:

> Caminante, son tus huellas
> el camino y nada más;
> Caminante, no hay camino,
> se hace camino al andar.
> Al andar se hace el camino,
> y al volver la vista atrás
> se ve la senda que nunca
> se ha de volver a pisar.
> Caminante, no hay camino
> sino estelas en la mar.

Aprendí el poema porque unos versos pareados ("Caminante, no hay camino, se hace camino al andar") fueron enseñado por Roberto Goizueta, Sr., un exiliado de Cuba a los Estados Unidos, a su hijo, Roberto Goizueta, Jr. El hijo comenzó su libro sobre el acompañamiento

81

en la teología latina con estas palabras, mejor dicho, con la memoria de la enseñanza (Goizueta, 1995). El hijo, a través de su libro, me introdujo a la teopoética y la poesía de Machado a la vez. ¿Qué significan las palabras? El caminante se encuentra divido entre las generaciones del pasado y la tarea urgente de crear un nuevo futuro. Machado, como partícipe en una generación existencialista y la filosofía del *carpe diem*, reconfigura los caminos bien conocidos en caminos ya no explorados y caminos auto-reflexivos. El camino se hace entonces un espejo de la muerte. El hijo Roberto Goizueta en cambio enfatizo dos elementos en su uso de las palabras: el exilio ("El aprendizaje a caminar en una tierra ajena") y el vínculo con la religiosidad popular de los mexicanos en los EE.UU. ("Caminemos con Jesús"). Respeto mucho la sabiduría de estas dos lecturas, pero me gustaría añadir una tercera opción, o sea, el camino (y entonces la sabiduría) de la persona desplazada, o por razones políticas o por decisiones personales. "No hay camino sino estelas en la mar" en este caso quiere decir la imposibilidad de regresar a la patria y la necesidad de reconocer que el barco de regreso ya salió y nunca regresará. Las huellas del pasado no deben ser tan efímeras como sugiere Machado porque hay la posibilidad de transmitir valores latinoamericanos a la próxima generación norteamericana. De hecho, no es suficiente acompañar al hijo. Hay que animarle a recuperar una tradición que decisivamente no se presenta como el futuro obvio en la tierra ajena. Desde la puerta del pasado y mirando el mar del futuro, hay que tener y inspirar la creatividad.

Esta creatividad fue un don que me propuso mi madre colombiana, una artista y una extranjera residente en los EE.UU. por la mayor parte de mi vida. También es el núcleo de la teopoética latina, por lo menos como la he recibido en mi vida y en mi corazón. Reconociendo este elemento muy personal, me atrevo ahora forjar una definición más universal. Voy a concentrarme primero en la definición de la poética desde la vivencia de los latinos en los EE.UU. Siguiendo la línea de Aristóteles, el teólogo Goizueta mismo comienza con la diferenciación entre la praxis y la *poiesis*, es decir, entre una acción cuya meta existe dentro sí mismo y una acción cuya meta existe afuera de sí mismo. Un ejemplo del primero es el tocar del instrumento que representa la praxis de la música. Un ejemplo del segundo es la construcción del instrumento que representa la *poesis* (creación) del instrumento. Después viene la modernidad. Un elemento clave en la crítica por Carlos Marx de la prioridad de la teoría en la filosofía aristotélica era la entrada de un pensamiento sobre la praxis mucho más amplio. Los seres humanos son muy capaces de construir una nueva sociedad que depende de una reconfiguración de la distribución de los modos de producción en la sociedad. No borró la distinción entre una acción sin producto y la creación del producto, pero la prioridad marxista de la praxis social cambió todo. Goizueta critica esta prioridad no en el nombre de Aristóteles sino a favor de la vivencia de los latinos. En su opinión los latinos no quieren instrumentalizar la sociedad en una reducción marxista pero tampoco quieren contemplar un futuro utópico que nunca se realizará. Por eso, teopoética en su uso es el acto de alabar a Dios (y no solamente en el culto) y plantar las semillas de una nueva sociedad. Goizueta defiende la estética de la praxis bajo la influencia de José Vasconcelos en su obra magistral *La Raza Cósmica*.[1] Vasconcelos se opuso a un corriente de Marxismo del tiempo revolucionario y con cierta genialidad defendió el carácter estético de la praxis. Vasconcelos pensaba que la vida del pueblo era literalmente una obra de arte. El educador es el artista de un nuevo hombre continental. Hay cegueras e ideas utópicas en la visión de Vasconcelos.

La novedad de Roberto Goizueta se presenta a través de una comparación con Amos Wilder. Wilder y Goizueta representan dos polos de una teopoética nueva del Norte que emergió entre los años 70 y los años 90. Wilder con su libro del año 1976 creó no solamente la palabra "theopoetic" sino también una apertura al dialogo entre la poética y

---

1 *Caminemos*, 89-22. Véase la crítica de Christopher Tirres, Manuel Mejido, y otros en este punto.

el logos de la palabra de Dios (Wilder, 1976).[2] Amos Wilder comenzó como biblista durante la crisis de la demitologización y quería recuperar la música y formas no-racionalista de predicación que ha perdido las iglesias protestantes en el mundo anglófono.[3] Merece la pena mencionar que el hermano de Amos era Thornton Wilder, unos de los más importantes dramaturgos norteamericanos del siglo XX y un autor muy apreciado por Hans Urs von Balthasar (Wheatley, 2011). Hay una afinidad no solamente fraternal sino espiritual entre Amos y Thornton. Dice Amos sobre su libro que trata la obra de Thornton: "Intenté ilustrar lo que creo ser una dicotomía intelectual presente en muchos de su obra post-guerra entre un hombre existencial en un universo absurdo y el hombre en busca de la fe a través de un modelo evolucionario que pudiera finalmente conduce a un nivel de la especie más alta" (Wheatley, 2011). En otras palabras, Thornton luchaba finalmente entre el concept dialéctico de la alienación humana saliendo de Kierkegaard y el optimismo moral de Protestantismo liberal. Lo político, que se queda al centro de la visión latino de Goizueta, se sublimó en esta lucha espiritual, psicológico y personal.

Goizueta, sin embargo, no rechaza la teopoética anglosajona compartida por los hermanos Wilder. Al contrario, estos reformadores muy modernizantes del puritanismo norteamericano son una inspiración para una nueva teología de la liberación (Goizueta, 1996). El pionero Rubem Alves dijo algo parecido en Brasil con su libro *El poeta, el guerrero, el profeta*, que Goizueta cita con igual entusiasmo en un ensayo del año 1996 (Alves, 1991). Es importante subrayar que Goizueta y Alves trabajaron una realidad totalmente desconocida por los hermanos Wilder a pesar de su erudición enorme de la cultura europea post-goetheana. Nunca imaginaban una realidad auténticamente religiosa en los Estados Unidos que originó en el Sur. Hay novelas que tocan la realidad

---

2 Otro libro seminal de esta época era Lynch, 1960.

3 Sobre la historia y context de la genesis de la palabra, hay que leer: Keller, 2013:179-194, sobre todo página 184.

hispana como Willa Cather, *Death Comes to The Archbishop* (1927). Cather tematizó lo católico en el Sureste, pero estas realidades se quedaron exóticas y regionales según el modelo teopoético construido por Wilder y su compañía.[4] Goizueta interpela la narrativa anglosajona con las voces de las periferias de la cultura norteamericana. Los ritmos teopoéticos de la religiosidad popular deben cambiar el discurso teopoético y el sentido de lo teopoético. Sobre todo, estos ritmos mantienen su integridad espiritual y cotidiana enfrente de la cultura de hiper-consumerismo y la nueva onda de xenofobia que comenzó con la campaña presidencial del año 2018. Un punto final de Goizueta es la concordia fundamental entre teopoética y teo-lógica: "Para enfatizar la teopoética no es recomendar, sin embargo, que razón no es un elemento significativo de la reflexión teológica o que la forma estética es separable de su contenido teológico" (Goizueta, 1996). Así mantiene Goizueta consciente afinidad no solamente con los elementos de la tradición formalista en la teopoética calvinista de los hermanos Wilder sino además con el concepto de *Gestalt (forma)* en von Balthasar.[5]

La teopoética panenteista postmoderna

La situación en torno a la teopoética cambio radicalmente después de los años 90. Hubo una crisis dentro del mundo de la teología del "process". El legado de Alfred North Whitehead y Charles Hartshorne confrontó el feminismo y la ecología. El mundo en proceso casi no recuperó del choque. Pero la autodestrucción del modo metafísico de radicalizar la teología vino con el fin de la participación de los protestantes tradicionales (el llamado "mainstream") en la cultura norteamericana (con su superación por pentecostalismo y otros grupos más seculares) y la entrada del pensamiento radical de Jacques Derrida y Michel Foucault.

---

4 Un estudio importante de la presencia escondida de la imaginación católica en la historia literaria de los Estados Unidos es Farrell (2017).

5 Véase también Roberto S. Goizueta (2015:ix-xiii).

¿Qué es el resultado? Catherine Keller ha construido un mapa del desarrollo de la teología de "process" a la teopoética de hoy. Cita como aliados John Caputo, Rolando Faber, y Ernesto Cardenal. Caputo afirma la diferencia clave entre la teología vieja y la teología postmoderna. Teopoética celebra el entierro del *logos* viejo (Caputo, 2018). La característica sobresaliente según Keller es la convicción de Dios es el poeta de nuestro "pluriverso." La relación entre el poeta-creador y el mundo debe ser panenteista pero no a causa de un panenteísmo metafísico o un sentido de relacionalidad onto-teológica. Además, no es permitido una encarnación de Dios solamente la encarnacionalidad teopoética dentro de este mundo pluriverso. La diferencia principal entre la generación de Goizueta y los Wilder y esta generación tiene que ver con la razonabilidad de la teopoética. En el primero caso la razonabilidad con crítica del racionalismo y del puro emotivismo debe ser explicado. En el segundo caso, razonabilidad es una metáfora para el deseo de construir un sistema cerrado de pensamiento que tal vez puede establecerse o tal vez no.[6]

Una teopoética desde América Latina: Juan Carlos Scannone

Antes mencioné la problemática de la filosofía de la acción en Goizueta. Se esconde dentro de la definición de la teopoética como tal. Goizueta intentó suplementar el déficit marxista con una teoría expresionista y romántica de Vasconcelos. Muchos lo han criticado por este suplemento o en defensa de Marx o en defensa del pragmatismo norteamericano. Personalmente, prefiero una lectura latina de la teoría de la expresividad de la acción social en la filosofía de Blondel, sobre todo en la obra maestra del tema preparado en 1968 por Juan Carlos Scannone SJ (Scannone, 1968). Scannone se enfocó en la epifanía de la transcendencia divina en

---

6 Por razones de tiempo y espacio, dejé al lado las contribuciones importantes de Mayra Rivera en *Touch of Transcendence* (2007) y *The Poetics of the Flesh* (2015). Ella pertenece a esta escuela (si es verdaderamente una escuela de teopoética) pero con una visión *mucho* más brillante. Su latinidad aclara razonablemente y apasionadamente unas dudas que tengo sobre el valor de la teopoética panenteista para el forjar de un pensamiento teológico nuevo.

la inmanencia de la acción humana. Subraya la idea Blondeliana que el agente humano es un ser que se sobrepasa (Scannone, 2005:30).[7] La *dépassement* de Blondel según Scannone es una cifra que revela dentro de la expresividad de la acción como los símbolos religiosos transcienden una semántica de significación unívoca a una semántica analógica.[8] *Dépassemente* se aplica igualmente a la vida terrestre y muestra que nuestro vínculo estrecho con la tierra no debe ser interpretado como si fuera panteísmo (tanto por el hecho de nuestra materialidad como por la responsabilidad de cuidar la tierra como nuestra casa común). Luchamos por la tierra desde nuestra naturaleza como creadores teopoéticos, y no necesariamente para eliminar cualquiera distinción entre acción personal y las fuerzas terrestres.[9]

¿Qué dice Scannone sobre el vínculo entre la teopoética y la teología? No mucho según mis lecturas. Pero el mismo libro sobre Blondel tiene muchas riquezas teológicas que corresponden a nuestro tema. Primero, Scannone subraya la pericoresis de la transcendencia divina con acción humana. Además, pone de relieve una lógica blondeliana de privación (*steresis*), sobre todo como Blondel mismo lo ha desarrollado en 1903 en "El principio elementario de la lógica de la vida moral" (Blondel, 1903). Desde allí, explica la experiencia de la participación social en Blondel como una filosofía de la unidad de los opuestos (*henosis enantion*) que se encuentra solamente en el Evangelio (Scannone, 1968:207). Este movimiento del espíritu humano desde abajo hasta arriba (*anagoge* en griego) presupone una alteridad aun más radical. Scannone concluye su estudio con una lectura trinitaria y teológica del último capítulo de *L'Action* (1893) y muestra que "la triunidad del ser, verdad, y acción" se presentan solamente cuando la mediación del ser se ve por el discernimiento de los hechos discretos en su revelación individual como letras

---

7 En lo que sigue cito a este libro como: RNP.

8 Es notable que *dépassement* es la palabra Blondeliana para la transgresión según Jean Ladrière. Véase RNP, 205.

9 Véase RNP, 65, sobre "la verdad del paganismo".

vivas del alfabeto (Scannone, 1968:237). La encarnación concreta de la intimidad entre el ser absoluto y seres humanos depende del deletrearse del amor trinitario en la historicidad y libertad frágil de la acción humana. Blondel escribe: "Entre verdad y ser reina una identidad fundante y una heterogeneidad fundante" (Blondel, 1950 [1893]:429). Esta unidad radical junto con la diferencia igualmente radical es el punto de partida dentro del campo de la acción social para las reflexiones teológicas que siguen en la obra madura de Scannone. De allí defiende la necesidad de pensar analógicamente para desarrollo el método para la filosofía de la liberación (Scannone, 2005:206).

El joven Scannone nunca habló directamente de la teopoética, pero sus comentarios incisivos a partir de *L'Action* aclara inmensamente cuestiones que se quedaron oscuras en otras teologías teopoéticas. Básicamente, muestra la razón por la cual una lógica co-determinada por analogía y dialéctica deben servirse como instrumentos para entender la nueva lógica espiritual de la *poesis* de la vida moderna.

Antropología trinitaria y teopoética[10]

Concluyo con una síntesis de mi propia creación y como fruto del provisario diálogo entre el Notre y el Sur sobre las posibles teopoeticas que pueden aportar a una teopoética transcontinental, o sea, una nueva teopoética en y para nuestra América. Esta nueva teopoética sigue en la línea de Goizueta pero con una nueva y determinante ampliación latinoamericana. Muestra el deseo del desplazado de incluirse en la vida de la unidad extra-familial más determinante de la vida del país, o sea, la inclusión auténtica en la ciudad. Incluye además una diferenciación teológica entre Dios y el mundo que no veo claramente en la teopoética

---

10 Esta sección reconfigura muchos elementos de Peter Casarella, "'Dios vive en la ciudad': El espacio, el lugar, el tiempo de la trinidad económica en lo cotidiano de los hispanos en los Estados Unidos" en: *Antropología trinitaria en clave afro-latinoamericana y caribeña*. Bogotá, Celam, 2018.

norteamericana de Keller y Caputo. Finalmente, depende mucho del pensamiento y estilo teopoético de un alumno de Scannone del apellido Bergoglio.

En una meditación de 2014, papa Francisco se atrevió a interpretar la palabra dura del *Evangelio de san Lucas* a través del "Dios de las sorpresas". (Papa Francisco, 2014) Al pueblo de Dios congregado en la Casa Santa Marta preguntó el Papa: "¿me siento atado a mis cosas, a mis ideas, o sea, cerrado? ¿O me quedo abierto al Dios de las sorpresas? Y más: ¿soy una persona cerrada o una persona que camina?".[11]

Seguir el camino del afligido Galileo es dejarse sorprender por las maravillas que él dejó en el mundo. El seguimiento de Cristo por la ciudad – el camino del pueblo fiel, santo, y el camino de la persona desplazada – conducen igualmente a estas sorpresas. El Dios de las sorpresas del papa Francisco armoniza sinfónicamente con la teología latina. Según Virgilio Elizondo, el Jesús de Galilea es el Dios de las sorpresas increíbles, precisamente porque en su aflicción y compasión ofrece lazos de solidaridad con los mestizos y marginados y porque su pueblo marca su resurrección con fiestas escandalosas (Elizondo, 2007).

Consideremos teopoeticamente una cuestión central. ¿Podríamos imaginarnos una teología de Dios basada en la idea de una sorpresa divina? Hans Urs von Balthasar afirma radicalmente y sorprendidamente el Dios de las sopresas. Según él, hay enriquecimiento y sorpresa que pueden ser considerados como *analogata prima* en el ser divino. Debemos entonces interrogar el cuestionamiento balthasariano desde el punto de partida de la teología latina. El Señor del universo nunca puede ser sorprendido por un hecho finito. Ni la teología del "process" pretendería

---

11 "De aquí la recomendación final de reflexionar sobre este tema, de interrogarse sobre los dos aspectos, preguntándose: '¿Estoy apegado a mis cosas, a mis ideas, cerrado? O ¿estoy abierto al Dios de las sorpresas?' Y también: '¿Soy una persona inactiva, o una persona que camina?' Y, en definitiva, concluyó, '¿creo en Jesucristo y en lo que hizo', es decir 'que murió, resucitó... creo que el camino siga adelante hacia la madurez, hacia la manifestación de la gloria del Señor? ¿Soy capaz de entender los signos de los tiempos y ser fiel a la voz del Señor que se manifiesta en ellos?'" (Papa Francisco, 2014) Es importante reconocer que fue el día de la apertura del Sínodo extraordinario sobre la familia.

Peter Casarella

esto. Sin embargo, ellos poetizan la transcendencia del amor trinitario en una manera trivial. Ni la creación ni su dinámica interna sorprenden al Creador. Pero la relación recíproca de amor entre el Padre eterno y el Hijo eterno puede dejar imágenes en el mundo de una sorpresa divina. Si consideramos la presencia de tales imágenes en lo cotidiano urbano de los mestizos, marginados y todo el santo pueblo fiel de Dios, lo que von Balthasar llamaría "el momento vivificador de la sorpresa", así se puede entrever la hipótesis de una *analogía admirationis urbicae* ("una analogía desde las maravillas que se encuentran en la ciudad").[12]

Se encuentra la sorpresa divina en el caminar por la ciudad de los peregrinos fieles. Las escandalosas fiestas son permitidas por Dios para dejar representar la sorpresa de Dios en el sitio, el lugar y el tiempo de la vida cotidiana de su pueblo. Según von Balthasar la idea de sorpresa divina o autoenriquecemiento divino se arraiga en la metáfora de la fuente que se derrama, según la interpretación bíblica de san Gregorio de Nisa.[13] En el fondo es un reconocimiento de la analogía del amor personal. El Padre puede ser "sorprendido" por la obediencia del Hijo a su Vía Crucis y por lo tanto y sólo en discurso analógico se puede hablar de la sorpresa del Hijo en la celebración de su evento pascual por parte de su santo pueblo. El drama de la ciudad y la victoria de los marginados es entonces un microcosmos del drama divino por lo cual el Padre se despoja en el dejar morirse de su propio Hijo. Este *imago trinitatis* nunca puede ser reducido a una lucha entre clases sociales pero tampoco puede ser arrancado de la carne y de los huesos de la historia del sufrimiento del santo pueblo. La relacionalidad y amor kenótico superabundante de la trinidad se expresa en el testimonio cotidiano de los fieles en la ciudad. Un presupuesto teológico de esta imagen es un

---

12 Sobre sorpresa divina véase *Theodramatik*, v.5 (Balthasar, 1983b:66-71), sobre todo la página 69 (*das belebende Moment der Überraschung*) = *Teodramática*, v.5 (Balthasar, 1997:76-80), sobre todo las páginas 78-79 (el momento vivificador de la sorpresa). La fuente de la idea según von Balthasar es Adrienne von Speyr, *Die Welt des Gebetes*.

13 Sobre la metáfora de una fuente en san Gregorio de Nisa véase Dalzell, 2001:13-14 y *Theodramatik*, v.4 (Balthasar, 1983a:363-364) = *Teodramática*, v.5 (Balthasar, 1997:387-388).

fundamento teológico a cerca de la trinidad que subraya la importancia de mantener que la distancia entre el Padre y el Hijo es incomprensiblemente más infinita que toda distancia que podemos imaginar, porque así se asegura la distinción entre Dios y el mundo.[14]

La visión de Dios en la vivencia de la ciudad es verdaderamente la visión de un hogar y de una cultura de encuentro.[15] La teología latina subraya la interculturalidad del encuentro y la relación analógica entre la acogida de Dios y la virtud humana de la acogida. La acogida y la inserción en la sociedad de los "sin documentos", representan tareas urgentes y probablemente utópicas frente a la mentalidad de castigo que actualmente reina en la política norteamericana. En resumen, tanto del grito de los pobres como la epifanía de las maravillas del Señor brotan nuestras expectativas acerca de la posibilidad de imaginar una nueva morada para el pueblo de Dios en América.

Referências bibliográficas

ALVES, Rubem. *El poeta, el guerrero, el profeta*. Petrópolis: Editora Vozes, 1991.

BALTHASAR, Hans Urs von. *Theodramatik*. v.4. Einsiedeln: Johannes, 1983a.

_____. *Theodramatik*. v.5. Einsiedeln: Johannes, 1983b.

_____. *Teodramática*. v.5. Madri: Ediciones Encuentro, 1997.

BLONDEL, Maurice. Principe élémentaire de la logique de la vie morale. In: *Morale générale: la philosophie de la paix, les sociétés d'enseignement*. Populaire Bibliothèque du Congrès International de Philosophie, v.2., 1903.

---

14 *Theodramatik*, v.4 (Balthasar, 1983a:218-222) = *Teodramática*, v.5 (Balthasar, 1997:239-243). Aquí (página 242) Balthasar cita una carta de Ferdinand Ulrich dirigida a sí mismo: "Sólo porque dolor y muerte son internamente Dios mismo, como forma fluyente de amor, puede él vencer a la muerte y al dolor mediante su muerte y su resurrección… Son superados el dolor y la muerte no en virtud de una in-diferencia eterna de su esencia, sino porque, desde Dios en virtud de su voluntariedad absoluta, son eternamente lenguaje (hasta el grito de muerte, hasta el enmudecer, hasta el *estar* muerto) de su gloria".

15 Además, habla von Balthasar de la acogida de la criatura en Dios (*die Einbergung der Geschöpfe in Gott*). *Theodramatik*, v.4 (Balthasar, 1983a:361-367) = *Teodramática*, v.5 (Balthasar, 1997:384-391).

_____. *L'action: essai d'une critique de la vie et d'une science de la pratique.* Paris: PUF, 1950 [1893].

CAPUTO, John D. *The Insistence of God: a Theology of Perhaps.* Bloomington: Indiana University Press, 2018.

DALZELL, Thomas. The Enrichment of God in Balthasar's Trinitarian eschatology. *Irish Theological Quarterly*, 66, 2001, p.3-18.

ELIZONDO, Virgilio. *Jesús de Galilea: un Dios de sorpresas increíbles.* Chicago: Loyola Press, 2007.

KELLER, Catherine. Theopoiesis and the Pluriverse: Notes on a Process. In: ___. *Theopoetics Folds: Philosophizing Multifariousness.* Nova Iorque: Fordham, 2013.

LYNCH, William. *Christ and Apollo: Dimensions of the Literary Imagination.* Nova Iorque: Sheed and Ward, 1960.

O'GORMAN, Farrell. *Catholicism and American Borders in the Gothic Literary Imagination.* Notre Dame: University of Notre Dame Press, 2017.

PAPA FRANCISCO. Meditación del papa Francisco del 13 de octubre 2014 en la Casa Santa Marta. In: *L'Osservatore Romano*, ed. quotidiana, anno CLIV, n.234, mar. 14 out. 2014.

GOIZUETA, Roberto S. *Caminemos con Jesús: Toward a Hispanic/Latino Theology of Accompaniment.* Nova Iorque: Orbis, 1995.

_____. U.S Hispanic Popular Catholicism as Theopoetics. In: *Hispanic/Latino Theology: Challenge and Promise.* Mineápolis: Fortress, 1996.

_____. *Christ Our Companion: Toward a Theological Aesthetics of Liberation.* Maryknoll, New York: Orbis, 2009.

SCANNONE, Juan Carlos. *Sein und Inkarnation: zum ontologischen hintergrund der Frühschriften Maurice Blondels.* Munique: Alber, 1968.

_____. *Religión y nuevo pensamiento.* Barcelona: Anthropos, 2005.

WILDER, Amos Niven. *Theopoetic: Theology and Religious Imagination.* Philadelphia: Fortress Press, 1976.

WHEATLEY, Christopher J. *Thornton Wilder and Amos Wilder: Writing Religion in Twentieth-Century America.* Indiana: Editora da Universidade de Notre Dame, 2011.

5 | Un salto a lo invisible: El misterio como horizonte en la poesía de Dulce María Loynaz

María Lucía Puppo
Universidad Católica Argentina

Las paradojas signaron la recepción de la poesía y la prosa de Dulce María Loynaz (La Habana, 1902-1997), una autora cuya biografía pone de manifiesto, como pocas, los avatares históricos de su país a lo largo del siglo veinte. En las primeras décadas del siglo, algunos poemas suyos fueron recogidos en antologías y recibieron atención por parte de la prensa local, hecho que no sorprende por ser su autora una elegante señorita de la aristocracia mambisa. Sin embargo, la publicación de *Versos* en 1938 solo generó entre sus contemporáneos "silencio" e "indiferencia", según lo expresara la poeta misma en una carta (Loynaz, 1997:56). Solo a fines de los años cuarenta, en buena medida gracias a las gestiones y las conexiones de su segundo esposo, el periodista canario Pablo Álvarez de Cañas, Loynaz conoció el éxito internacional. En la década siguiente presidió festivales de poesía, publicó en España una novela y un libro de viajes, y dictó conferencias en el mundo entero. Diferente fue el panorama a partir de 1959, tras el triunfo de la revolución cubana. Dulce María optó por el silencio y se recluyó en su casa de El Vedado, en una especie de retiro que se prolongó durante los sesenta y gran parte de los setenta. Fue hacia 1976 que la poeta comenzó a aparecer en actos públicos y su obra despertó un renovado interés en los/as lectores/as de la isla. Poco a poco se fue ampliando el círculo alrededor de su obra, hasta que finalmente la concesión de los más prestigiosos premios literarios vino a reparar la deuda cubana y universal.[1]

Desde un primer momento, la obra loynaciana fue asociada a la de sus contemporáneas Alfonsina Storni, Juana de Ibarbourou, Gabriela Mistral y Julia de Burgos, es decir, al parnaso de las "poetisas americanas". Con este sintagma se designaba al conjunto de autoras que irrumpieron con fuerza en el campo cultural hispanoamericano durante la primera mitad del siglo veinte, conformando lo que hoy entendemos como una red o comunidad afectiva e intelectual. En efecto, los intercambios epistolares, los lazos de amistad y la intertextualidad que registran las obras de estas mujeres confirman el interés por temas y preocupaciones afines, así como también delinean un "espacio diferencial" para las escritoras del continente, en consonancia con el discurso de la prensa y las estrategias de antólogos y editores de la época (Romiti, 2017:12-13). En la configuración simbólica de la llamada "poesía femenina" confluyó, por otra parte, la tendencia de la crítica patriarcal a leer las obras de las mujeres en una tradición aparte, exclusiva y excluyente, que las situaba al margen de la historia de la literatura (López Jiménez, 2002:19). Dado este panorama, a partir de los años ochenta la crítica literaria incorporó nuevos parámetros para avanzar en el tema, provenientes de las escuelas feministas y, más tarde, de los estudios de género. Entonces, el planteo

---

1 En 1947 Loynaz había recibido en España la Cruz de Alfonso X, y también ese año, en Cuba, la Orden Nacional de Mérito Carlos Manuel de Céspedes. Entre otros honores, en los años cincuenta la poeta y su marido recibieron la Orden Pro Ecclesia-et-Pontifice, del Papa Pío XII, y la Orden Cristiana León XIII. Transcurridas dos décadas del período revolucionario, en menos de quince años, la autora fue condecorada con la Distinción "Por la Cultura Nacional" que otorga el Ministerio de Cultura de Cuba (1981), el Premio Nacional de Literatura (1987), la Orden Jovellanos de la Federación de Asociaciones Asturianas de Cuba (1990), el Premio de Periodismo "Doña Isabel la Católica" (1991), el título de Doctora Honoris Causa en Letras de la Universidad de La Habana. La coronación de estos reconocimientos fue sin duda el Premio Miguel de Cervantes, el máximo galardón literario de nuestra lengua, que le fue otorgado a Loynaz en 1992. Solo otra mujer – y no latinoamericana – lo había recibido antes que ella: María Zambrano, en 1988. Ese mismo año se le otorgó también La Giraldilla, distinción que concede el gobierno de la Ciudad de La Habana a personalidades ilustres, y su libro *Poemas náufragos* obtuvo el Premio de la Crítica (Díaz Monterrey, 2012).

inicial de la "escritura femenina" fue paulatinamente reemplazado por una aproximación genérica, que apuntaba a dos preguntas claves: "¿Qué hacen los textos de mujeres cuando dicen 'yo'? Y como una secuela necesaria ¿qué representación de la mujer postulan y qué formas culturales gobiernan esta representación?" (Molloy, 1991:107).

Así es que fueron surgiendo lecturas renovadas de la obra de Dulce María Loynaz que permitieron ir más allá de los rótulos aplicados a ella, los encuadres sociohistóricos y el rastreo de temas e imágenes. Desde nuevos horizontes epistemológicos,[2] los textos de la autora cubana revelaron su originalidad y su fuerza expresiva bajo diferentes prismas ideológicos, estéticos y culturales, hasta ganarse un lugar definitivo en el canon de la literatura latinoamericana del siglo XX. Este dato es avalado por gran cantidad de ediciones y estudios que los abordan, así como por su presencia en tesis de investigación y programas de enseñanza afincados en el mundo entero.

El corpus loynaciano comprende, en primer lugar, la obra poética, que abarca tres volúmenes autónomos − *Versos, 1920-1938*; *Juegos de agua. Versos del agua y del amor* (1947) y *Poemas sin nombre* (1953) −, a los que se suman los poemas extensos *Canto a la mujer estéril* (1938) y *Últimos días de una casa* (1958), la recopilación titulada *Poemas náufragos* (1990), los poemas juveniles que conforman *Bestiarium* (1985, 1991) y otras composiciones de publicación tardía y dispersa. Loynaz es autora también de tres textos narrativos singulares: *Jardín, novela lírica* (1951); *Un verano en Tenerife* (1958), un particular libro de viaje; y *Fe de vida*, un escrito autobiográfico que lleva por subtítulo *Evocación de Pablo Álvarez de Cañas y el*

---

2 En este apartado evocamos intencionalmente diversos usos del término "horizonte", en el sentido que la RAE describe como "conjunto de posibilidades o perspectivas que se ofrecen en un asunto, situación o materia". Más específicamente apelamos a la noción de "fusión de horizontes" (*Horizontverschmelzung*) de la Filosofía Hermenéutica de Hans-Georg Gadamer, por la cual se explica el proceso de la interpretación como una negociación o un encuentro nunca acabado, infinito, entre el "mundo del texto" y el "mundo del lector" (Ricœur, 1985:284-328). En esta introducción planteamos diversos "horizontes" que se proyectan tanto desde la obra loynaciana como desde los/as lectores/as que han llegado y llegan a su encuentro.

mundo en que vivió, publicado en 1994. El tercer eje lo componen alrededor de veinte textos ensayísticos, escritos en diferentes períodos para ser leídos como conferencias y discursos, así como la recopilación de crónicas de temática histórica *Yo fui (feliz) en Cuba... Los días cubanos de la Infanta Eulalia* (1993). Además de este corpus primario, existen compilaciones de cartas y otras series de textos que originalmente no firmó la autora.

Para aproximarnos a la temática específica que nos convoca en esta ocasión, debemos comenzar señalando que en la poesía de Loynaz, la fe es atestiguada por numerosas imágenes, citas y alusiones que remiten a las Sagradas Escrituras, la Liturgia, las vidas de los santos, la oración y las prácticas religiosas del catolicismo. Así lo prueba, por ejemplo, el recuerdo emocionado de las flores ofrecidas a los pies de la Virgen, o del cuidado puesto, de niña, en el álbum de la Primera Comunión. Más allá del marco referencial que ofrecen estos significativos índices lexicales, se ha hablado del franciscanismo de la autora cubana, que celebra las huellas divinas en la naturaleza, así como de la ternura evangélica que no oculta su predilección por los seres más vulnerables, como "la niña coja", "el pequeño contrahecho" y "la leprosa" aludidos en *Versos*.

En su madurez, la hablante loynaciana clama al Señor en momentos de intenso dolor físico y espiritual. En este contexto, algunos poemas suyos asumen la estructura de un salmo, o bien giran en torno al tópico platónico del cuerpo entendido como cárcel del alma. Su lamentación también se hace eco de la de Job o los profetas, cuando declara en *Poemas sin nombre* (1953):

> Soy toda huesos quebrantados, humores miserables. Soy la prisionera de este amasijo de dolor y fiebre, como las altivas reinas antiguas lo eran del populacho enardecido (Loynaz, 1993a:114).

Con cierto detalle nos hemos referido a los tópicos y motivos de la poesía mística evocados por la autora, así como a la nostalgia del paraíso que tiñe su vivencia cristiana (Puppo, 2006:65-70). Sin limitarse a la temática religiosa, todos los escritos loynacianos vehiculizan la apertura a la trascendencia y un profundo respeto por lo sagrado (Cubero, 1993). El erotismo, el oficio de la escritura, la soledad del artista y hasta la pregunta por la identidad nacional despliegan en ellos sus ribetes dramáticos hasta desembocar en la entrega confiada a la Providencia Divina, que vela por los destinos individuales y colectivos. Sin embargo, no triunfa en esta escritura la meditación conceptual sino el interrogante vivo, la búsqueda interior que propone un auténtico viaje a través de las metáforas.

La autora cubana adhiere a la cosmovisión que entiende cuerpo y alma, cielo y tierra, amor y dolor como realidades opuestas que se integran en un plan superior. En sus poemas se nos recuerda que las personas somos seres contingentes, por eso nuestras vidas se identifican con la experiencia de la caída al mismo tiempo que anhelamos el vuelo. Este horizonte antropológico recuerda al de Emily Dickinson, otra poeta inclinada a la reflexión que comparte la tendencia hacia los poemas miniatura que "ajustan a estructuras microscópicas un macrocosmo" (Fernández, 2012:83).

La "elementalidad" de la poesía de Loynaz (Piedra, 2012:33) reposa sobre la selección de imágenes que provienen del acervo poético universal, como es el caso de la rosa, el agua, el camino o la isla. La suya es una obra que, sin grandes estridencias, supo combinar imágenes y procedimientos de la tradición occidental para obtener de ellos significaciones inéditas. Varios estudios han demostrado que, bajo una superficie apolínea o armónica, sus textos no logran enmascarar la "oposición binaria" (Araújo, 1995:149) de "tensiones no resueltas" (Puppo, 2006:129) que los estructuran, instaurando de ese modo "la paradoja [... como] la materia misma de la poesía" (Capote Cruz, 2005:57). Enunciados en una primera persona delicada pero firme, sus versos parecen ofrecer atisbos de una revelación, pequeñas iluminaciones que apuntan a las grandes preguntas acerca de lo real y sus misterios. Siguiendo esta línea de pensamiento, concluíamos doce años atrás:

La poética loynaciana es una poética de sensualidad y contraste, pero en ella los cambios y las paradojas se resuelven en el nivel superior del amor, que implica "apretarse a la cruz, (…) y morir y resucitar" (Loynaz, 1993:50). Sus textos expresan la aceptación de una divinidad que ama lo diverso. Su pluralismo filosófico y existencial entiende que la verdad es sinfónica y que existe un misterio que debe ser preservado en todas las relaciones humanas. (…) El logro de su poesía y su prosa no es tanto proyectar mundos imaginarios como devolvernos la capacidad para reconocer las incógnitas y las pequeñas maravillas que nos interpelan desde este mundo, el de nuestra realidad cotidiana (Puppo, 2006:130-131).

Con el fin de adentrarnos en ese factor de "misterio-incógnita-maravilla" que constituye uno de los resortes más profundos de la poética de Loynaz, en las páginas que siguen ofreceremos una lectura que pondrá en relación dos textos muy distintos entre sí, al menos desde el punto de vista de su encuadre genérico: en primer lugar, nos referiremos al poema en prosa *La novia de Lázaro*, escrito a fines de los cuarenta y recogido en *Poemas náufragos* (1991), y en segundo lugar, a *Mi poesía: autocrítica*, el texto de una conferencia dictada por la autora en la Universidad de La Habana, en 1950.[3] Pero antes de avanzar en este trayecto hermenéutico, incurriremos en un pequeño desvío que nos permitirá confrontar algunas reescrituras del relato evangélico que, leídas en una misma serie, se avizoran como horizontes posibles para los textos loynacianos.

Reescrituras de la muerte y resurrección de Lázaro: de Dostoievsky a Sylvia Plath

El episodio que relata el capítulo 11 del *Evangelio de Juan* ha suscitado famosas lecturas, intertextualidades y recreaciones en la literatura mo-

---

3 Jesús Vega Encabo (1993) fue el primero en reunir estos dos textos, en un trabajo que analizaba de qué modo los principios enunciados en "Mi poesía: autocrítica" se evidenciaban en *La novia de Lázaro*.

Un salto a lo invisible: El misterio como horizonte en la poesía de Dulce María Loynaz

derna. Una de estas citas memorables se da en *Crimen y castigo* (1866): atrapado en una red de mentiras y terror luego de haber matado a la vieja usurera y a su inofensiva hermana Lizaveta, Raskólnikov ha decidido esconder lo robado y escapar. En el Capítulo IV de la Parte IV de la novela se nos informa que el protagonista ha ido a buscar a Sonia, la joven que se prostituyó para mantener a su madrastra y hermanitos. Quiere confesarle su crimen y huir juntos, ya que él carga con el peso de la culpa y ella con el desprecio de la sociedad. Es en ese momento que Raskólnikov se entera de que Sonia es secretamente piadosa, y solía leer la Biblia con Lizaveta, la mujer que él mató. Le pide a la joven que lea el pasaje de Lázaro y ese texto causa una profunda emoción en la muchacha, que empieza a sospechar lo ocurrido:

> Aproximábase ya ella al relato del más grande e inaudito milagro, y un sentimiento de magna solemnidad la poseía. (…) Al llegar al último versículo: "¿No podía Este, que abrió los ojos del ciego…?", ella, bajando la voz, ardorosa y apasionadamente, expresó la duda, el reproche, y la maldad de los incrédulos, torpes judíos, que enseguida, un minuto después, no más, como heridos del rayo, desplómanse en tierra, rompen en sollozos y creen… "Y él, él también, enceguecido e incrédulo, también él oirá enseguida y también creerá, sí, sí. ¡Ahora mismo!", soñaba ella, y temblaba de jubilosa expectación (Dostoievesky, 1981:244).

Raskólnikov no recupera la fe en ese momento; por el contrario, cree que al igual que él, Sonia sufre algún tipo de locura. Sin embargo, desde su visión externa al relato, el narrador deja traslucir el simbolismo paradojal de esta escena que presenta "en aquella mísera habitación a un asesino y a una prostituta, extrañamente reunidos para leer el libro eterno" (Dostoievesky, 1981:245). El infierno de Raskólnikov continuará a lo largo de varios cientos de páginas, pero finalmente la purgación de sus pecados habrá de culminar en la cárcel, donde recibirá las visitas cotidianas de Sonia.

Aunque parte del psicologismo y los dualismos típicamente románticos, Dostoievski trabaja con esmero la singularidad del personaje principal, que en última instancia nunca deja de ser un hombre inteligente y sensible. Sabemos que el novelista ruso experimentó en su propia carne la muerte de sus seres queridos, y conoció también el vicio y la vida de la cárcel. Recorre sus textos la idea de que el pecado es lo que hermana a todos los seres humanos, pero el nihilismo no triunfa en *Crimen y castigo*. El "Epílogo" indica que "aquí ya empieza una nueva historia, la historia de la gradual renovación de un hombre, la historia de su tránsito progresivo de un mundo a otro, de su conocimiento con otra realidad nueva, totalmente ignorada hasta allí" (Dostoievski, 2013:399). La oración y el amor de Sonia, otra María Magdalena, han obrado el milagro. Como un nuevo Lázaro, Raskólnikov venció la muerte del odio y pudo nacer a una vida de paz y esperanza.

Auferweckung des Lazarus es el título de un poema inédito de Rainer Maria Rilke hallado entre sus anotaciones de 1913, escritas en la localidad española de Ronda. El poder sobre la vida y la muerte, las palabras taumatúrgicas y el rol mediador de Cristo rondaban la mente del poeta en su retiro andaluz. Allí imagina a Jesús doliente y perturbado, temeroso de que al alzar su mano sean succionados desde la tumba todos los muertos. Cuatro décadas después, Jorge Guillén publicará *Lugar de Lázaro* (1957), un poema extenso donde un hablante masculino mide el paso avanzado de sus años como sucesivas instancias de morir y resucitar "cada mañana".

El primer poema que publicó T. S. Eliot, por iniciativa de Ezra Pound, fue *The Love Song of J. Alfred Prufrock*.[4] Este presenta el monólogo de un hombre de edad madura, que lleva una vida gris y no se atreve a declarar su pasión. Mediante evasiones y giros en el discurso, Prufrock confiesa que hubiera querido decirle a una mujer: "I am Lazarus, come from the dead, / Come back to tell you all, I shall tell you all." Pero su

---

4 El poema apareció en junio de 1915 en *Poetry: A Magazine of Verse*. Tuvo una segunda edición junto a otros poemas, *Prufrock and Other Observations*, en 1917.

intento ha sido vano, y reconoce haber permanecido al resguardo en su papel de "Bufón". A través de imágenes superpuestas, repeticiones de palabras y una estructura rítmica irregular, el poema de Eliot adelantaba las rupturas formales del modernismo que luego habrían de cristalizarse en *The Waste Land*.

Tras la concesión del Premio Nobel a Eliot, en 1948, se consolidó su fama mundial. Sus textos eran estudiados como clásicos modernos en las universidades norteamericanas, hecho que eventualmente condujo a los poetas de las generaciones más jóvenes a reaccionar contra el formalismo y la erudición de su escritura, siempre plagada de alusiones y citas de otros autores. En este contexto se inscribe "Lady Lazarus", un poema que Sylvia Plath escribió en octubre de 1962 (Plath, 1981:244):

> *I have done it again.*
> *One year in every ten*
> *I manage it⸻*
>
> *A sort of walking miracle, my skin*
> *Bright as a Nazi lampshade,*
> *My right foot*
>
> *A paperweight,*
> *My face a featureless, fine*
> *Jew linen.*
>
> *Peel off the napkin*
> *O my enemy.*
> *Do I terrify?⸻*
>
> *The nose, the eye pits, the full set of teeth?*
> *The sour breath*
> *Will vanish in a day.*

En el reverso paródico del texto de Eliot, la voz poética es la señora Lázaro y no teme decirlo todo (Britzolakis, 1999). Para narrar sus intentos de suicidio, parodia también la sintaxis del relato bíblico: "quitad la piedra" se transmuta en "arrancad el paño" *("Peel off the napkin")*; el olor de "tres días" ahora va a desaparecer en una jornada. En tercer lugar, la hablante se parodia a sí misma: es la víctima de un campo de concentración nazi, es el cadáver que se pudre. En el filo de estos versos concentrados y rabiosos, la experiencia autobiográfica se espectaculariza con singular desparpajo. Más adelante, la poeta invitará a todos ("Gentlemen, ladies") a tocar sus manos y sus rodillas, a presenciar "el gran strip tease". Las frases hechas y el tono ligero de sus palabras contrastan irónicamente con la gravedad del tema abordado, que trasluce la fragmentación del sujeto y su inconmensurable dolor psíquico.

En este caso no hay un Salvador ni una presencia benefactora, sino todo lo contrario. El médico es identificado como "Enemigo" y los hombres aparecen como agresores. En el final blasfemo la mujer se alza como un ave fénix y declara su omnipotencia:

> *Herr God, Herr Lucifer*
> *Beware*
> *Beware.*
>
> *Out of the ash*
> *I rise with my red hair*
> *And I eat men like air*
> (Plath, 1981:246-7).

Insertos en el clima de desequilibrio, violencia y angustia que transmite el poema de Plath, los/as lectores/as asistimos a la desacralización completa y final del milagro evangélico.[5] "La señora Lázaro" encarna

---

5 No pasó un año entre la redacción de este poema y el suicidio de Sylvia Plath, en febrero de 1963.

una versión femenina y feminista del personaje que vuelve de la muerte. Si Lázaro se nos presenta muy unido a sus hermanas Marta y María en el relato de San Juan, veremos de qué modo el texto de Dulce María Loynaz —escrito unos quince años antes que el de Plath — introducirá una nueva voz y acercará una figura impensada a esta constelación de mujeres.

La novia de Lázaro: estar en ascuas, esperar las pascuas

Betania, año 0: la alquimia poética loynaciana nos acerca el monólogo de una testigo muy particular, *La novia de Lázaro*.[6] Recorreremos algunos fragmentos de este poema en prosa, que así comienza:

> I
>
> Vienes por fin a mí, tal como eras, con tu emoción antigua y tu rosa intacta, Lázaro rezagado, ajeno al fuego de la espera, olvidado de desintegrarse, mientras se hacía polvo, ceniza, lo demás (Loynaz, 1993a:189).

Con el estupor de recobrar al novio dado por muerto, la hablante va desplegando el mapa de un amor joven y puro:

> Vienes siempre tú mismo, a salvo del tiempo y la distancia, a salvo del silencio: y me traes como regalo de bodas, el ya paladeado secreto de la muerte. Pero he aquí que como novia que vuelvo a ser, no sé si alegrarme o llorar por tu regreso, por el don sobrecogedor que me haces y hasta por la felicidad que se me vuelca de golpe. No sé si es tarde o pronto para ser feliz. De veras no sé; no recuerdo ya el color de tus ojos (Loynaz, 1993a:189).

---

6 Como ya se adelantó, la poeta escribió este poema en prosa hacia fines de los años cuarenta. Aunque hay testimonios de su temprana lectura entre amigos y conocidos, el texto permaneció inédito hasta que Aldo Martínez Malo lo dio a conocer, con la anuencia de la autora, en el suplemento *Pasos*. Finalmente fue incluido en las ediciones cubana (1991) y española (1992) de *Poemas náufragos*, y más tarde integrado a la *Poesía completa* (1993).

El texto logra combinar un tono conversacional con el lirismo más exquisito. En el plano psicológico, se plantea una cuestión muy realista: ¿qué ocurre en una pareja cuando uno de los dos integrantes tiene una vivencia que excede los parámetros de su vida anterior? ¿Cómo compartir esa experiencia intransferible del otro?

II

…Vamos, refrena ahora los corceles de tu estrenada sangre y ven a sentarte junto a mí, a reconocerme.

Yo también soy ya nueva de tan vieja: de los milenios que envejecí mientras el trigo maduraba en la misma mies, mientras lo tuyo era tan sólo una siesta de niño, una siesta inocente y pasajera (Loynaz, 1993a:190).

En las secciones III y IV la muchacha describe la noche oscura de su desconsuelo. Podría decirse que el poema aborda el tema principal de manera oblicua, ya que tanto el protagonismo de la novia como el de su interlocutor ausente, Lázaro, sirven para introducir al Artífice del Milagro:

IV

Tuve una noche larga… ¿no comprendes? Tú también la tuviste, no lo niego. Pero tú estabas muerto y yo estaba viva; (…) ¡… yo seguía viva sintiendo el paso, el peso, el poso de la noche que se me había echado encima, incapaz de morir o conmoverla!

Conmover la muerte… Eso pretendía. (…)

Fue otro quien lo hizo. Vino y la noche se hizo aurora, la muerte se hizo juego, el mundo se hizo niño.

Vino y el tiempo se detuvo, le abrió paso a su sonrisa como las aguas del Mar Rojo a nuestros antiguos Padres.

No necesitó más que eso, llorar un poco, sonreír un poco y ya todo estaba en su puesto. Dulcemente. Sencillamente. Indolentemente (Loynaz, 1993a:191).

Después de una última queja porque entre Lázaro y ella "ha ocurrido algo inefable" y porque se ha quedado "fuera del prodigio", la novia termina suplicando:

VI

Sí, yo soy la que he muerto y no lo sabe nadie. Ve y dile al que pasó, que vuelva, que también me levante... Me eche a andar (Loynaz, 1993a:192).

Este poema ha sido objeto de distintas miradas críticas.[7] Mariela Gutiérrez destacaba que es soledad "lo que siente la novia, angustia amarga y sola que le ha dejado la pérdida de su novio, Lázaro" (2005:265). Miguel Ángel De Feo subía la apuesta al leer la obra como "un himno a la desilusión, el fracaso y la desdicha que acompaña desde una perspectiva ontológicamente desventurada al ser humano" (2004:148). Y en esa dirección, Humberto López Cruz señalaba la importancia del silencio en el texto, que "crea una aureola de misticismo" y parece ser la única respuesta que recibe la protagonista (2006:35).

Otras interpretaciones como las de Riccio (1993), Vega Encabo (1993), Navascués (1993) y Suárez (1999) reconocían la desolación que atraviesa el monólogo de la novia pero advertían también en él un final esperanzado. En esta línea se inscribe nuestra lectura, que podría resumirse en los siguientes términos: el poema provee un marco ficcional donde jamás se lo nombra directamente a Jesús pero, sin embargo, su

---

7 En las *Confesiones de Dulce María Loynaz*, publicadas por su amigo y biógrafo Aldo Martínez Malo (1999), se cuenta que la autora cubana sentía mucha estima por este poema. El que tenía ciertos reparos era su marido, Pablo Álvarez de Cañas, quien temía que el texto fuera interpretado como una falta de respeto. La propia Dulce María relata, con fino humor, cómo decidieron resolver el problema: "Él invitó a tres obispos. Baste decir que era un cálido día de verano y estos dignos jerarcas enfundados en sus vestiduras talares [...] tuvieron que escuchar a lo largo de hora y media, la lectura del poema en plena digestión de manjares profusamente rociados con perturbadores vinos; y ante la perspectiva de una segunda lectura sugerida por el anfitrión para esclarecer más los conceptos, apresuráronse los tres a declararla innecesaria, con lo cual el *Nihil obstat* quedó solemnemente pronunciado" (Martínez Malo, 1999: 69).

Presencia domina el texto.[8] Él es el causante de la situación; Él puede solucionar la distancia entre los enamorados. Como una Eurídice que pide ser rescatada de la muerte, la dulce novia de Lázaro recurre al Único que puede realizar el milagro (Navascués, 1993). ¿Sanación del amor humano o acceso al amor divino: qué busca la hablante poética de Loynaz? La polisemia del texto funde los dos planos en uno. Ahí se juega el realismo de esta poesía, que tiende un puente entre el cielo y la tierra como la rosa, la montaña o el árbol, metáforas nucleares del universo loynaciano. Por otra parte, igual que el relato del Evangelio de Juan, el poema se estructura en torno a los polos semánticos muerte/vida. A la luz de este binomio, la novia resulta una figura análoga a la mujer samaritana en el momento mismo en que su corazón ha sido tocado por la gracia, cuando ha creído en el Maestro que le dará el agua de la vida eterna (Puppo, 2003). Cómo no pensar que pronto será curada, como el paralítico de Cafarnaún; que ella también renacerá a una vida más plena.

El salto a lo invisible en "Mi poesía: autocrítica"

Según las palabras de Loynaz, la conferencia que dictó a los estudiantes de la Escuela de Verano de la Universidad de La Habana, en 1950, fue la primera ocasión en que aceptó hablar públicamente de su obra. La poeta comenzaba su interlocución afirmando que la poesía "no es por sí misma un fin o una meta", sino "sólo el tránsito a la verdadera meta desconocida". En otras palabras, "por la poesía damos el salto de la realidad visible a la invisible" (Loynaz, 1993b:13). De esa definición inicial, la autora desprendía tres principios personales: la poesía es "traslación"

---

8 Un horizonte o intertexto posible para este poema es "Transfiguración de Jesús en el Monte" (1947) de Fina García Marruz (La Habana, 1923). Esta autora perteneciente al grupo Orígenes ensayó con maestría, como Loynaz, la estrategia que consiste en glosar o recrear, a través de un relato amplificado, un episodio del Evangelio. La propia Dulce María insistirá en este recurso en otras tres composiciones de *Poemas sin nombre* y *Poemas náufragos* que ofrecen versiones de la Visitación de María y el milagro de las Bodas de Caná.

o "movimiento"; debe tener "instinto de altura"; debe "crecer en línea sencilla, casi recta" (Loynaz, 1993b:14).

¿Adónde conduce, según Loynaz, ese "viaje alado y breve", que es "capaz de salvar en su misma brevedad la distancia existente entre el mundo que nos rodea y el mundo que está más allá de nuestros cincos sentidos"? (Loynaz, 1993b:13). ¿Cuál es ese otro mundo al que es posible acceder o acercarse mediante el *tránsito* poético? Observamos que, en un principio, la escritora evita dar una respuesta taxativa, pero luego contesta apelando a la experiencia de los receptores allí presentes:

> Qué mundo es ese, qué nombre tiene, qué ubicación la suya, son cosas que no competen a la natural sencillez de esta exposición, pero estoy segura de que todos me habrán comprendido, porque todos alguna vez en la vida, de alguna manera, por unos instantes siquiera, habrán alcanzado a columbrar un mínimo reflejo de ese mundo, o al menos habrán deseado alcanzarlo y eso basta, porque la añoranza es ya una prueba de existencia. *Lo que no existe no puede producir nostalgia.* Lo que no se tiene y sabemos sin embargo que existe inasible en algún punto, es lo que nos llena el alma de *ese agridulce sentimiento.* Y la poesía que puede aunque sea fugazmente establecer ese contacto, tiene en verdad rango de milagro (Loynaz, 1993b:13-14).[9]

En el razonamiento loynaciano vibran ecos decimonónicos: el mundo del ideal romántico, las correspondencias simbólicas señaladas por Baudelaire, el poder alquímico de la palabra poética sobre el que advirtiera Rimbaud. Pero en la visión de la cubana, la fuerza de la poesía se remonta más atrás y proviene de una energía anterior. Ella evoca en el alma un sentimiento "agridulce" que no es otra cosa que anhelo, atracción, deseo, amor. Recordemos que para Safo, Eros era el *glukúpikron,* el dulce-amargo (Carson, 2015).

---

9 Los subrayados son nuestros.

Movimiento, energía, salto de amor a lo desconocido que se persigue, se vislumbra o se intuye, por un lado, y carestía, mendicidad, incertidumbre del sujeto, por otro. Si la poesía se acerca al misterio, si logra producir un verdadero contacto con lo inasible – sea que se trate del sentido, de una presencia amada, de la propia alma o de la contemplación de alguna verdad eterna –, éste es fugaz. El encuentro profundo con una otredad que se revela no ocurrirá con frecuencia, pero cuando suceda tendrá la cualidad de "milagro".

Como la novia de Lázaro, la poesía está en camino, a la espera del prodigio. No sabe quedarse quieta, porque lo suyo es la incomodidad y el desconcierto En las antípodas del narcisismo autocomplaciente, la poesía es salida del yo, herida expuesta, estado de intemperie que se traduce en clave de advenimiento o de partida. Su tarea es "convertir lo interior en exterior", como acusa una fórmula de Blanca Varela, "sin usar / el cuchillo" (1993:101). Una intimidad que se *expone*, pero nunca se *impone*. La distinción es de Paul Celan, quien comparaba al poema con una botella lanzada al mar "con la confianza […] de que pueda ser arrojada a tierra en algún lugar y en algún momento, tal vez a la tierra del corazón" (Celan, 2002:498). En tiempos de abrumante consumo (de bienes, servicios e información), la poesía se vuelve despojo, desnudez, palabra sola que se cubre de silencio. Como la muchacha judía imaginada por Loynaz, la poesía es hermosa y frágil, imperfecta en su forma pero fiel a eso que busca, apasionada y perseverante en su sentir y su decir.

Es preciso poner en suspenso las propias certezas, liberar el espíritu para dejarse sorprender por el perfume de una música o un poema. Frente al divertimento pasatista, la belleza del arte es terrible, como la de la naturaleza. Por eso ambas están ligadas a la idea de lo sublime. *Aisthesis* significa percepción: el goce estético implica rendirse, someterse al impacto de lo bello, que solo desde esa intensidad captada y acogida revela su verdad. Explica Byung-Chul Han:

Sensibilidad es vulnerabilidad. La herida – así podría decirse también – es *el momento de verdad que encierra el ver*. Sin herida no hay *verdad*, es más, ni siquiera *verdadera* percepción. En el *infierno de lo igual* no hay verdad (Han, 2015: 27).

Poesía y mística: caminos de deseo, pa(i)sajes del alma

No resulta difícil rastrear similitudes entre la concepción loynaciana de la poesía y la vía mística cristiana. Ambas instancias ofrecen un camino que conduce a las alturas del cielo y las profundidades del alma, pero que también exige atravesar, como lo hizo la novia del poema, "el paso, el peso, el poso de la noche". Desierto, sequedad, noche oscura del alma, nube del no-saber son experiencias liminales que en la poesía contemporánea se asimilarán a la locura, la mudez o la barbarie que implica escribir después de Auschwitz. La mística busca acercar el paraíso prometido; la poesía llora su falta. En los dos casos, lo que hay no es suficiente, pero la ausencia convoca a una presencia.

Para el hombre y la mujer creyentes, la mística inaugura un viaje de mayor alcance que el poético. Experimentar a Dios y entrar en la dinámica de su amor infinito es el destino último al que está llamado el ser humano. En esa otra orilla ya no serán necesarias las palabras, sino la entrega amorosa que describe San Buenaventura al final de su *Itinerarium*:

> Si ahora anhelas saber cómo sucede esto, interroga a la gracia, no a la doctrina; al deseo, no al intelecto; al gemido de la oración, no al estudio de la letra; al esposo, no al maestro; a Dios, no al hombre; a la niebla, no a la claridad; no a la luz, sino al fuego que lo inflama todo y transporta a Dios con las fuertes unciones y los afectos ardentísimos (VII, 6, cit. en Benedicto XVI, 2017:222).

Quien conoce el don de Dios ha probado el agua viva, pero en este mundo vive aún de la promesa, que por definición se enuncia en futuro:

"el que beba del agua que yo le dé, no tendrá sed jamás." Lo propio de nuestro paso por la tierra es, en buena medida, la sed, la carencia que mueve al anhelo y la búsqueda. Pero esa energía que apunta a lo que falta es justamente la que nos mantiene en vilo, amantes, viviendo plenamente. Nos vuelven las palabras de Loynaz: "Lo que no se tiene y sabemos sin embargo que existe inasible en algún punto, es lo que nos llena el alma de ese agridulce sentimiento." Quizás esta revaloración del *camino*, más allá incluso de la *meta*, sea una humilde lección que la poesía le puede enseñar (o recordar) a la mística. A tal fin, quisiera terminar con una cita del poeta y pensador sinofrancés François Cheng, tomada de su último libro, *Sobre el alma*: "Me parece escuchar una voz que me susurra la sorprendente verdad: la verdadera consumación de nuestros deseos está encerrada en nuestros deseos mismos" (Cheng, 2016:86).

Referências bibliográficas

ARAÚJO, Nara. El alfiler y la mariposa, la sombra y la luz: convención y transgresión en la poética de Dulce María Loynaz. *Iztapalapa*, 37, p.141-156, 1995.

BENEDICTO XVI. El itinerario hacia Dios. Audiencia general del 10 de marzo de 2010 sobre San Buenaventura. In: KENTENICH, José. *Hacia la cima. Ejercicios espirituales. Crecimiento en la vida de oración.* Santiago do Chile: Editorial Nueva Patris, 2017.

BRITZOLAKIS, Christina. *Sylvia Plath and the Theatre of Mourning.* Oxford: Clarendon Press, 1999.

CAPOTE CRUZ, Zaida. *Contra el silencio: otra lectura de la obra de Dulce María Loynaz.* La Habana: Editorial Letras Cubanas, 2005.

CARSON, Anne. *Eros el dulce-amargo.* Buenos Aires: Fiordo, 2015.

CELAN, Paul. Discurso con motivo de la concesión del Premio de Literatura de la Ciudad Libre Hanseática de Bremen. In: CELAN, Paul. *Obras completas.* Madri: Trotta, 2002.

CHENG, François. *Acerca del alma.* Buenos Aires: El hilo de Ariadna, 2016.

CUBERO, Efi. Dulce María Loynaz o el premio de una resurrección. In:

LOYNAZ, Dulce Maria. Últimos días de una casa. Madri: Torremozas, 1993.

DE FEO, Miguel Ángel. Un himno de desilusión: la representación de la conciencia desdichada en *La novia de Lázaro* de Dulce María Loynaz. In: LÓPEZ, Humberto Cruz; JIMÉNEZ, Luis A. (eds.). *Dulce María Loynaz: cien años después*. Madri: Editorial Hispano Cubana, 2004.

DÍAZ MONTERREY, Madelín (2012). Honores para una dama. In: _____. *Encuentros. Sobre la obra de Dulce María Loynaz*. Ediciones Loynaz: Pinar del Río, 2012.

DOSTOIEVSKY, Fiodor. *Obras completas*. Madri: Aguilar, 1981.

_____. *Crimen y Castigo*. Cidade do México: Debolsillo, 2013.

FERNÁNDEZ, Pablo Armando. El agua fina y alta. In: DÍAZ MONTERREY, Madelín. *Encuentros. Sobre la obra de Dulce María Loynaz*. Pinar del Río: Ediciones Loynaz, 2012.

GUTIÉRREZ, Mariela. ¿Por qué resucitaste?: muerte y sexualidad en *La novia de Lázaro*. In: ARANCIBIA, Juana Alcira. *La mujer en la literatura del Mundo Hispánico*. Westminster: Instituto Literario y Cultural Hispánico, 2005.

HAN, Byung-Chul. *La salvación de lo bello*. Barcelona: Herder, 2015.

LÓPEZ CRUZ, Humberto. El silencio como referente indirecto en *Poemas náufragos* de Dulce María Loynaz. *Filología y Linguística*, XXXII (2), p. 29-40, 2006.

LÓPEZ JIMÉNEZ, Ivette. *Julia de Burgos: la canción y el silencio*. San Juan de Puerto Rico: Fundación Puertorriqueña de las Humanidades, 2002.

LOYNAZ, Dulce María. *Poesía completa*. La Habana: Letras Cubanas, 1993a.

_____. Mi poesía: autocrítica. *Anthropos*, n.51, p. 13-17, 1993b.

_____. *Cartas que no se extraviaron*. Valladolid-Pinar del Río: Fundación Jorge Guillén-Fundación Hermanos Loynaz, 1997.

MOLLOY, Sylvia. Part II: Introduction. In: CASTRO-KLARÉN, Sara; MOLLOY, Sylvia; SARLO, Beatriz (eds.). *Women's Writing in Latin America, an Anthology*. Boulder: Westview Press, 1991.

NAVASCUÉS, Javier de. *La novia de Lázaro*: amor más allá de la muerte. *Anthropos*, n.151, p. 60-62, 1993.

PIEDRA, Antonio. La Dama del Agua. In: DÍAZ MONTERREY, Madelín. *Encuentros. Sobre la obra de Dulce María Loynaz*. Pinar del Río: Ediciones Loynaz, 2012.

PLATH, Sylvia. *Collected Poems.* Londres/Boston: Faber and Faber, 1989.

PUPPO, María Lucía. Salir del sepulcro: cuatro intertextos literarios de la resurrección de Lázaro. In: *Actas de las jornadas: diálogos entre literatura, estética y teología.* Buenos Aires: Facultad de Filosofía y Letras, Universidad Católica Argentina, 2003.

_____. *La música del agua. Poesía y referencia en Dulce María Loynaz.* Buenos Aires: Biblos, 2006.

RICCIO, Alessandra. La poesía como taumaturgia. *Anthropos*, n.151, p. 28-31, 1993.

RICOEUR, Paul. *Temps et récit III. Le temps raconté.* Paris: Seuil, 1985.

ROMITI, Elena. *Las poetas fundacionales del Cono Sur. Aportes teóricos a la literatura latinoamericana.* Montevideo: Departamento de Investigaciones, Biblioteca Nacional del Uruguay, 2017.

SUAREZ, Modesta. De algunas figuras femeninas bíblicas en la poesía de Dulce María Loynaz. In: FORGUES, Roland. *Mujer, cultura y sociedad en América latina*, v.1. Pau: Universidade de Pau, 1999.

VARELA, Blanca. *Poesía escogida. 1949-1991.* Barcelona: Icaria, 1993.

VEGA ENCABO, Jesús. Eros, resurrección, hipertelia. *Anthropos*, n.151, p.56-58, 1993.

6 | Elementos místicos en la poesía contemporánea

Luis Gustavo Meléndez
Universidad Iberoamericana Ciudad de México

"¿Quién podrá contener la palabra que en sí tiene concebida, sin decirla?" Se pregunta en el *libro de Job*. La necesidad de pronunciar la palabra precisa y la dificultad de poder pronunciarla remarcada en la pregunta de Elifaz a Job, plantea la tensión que abordaremos a lo largo de nuestra intervención. Al adentrarnos por los linderos de la poesía contemporánea intentaremos encontrar algunos elementos comunes entre mística y poesía, tales como la paradoja, a partir de la cual se pretende nombrar lo indecible; el amor como realidad que une las diferencias, y el erotismo como la fuerza vital que nos conduce al encuentro con el Misterio, para ello, acudiremos a los versos de algunos poetas hispanoamericanos como José Ángel Valente, Octavio Paz y Javier Sicilia, en aras a poder evidenciar dichas elementos comunes entre mística y poesía.

La paradoja del lenguaje

El lenguaje es un medio privilegiado para comunicarnos, aunque, ciertamente, no es la única vía, sin embargo, en medio de la batalla por intentar expresar lo inefable, poetas y místicos han hecho uso de él, develándonos así una enorme paradoja:[1] la insuficiencia del lenguaje.

---

1 Para una aproximación al sentido de la paradoja desde la perspectiva literaria, puede ayudarnos una referencia a la propuesta de Víctor Bravo (1996:94), el cual, la entiende como "la posibilidad de la destrucción del sentido en el interior del lenguaje".

Decir, nombrar, hablar de aquello que está más allá de nuestras posibilidades se presenta como la batalla constante en el quehacer de todo aquel que se enfrenta a la palabra. Esta necesidad de nombrar aquella trascendencia que está más allá de todo nombre es referida por Michael Sells (1994:2) como el "dilema de lo trascendente".

The transcendent must be beyond names, ineffable. In order to claim that the transcendent is beyond names, however, I must give it a name, "the transcendent". Any statement of ineffability, "X is beyond names", generates the aporia that subject of the statement must be named (as X) in order for us to affirm that it is beyond names.

Ya sea mediante la vía apofática de los místicos, o por la metáfora y el ritmo en los poetas, ambos buscan los medios para poder llegar al reverso de la palabra, intentando siempre tratar de poder decir con esto, aquello "que no es esto ni aquello" (Maestro Eckhart, 141). Es así como, tanto el poeta como el místico, en sus luchas con la palabra, terminan transgrediendo al lenguaje. Místico y poeta (si es que acaso no son lo mismo),[2] son transgresores del lenguaje, pero también – la mayoría de ellos – son transgresores sociales. Al darle la vuelta a las palabras, místico y poeta transgreden el lenguaje y a la sociedad, por ello mismo, se convierten en herejes, en el sentido dado por Ernst Bloch (1968).[3]

Tanto el místico como el poeta tienen una urgencia por decir "algo", y es la escritura el medio que hace posible ese intento por decir lo indecible, al místico le urge "empalabrar" la experiencia de un encuentro que de suyo es inefable; al poeta le apremia el deseo de decir/narrar, no la realidad, sino el reverso de lo real, no lo que es, sino aquello que subyace en lo que es. En esta necesidad por "decir" converge

---

2 Al respecto, José Ángel Valente señala: "En la experiencia de los límites últimos del lenguaje concurren el poeta y el místico. Establecidos ambos en esos límites, no hay, por lo que a la naturaleza y operación de la palabra poética se refiere, diferencias discernibles entre uno y otro" (OC: II,422).

3 Véase también, lo que afirma Valente (2000:103): "la experiencia mística ha sido con frecuencia, para la autoridad religiosa, transgresión de los límites."

Elementos místicos en la poesía contemporánea

también una necesidad escritural compartida: la apertura del texto (espacio, dimensión donde se materializa la experiencia indecible) hacia un horizonte de sentido infinito.[4]

A decir de José Ángel Valente (2000), esta convergencia de la poesía y la mística en el límite último del lenguaje acontece gracias a la sustancialidad de las palabras, entendiendo por sustancia, aquella dinámica interior de la palabra, "que en lo interior se forma y en lo interior de tal modo se sustancia" (Valente, 2000:68), provocando un estado catafático en el cual, tanto la dilatación del alma como la apertura de sentido operan un movimiento unísono hacia "lo abierto". En este sentido, las palabras sustanciales son aquellas que contienen el germen de toda palabra por la que toda creación se hace posible. Con todo, poeta y místico tropiezan ante una enorme dificultad para decantarse entre los significados y los significantes; entre la gramática y lo que ésta significa se encuentran siempre con la necesidad de representar. Y aquí surge el problema con el que se enfrentan tanto los poetas como los místicos, la constante lucha entre representación y la presencia. Ambos intentan alcanzar la presencia, pero ésta sólo es posible de llevarse a acabo a través de representaciones. Y aquí el problema se complejiza aún más, ya que toda representación no es sino la confirmación de una ausencia, de un vacío. Entre el significado y la presencia, nos encontramos con la representación, o bien, es posible decir que, el problema tanto del místico como del poeta es el asunto de la gramática. Poeta y místico nos plantean así una invitación a la experiencia imposible, la de dar nombre a lo que emerge desde el silencio, desde el vacío.

Gracias a la paradoja, el lenguaje poético y el lenguaje místico pueden dar nombre a aquello que se niega a ser nombrado, aunque este nombre sea apenas provisional. Advertimos así que la tensión entre decir y callar es una empresa harto difícil de eludir:

---

4 Entendemos por horizonte infinito, la irreductibilidad del sentido a interpretaciones unívocas.

115

Luis Gustavo Meléndez

Entre lo que veo y digo,
entre lo que digo y callo,
　entre lo que callo y sueño,
entre lo que sueño y olvido,
la poesía
se desliza entre el sí y el no:
Dice lo que callo,
calla lo que digo
　(…)
　La poesía
se dice y se oye,
es real
y apenas digo
es real
se disipa
(Octavio Paz, *Decir hacer* OC, VII:702).

A decir de Valente (2000), este sentido diferido de la palabra poética y mística encuentra su fundamento no sólo en aquello que de una u otra forma se dice, más aún, el hontanar del sentido está en ese callar que mencionan los versos precedentes. La paradoja del lenguaje se hace presente con más fuerza, la posibilidad de decir lo inefable acontece gracias a un ejercicio ascético del lenguaje, "la destrucción del sentido [como condición de posibilidad de la] apertura infinita de la palabra (…) extinción de la imagen y la plenitud de la visión" (Valente, 2000:75). Por ello, la paradoja es quizá el único medio que nos permite expresar la experiencia de dejarnos interpelar por aquello que nos concierne como ultimidad.[5]

---

5 Consideramos aquí la idea acuñada por P. Tillich, "ultimate concern", como aquella experiencia de trascendencia que sorprende al hombre finito y le hace considerarla como nuestra preocupación última. Véase: *Systematic Theology I*. Chicago: University of Chicago Press, 1967.

Quizá, al leer los siguientes versos de Octavio Paz, podamos distinguir con un poco más de nitidez aquella ascesis del lenguaje a la que nos hemos referido.

Quieto
                    no en la rama
en el aire
                    no en el aire
en el instante
                    el colibrí
(Octavio Paz, *La exclamación* OC, VII:451).

Sirvan también estos otros versos:

El mar esculpe, terco, en cada ola
el movimiento en que se desmorona
(Octavio Paz, *Cuarteto* OC, VII:708).

Lo mismo que el aleteo casi imperceptible del colibrí, o como la potente ola que termina desmoronándose al llegar a la playa, la fugacidad – o podemos decir la aniquilación – del significado genera el nacimiento de otro sentido. El abismo abrumador en el que cae la univocidad del lenguaje se vuelve hontanar, manantial, fondo desde donde surge la reconfiguración del sentido. Así, destrucción y creación del monumento de aquella ola, son la imagen del proceso sacrificial y creativo de la palabra, ejercicio ascético que conduce al sentido abierto en el que se tiende la palabra. En este ejercicio ascético, lo que importa no es lo que dicen el místico ni el poeta, sino lo que la poesía y la mística nos dicen cuando todo parece caer en el silencio.

Ahora bien, habrá que preguntarnos si esta convergencia de la mística y la poesía es un hecho que nos atañe únicamente desde una vía estética, o bien, esta confluencia de la palabra en los límites del lenguaje, en el silencio fundante, se relaciona con aquello que está más allá de las configuraciones del sentido, eso que, siguiendo a Paul Tillich podemos identificar como aquello que nos concierne en ultimidad (el Misterio). ¿Estamos ante un problema meramente estético, o bien, se presenta ante nosotros una problemática estético-teológica? La pregunta es enorme, y responder apropiadamente a ello nos llevaría tiempo, sin embrago, no podemos dejar de mencionar al menos las pistas que nos conducen a su resolución. Habrá que preguntarse si se trata de dos modos distintos de expresar la experiencia de la palabra que nos desborda; si dichas vías son movimientos paralelos, quizá no haya posibilidad de unir estética y teología. Quien mejor nos puede ayudar en esta empresa es, sin duda, Hans Urs von Balthasar, el cual, en su propuesta teológica enfatiza que no es la acentuación de la estética lo que garantiza la mejor comunicación del sentido que se nos oculta, sino la transparencia,[6] el resplandor que emerge desde ese abismo en el que se precipita el sentido y desde el que emerge nuevamente la palabra transustanciada, la cual nos invita a poner nuestra mirada siempre más allá. Por lo tanto, no es la poesía ni la mística *per se* lo que importa, sino aquello que emerge desde su apertura: la presencia. En este sentido, "lo abierto" que mencionábamos anteriormente está en íntima relación con aquel desocultamiento del ser heideggeriano, y que para nosotros tiene que ver con el Misterio que nos abraza.

Ahora bien, si las dos vías (estética y teológica) son distintos momentos hermenéuticos que intentan 'empalabrar'[7] la experiencia de aquello que acontece en el emerger del sentido, más allá de los confines del lenguaje, el poema se vuelve el lugar propicio a partir del cual, lo sagrado nos viene como don. Y esto es posible gracias al carácter sim-

---

6 Señala von Balthasar: "No es la acentuación de los valores estéticos y la inmersión en ellos lo que garantiza la comunicación del sentimiento religioso, sino al contrario, cierta transparencia móvil y sobre todo la sencillez. La obra artística no debe girar sobre sí misma, sino llevar ña atención fuera de sí a Dios" (163).

7 Utilizamos la expresión acuñada por el teólogo Lluís Duch. Para una referencia a su pensamiento véase: (Melich, Moreta e Vega, 2011).

Elementos místicos en la poesía contemporánea

bólico de la imagen poética, por la cual, algo sensible o material como lo es el lenguaje se convierte en la vía en la que se encarna lo que no tiene objeto ni figura, le experiencia indecible. ¿Podemos decir que aquella 'Presencia' que se avecina desde el fondo del silencio en el que se despeñan las palabras es la Presencia de lo Divino? Más aún, dicha presencia ¿es susceptible de ser vivida, experimentada?

En un primer momento parece que la respuesta no es del todo positiva, al menos así lo atestigua Raimon Panikkar: "la experiencia de Dios es una imposibilidad" (OC, I: 2, 31). Esto resulta una contradicción si de lo que aquí se trata es de aquella experiencia mística que intenta narrar, decir, o hablarnos de un encuentro. ¿Qué se quiere decir con el hecho de que no hay una experiencia posible de Dios? Los mismos místicos refieren a esa imposibilidad. En la tradición renana, el Maestro Eckhart (2008:87) enfatiza que "no hay camino hacia Dios"; por su parte, desde la ladera hispana, San Juan de la Cruz (2010:136) nos dice que "ya por aquí no hay camino".[8] Al parecer, la experiencia es imposible cuando se pretende llegar por la vía discursiva, o por la vía del esfuerzo personal. Nuevamente habrá que decir que quizá la imposibilidad radica en los límites mismos del lenguaje; nos enfrentamos – de nueva cuenta – a la imposibilidad de poder describir lo divino, o más aún, a concentrar su existencia en un concepto. En este sentido es imposible hablar de Dios, y si es imposible hablar de Dios, esta imposibilidad se extiende a la experiencia, en tanto que no hay tal experiencia si ésta no puede ser expresada a través del lenguaje, toda vez que, una experiencia desvinculada del lenguaje resulta casi imposible. Tenemos un círculo que, aparentemente, evidencia una imposibilidad hermenéutica.[9] Por una parte,

---

8 Esta expresión sanjuanina se encuentra plasmada en el esquema del *Monte de perfección* elaborado por el místico, como presente dedicado a Magdalena del Espíritu Santo, esquema que ha sido recogido en las *Obras Completas* editadas por Monte Carmelo.

9 Sobre la imposibilidad hermenéutica, R. Panikkar señala que, la palabra Dios es un símbolo, ya que ella al nombrar aquello Otro, no puede contener o aprisionar aquello a lo que apuntala, mucho menos, serlo, sin embargo, dado su carácter simbólico, y gracias a ello, puede lanzarnos hacia ese Misterio que designa. Dice Panikkar, "no hay hermenéutica posible del símbolo, porque su hermenéutica está inscrita en él mismo" (OC, I:2,38). En

la dificultad de hablar de una experiencia de Dios como si Dios fuese el objeto experimentado. En palabras de Eckhart (2008:87-88), "Dios es una luz a la que no hay acceso. No hay camino hacia Dios… mientras estamos de camino no llegamos". Por otra parte, la insuficiencia del lenguaje: "me faltan palabras para decir esto que siento" clamaba Santa Teresa en *El libro de la vida* (1997).

Advertimos entonces que no podemos considerar a Dios un objeto de la experiencia, la divinidad no puede tornarse, merced de un esfuerzo personal, en el objeto de nuestros afectos, tampoco puede ser el objeto pensable y, por lo tanto, no es ni un objeto de la experiencia, como tampoco puede ser un objeto del conocimiento. Ante estos entresijos, si no hay camino posible, ¿cómo poder llegar a la cima de la cumbre? Quizás la respuesta tenga que ver con la necesidad de invertir la mirada. No somos nosotros, sino Dios nuestro centro; no es nuestro esfuerzo sino su acercamiento, su iniciativa; no es nuestra santidad sino la generosidad de la divinidad que se nos hace manifiesta como don la que hace posible todo encuentro. La experiencia imposible de la que da cuenta Panikkar es la del pensar que la unidad con Dios es factible gracias a nuestra iniciativa, cuando en realidad, la unidad se logra gracias a la venida inesperada y gratuita del Dios: "Sólo cuando salimos, Dios entra: ¡Oh alma mía, / sal fuera, Dios entra!'" (Maestro Eckhart, 2008:142).

La tensión enmarcada entre la necesidad del nombrar, no sólo la realidad, sino lo que está detrás de eso que concebimos como real, y la imposibilidad de nombrarlos con precisión, nos permite vislumbrar la paradoja en la que se desenvuelve el quehacer místico y poético: la insuficiencia del lenguaje como afirmación de la potencialidad de la palabra, la cual, en "su radical cortedad, se constituye como espacio donde lo dicho aloja o encarna lo indecible en cuanto tal" (Valente, 2000:72).

---

esta misma sintonía, Amador Vega, en su obra *Tres poetas del exceso: La hermenéutica imposible en Eckhart, Silesius y Celan*, habla de la imposibilidad hermenéutica tanto en la mística como en la poesía.

Ahora habrá que preguntarnos si existe alguna otra manera de hacer evidente, ya no la imposibilidad de la experiencia, sino la posibilidad de vivir este encuentro. Al buscar un modo adecuado (un modo sin modo),[10] que le permita balbucir la experiencia del Misterio, el místico y el poeta buscan a tientas por la vía de la carne, ambos hacen de ella la gramática propicia que le permite 'empalabrar' la experiencia indecible. Y aquí volvemos al problema del lenguaje, "porque el único lenguaje posible es el lenguaje paradójico" (Panikkar OC, I:2,32), pero esta vez, la paradoja nos llevará a adentrarnos en la palabra encarnada.

La carne como vía de revelación y redención – la relación entre cuerpo, lenguaje y erotismo

La analogía entre el cuerpo y el lenguaje es uno de los ejes rectores en la poesía tanto mística como profana. Y es que, la palabra debe incorporarse para poder dar fe del cosmos y de la realidad que nos abarca, dar cuenta de ello apremia una figura carnal: palabra, narrativa, versos con carne que permitan decir lo indecible. ¿Cómo hablar de la inmensidad del mundo – en el cual el poeta es peregrino –, si no es bajo la figura del cuerpo?, ¿cómo es que las palabras cobran sentido una tras otra si no es por la copulación entre ellas?, ¿acaso el lenguaje no lleva en su entraña la cosquilla del eros?; ¿cómo hablar del cosmos si no es como un cuerpo?, y a la inversa, ¿cómo no remontarse a la tradición romántica, o a los poetas del Siglo de Oro español, o acudir hasta el lenguaje erótico-religioso del *Cantar de los cantares* para describir el cuerpo de la mujer con los elementos de la naturaleza: valles, cascadas, colinas, cueva, mar, prado de verduras, granada partida? Tanto el lenguaje místico como el poético acude al erotismo para aventurarse a decir aquella fuerza que lo impulsa hacia fuera: el deseo. A su vez, el lenguaje es erótico porque se presenta como la imagen dinámica que es provocada por el mismo *desiderium*.

---

10 Sobre el sentido del "modo sin modo" véase: Amador Vega en la introducción a *El fruto de la nada* (2008:24-25). Véase también Eckhart (2008:49): "Aquí el fondo de Dios es mi fondo, y mi fondo es el fondo de Dios. Aquí vivo de lo mío, como Dios vive de los suyo."

Lo que podemos llamar "encarnación del lenguaje" no es sino la expresión que implica la relación entre escritura, cuerpo y cosmos mediante la dinámica del erotismo, entendido como la *dynamis*[11] que conduce al encuentro de los amantes, en este caso, el encuentro de la palabra con el cuerpo y el cosmos, buscando con ello la unidad armónica entre el hombre, el cosmos y la trascendencia.

Todo aquel que asume la empresa de dar nombre a la realidad, debe apostar por signos sensibles y legibles que den pauta, no a la comprensión de la realidad, sino a su percepción sensual, aunque tampoco se trata de una limitación a lo meramente sensorial. Se trata también de una invitación a prestar atención al modo en que la conciencia puede percibir interiormente,[12] algo que no excluye a la razón, pero no se limita a ésta. Es por ello que la palabra debe tener cuerpo, más aún, la palabra es producto del cuerpo,[13] no solo del intelecto.

La blanca anatomía de tu cuello.

Subí a la transparencia.

Tallo

de soberana luz,

tu cuello.

(Valente, *Cuello*).

---

11 Una interesante lectura sobre el sentido del *eros* como fuerza que lanza a la búsqueda/ encuentro puede encontrarse en la obra *Más allá de la escritura*, de Catherine Pickstock (2005), de manera particular en la primera parte de la obra. Sobre el sentido del *eros metaxu* como mediador, pero desde una perspectiva sofiánica, véase Milbank (2008), "Sophiology and Theurgy: The New Theological Horizon".

12 En la línea del pensamiento kantiano, Jean Baruzi habla de una "apercepción mística", ejercicio que implica una suerte de recogimiento ascético que nos invita tener una disposición anímica que no se reduzca a lo sensible.

13 Respecto a que toda palabra es producto del cuerpo, G. Deleuze (2005:103-104) señala: "toda palabra es física, afecta inmediatamente al cuerpo (…) estalla en pedazos, se descompone en sílabas, letras, especialmente consonantes que actúan directamente sobre el cuerpo, lo penetran, lo lastiman."

La analogía que intentamos hacer evidente entre escritura, cuerpo y cosmos implica ver el cuerpo como un camino por el cual hay que peregrinar, también como un texto que hay que leer con los manos.[14] Al respecto, dice José Ángel Valente:

Aquel vientre era para ser analizado con lupa,
Pues bajo el cristal de cada pequeño pliegue,
Cada rugosidad se hacía
Multiplicado labio (…)

Mas nosotros, mi amiga, analicemos
con la frialdad habitual a la que sólo
el poema se presta
la difícil pasión de lo menos visible
(*Análisis del Vientre*).

El cuerpo es el punto de convergencia entre el cosmos y la escritura, con ello, podemos percibir el cosmos como un texto siempre por leer, un cuerpo/texto que nos revela algo "que no es esto sino aquello" (Maestro Eckhart, *Granum* Sinapis).

La fenomenología del siglo XX ha propuesto, acertadamente, que no sólo tenemos un cuerpo, sino que somos un cuerpo, y es así como existimos, como cuerpos, de modo que todas nuestras relaciones y experiencias parten y confluyen hacia el/los cuerpo(s), estableciéndose así un elemento relacional inherente a nuestra corporeidad. Mediante el cuerpo sentimos y vivimos, de modo que la experiencia del mundo no es posible sin nuestra dimensión sensual corpórea.

---

14 No nos es posible dejar de pensar en aquellos versos de Sor Juana Inés de la Cruz, quien a partir de la tergiversación de los sentidos, intenta enfatizar un sentido harto distinto, aquel que se esconde en el reverso de la palabra poética: "Óyeme con los ojos,/ ya que están tan distantes los oídos,/ y de ausentes enojos/ en ecos de mi pluma mis gemidos;/ y ya que a ti no llega mi voz ruda,/ óyeme sordo, pues me quejo muda."

Tu cuerpo puede
llenar mi vida,
como puede tu risa
volar el muro opaco
de la tristeza (…)

Tú estás ligera y encendida
como una antorcha ardiente
en la mitad del mundo
(Valente, *Sé tú mi límite*).

El cuerpo propio, el cuerpo del lenguaje, el cuerpo del cosmos y el cuerpo del Otro, no son una misma cosa, no obstante, se manifiestan y se expresan mediante una misma figura, la corpórea. En este sentido la corporeidad es lenguaje y el lenguaje es cuerpo. El reto de este lenguaje erótico conlleva la superación del reduccionismo al cual ha sido sometido el signo, es decir, su simplificación a la mera función de la significación conceptual. Frente a dicha concepción, es necesario recuperar la dimensión sensual de los signos, lo que a nuestro parecer puede denominarse como la *sacramentalidad del lenguaje*, entendiendo por dicha sacramentalidad, la realidad que nos evoca o se nos manifiesta mediante diversos signos, cuya especificidad o función consiste en su dimensión sensible y su eficacia, es decir, en que, efectivamente, aquellos signos que son captados por los sentidos hacen presente "algo".[15]

A nuestro entender, la poesía resalta la necesidad de entretejer el símbolo y lo sensual al grado de establecer un mundo simbólico en donde la realidad pueda ser dicha mediante la palabra y la carne.[16] Del

---

15 Respecto a la sensualidad del signo Octavio Paz señala que: "la función del lenguaje es significar y comunicar los significados, pero los hombres modernos hemos reducido el signo a la mera significación intelectual y la comunicación a la transmisión de información. Hemos olvidado que los signos son cosas sensibles y que obran sobre los sentidos" (OC, X:116).

16 Véase "El misterio del cuerpo cristiano"; "Teresa de Ávila o la aventura corpórea del espíritu"; "Eros y Fruición divina". Todos estos ensayos, están concentrados en Valente (2000).

mismo modo que un texto puede tener distintos sentidos, el cuerpo, al ser leído, nos revela una serie de aspectos que el lenguaje no alcanza a narrar y que, sin embargo, ciertamente son dichos mediante el lenguaje. Es así como esta "sacramentalidad del lenguaje" se vuelve un ver a través del cuerpo, un cuerpo que al ser recorrido-leído-palpado, nos conduce a un encuentro con aquel Otro que no soy "yo" sino "tú".

> Quién eres tú, quién soy,
> dónde terminan, ime, las fronteras
> y en qué extremo
> de tu respiración o tu materia
> no me respiro dentro de tu aliento
> (Valente, *Iluminación*).

El poeta nos invita a dar una vuelta de tuerca a la tradición que prima toda epistemología que enarbola la bandera de la *adaequatio rei et intellectus*.

> Si tiene el mundo la forma del lenguaje
> y el lenguaje la forma de la mente,
> la mente con sus plenos y vacíos
> no es nada o casi y no puede salvarnos
> (Valente, *La forma del mundo*).

A partir de esta negativa a entender el lenguaje poético como una mera relación entre signo y significado, el poeta nos lleva a descubrir y entender − no sólo con el intelecto sino con los sentidos − que el texto es un cuerpo y el cuerpo es un texto que no sólo se lee, sino que se acaricia, se penetra, se profana. Paradójicamente, en dicha profanación hay algo también de sacralidad.[17] Podemos decir que el recorrido del cuerpo es

---

17 En este sentido, dice Octavio Paz: "si el cuerpo es tierra, y tierra santa, también es lenguaje − y lenguaje simbólico −: en cada fonema y en cada sílaba late una semilla (*bīja*) que, al actualizarse en sonido, emite una vibración sagrada y un sentido oculto" (OC, X:162).

también el recorrido del cosmos. Este caminar por el cuerpo-cosmos evoca al peregrino devoto, aquel que tiene como meta el recinto santo. De este modo, recorrer el cuerpo de la amada(o) es también un peregrinar por el mundo en pos del santuario sagrado.

> Respiración oscura de la vulva.
> En su latir latía el pez del légamo
> y yo latía en ti y en ti latían
> la vulva, el verbo, el vértigo y el centro
> (Valente, *Graal*).

El mundo se abre ante nosotros y se dispone a ser explorado en tanto que, nuestros sentidos, llevados por la curiosidad y el deseo, son las vías del conocimiento.

> Tu cuerpo baja
> lento hacia mi deseo.
> > > Ven.
> > > > No llegues.
> > > > > Borde
> donde dos movimientos
> engendran la veloz quietud del centro
> (Valente, *Borde*).

En los versos precedentes, tal como en los místicos, bajar es subir, y al llegar a los bordes que delimitan el terreno sacro, la transgresión de los límites propicia un movimiento dual que culmina en una unidad y quietud abismal; por ello el vértigo, pero también el libre fluir del encuentro. El cuerpo del Otro se torna sagrado en su ser inaprehensible, en su reticencia a la cosificación, sin embargo, en el acto amoroso ocurre una inevitable penetración: en la unión de los cuerpos los amantes se despojan de sus máscaras, y en un acto que implica libertad y transgresión, los amantes se hacen uno, es así como en la profanación del cuerpo sagrado, por la vía del amor, emerge algo divino.

> Estás oscura en tu concavidad
> y en tu secreta sombra contenida,
> inscrita en ti.
> Acaricié tu sangre.
> Me entraste al fondo de tu noche ebrio
> de claridad.
> Mandorla.
>
> (Valente, *Mandorla*)

La potente imagen de la mandorla, por una parte, espacio blanco que surge de la intersección de dos círculos que se cortan quedando en su centro el símbolo de la fuerza creadora, y también, elemento propio del arte románico que se torna el habitáculo del Cristo majestuoso (*Pantokrator*), nos invita a ver en el centro de aquel espacio almendrado, el no lugar en el que al abismarse, el caer es subir y el morir es un vivir transfigurado. Así, el espacio abismal se vuelve hontanar de lo divino en el que somos regenerados, transfigurados por la vía del abandono.

En esta gramática carnal, el eros se presenta como la fuerza que dinamiza el lenguaje, los signos significan en la medida que se involucran con la sensualidad del cuerpo. En uno de sus poemas extensos, Octavio Paz señala: "el amor comienza en el cuerpo/ ¿dónde termina?" (*Carta de Creencia* OC, VII: 795). Quizá José Ángel Valente nos pueda ayudar a entender que, precisamente, este recorrido termina en el caer hacia el abismo que no es un vacío, sino fundamento:

> Bajamos lentos por su lenta luz
> hasta la entraña de la noche.
> El rayo de tiniebla.
> Descendí hasta su centro,

puse mi planta en un lugar en donde penetrar no se puede
si se quiere el retorno.
…

        Bajé desde mí mismo
hasta tu centro, dios, hasta tu rostro
que nadie puede ver y sólo
en esta cegadora, en esta oscura
explosión de la luz se manifiesta
(Valente, *Tamquam centrum circuli*).

El cuerpo de la persona amada se transustancia en la entrega amante, y se convierte en un puente verbal (escritural) que al unísono une amantes, cosmos y Misterio. A nuestro parecer, la experiencia amorosa expresada en los poemas de Valente son un reflejo de la reflexión sobre la pasión poética y la relación con el cosmos y la trascendencia:

Noción del alba.
        Abrimos tus entrañas.
Y tú las salpicabas como lluvia
mientras yo las bebía
como pájaros vivos.
Y todo lo que existe en esta hora
de absoluto fulgor
se abrasa, arde
contigo, cuerpo,
en la incendiada boca de la noche
(Valente, *El fulgor XXXI; XXXVI*).

Poseedora de los secretos de la vida en tanto dadora de luz, la mujer nos descubre los misterios del mundo,[18] en ella los signos convergen, y

---

18 Si bien esta identificación entre el cuerpo femenino con el cosmos es propia del romanticismo, esta imagen se encuentra también presente en otros poetas: Vicente Aleixandre y

Elementos místicos en la poesía contemporánea

así, en su cuerpo las palabras se encarnan: lo divergente converge en la carne. El cuerpo de la amada se convierte en el santuario donde reside el tabernáculo que resguarda los misterios:

Entrar,

Hacerse hueco

En la concavidad,

Ahuecarse en lo cóncavo.

No puedo

ir más allá, dijiste, y la frontera

retrocedió y el límite

quebrose aún donde las aguas

fluían más secretas

bajo el arco radiante de tu noche

(Valente, *El fulgor XXV*).

Ella, la mujer, es guía, liturga y mistagoga que nos conduce al amor en el amor. Es por eso que la mujer es *hueco, concavidad, manantial de aguas primigenio*; mediante la geografía de su cuerpo y por la hendidura de su sexo (puerta que es entrada y salida)[19] nos conduce al infinito. La amada es así el Otro en y con quien trascendemos la soledad del yo; la mujer es el arquetipo erótico del lenguaje, concavidad y manantial que nos conduce a la unidad y armonía de los orígenes. Armonía que surge en

---

su poema "A ti vida", o Juan Ramón Jiménez y "la mujer desnuda", sólo por mencionar algunos. En el segundo de los poemas mencionados es interesante encontrar la palabra "surtidor". Jiménez presenta el cuerpo de la mujer como una fuente bella "surtidor de delicia entre las cosas", la mujer es fuente surtidora de agua que baña de hermosura a las cosas. Algo semejante ocurre en la poesía de Octavio Paz, para quien la palabra "surtidor" es de vital importancia, asociado en general a la figura del árbol, pero también a la mujer cuyos ríos, mares y playas bañan y rocían dando vitalidad a quien se moja en sus aguas.

19 La potencia de esta imagen en la cual, salir es entrar y entrar es salir, se encuentra presente en reiteradas ocasiones en Maestro Eckhart (2008:83), un ejemplo de ello está en el sermón 'Dios es un verbo que se habla a sí mismo', en donde el Maestro renano dice: "la salida de Dios es su entrada. Cuanto más cerca estoy de Dios, tanto más Dios se dice en mí."

la unión entre los cuerpos amantes (yo-tú) y el cosmos: "Alrededor de la hembra solar aún sigue girando oscuro el universo" (Valente, *Centro*).

De la carne sacramental a la poética eucarística: redimidos por el amor

Mediante la figura del encuentro sexual se nos presenta el acto de comunión en el cual hay un ejercicio de contemplación. Los sentidos que han servido para adentrase en el camino emprendido hacia el encuentro se trasmutan, la percepción sensorial se vincula con el poder seminal de la palabra. La unión de los cuerpos hecho uno solo no anula la diferencia que media entre los amantes, el deseo los une, no obstante, en el amor se resguarda la libertad. En este escenario del deseo, la imagen erótica exalta la dimensión carnal de la comunión. En la comunión carnal, que es también una comunión espiritual, no hay dualismo sino unidad armónica, toda vez que, la experiencia mística y poética "incide en el movimiento reunificador del ser indiviso del origen sobre el que el eros se constituye" (Valente OC, II:292). Esta relación amorosa en la que el eros cobra un papel unificante y dinamizador, bien puede llamarse una experiencia de comunión, en la cual, la figura eucarística es transformada por la imaginación poética. La unión de los amantes se presenta como la imagen potente que nos habla de la unidad en la diferencia, idea por demás presente en la tradición Llulliana que nos recuerda que "sin diferencia, en ningún amor puede haber concordancia" (Llull, 1980:49).

¿Cómo se expresa este acto de comunión? Gracias a la vía analógica poetas y místicos pueden hablar de una comunión eucarística vía la carne de la amada/amado. A su vez, esta ruta analógica se torna posible gracias al carácter simbólico de la palabra, gracias al cual, místico y poeta pueden penetrar en la vastedad del sentido de lo abierto. Dentro de la dinámica de la "sacramentalidad del lenguaje", si la palabra no puede ser únicamente un indicador del sentido unívoco de lo real, los sentidos no pueden ser meros señuelos que nos conducen a un encuentro. Es por ello que, tal como señala Catherine Pickstock (2010:132-135), debemos tener presentes que los sentidos no se limitan a la dimensión sensual, los sentidos son también espirituales,[20] por ende, cuando aquí hablamos de la experiencia amante como una comunión sacramental, nos estamos refiriendo a una experiencia holística posibilitada por fuerza de lo simbólico, entendido como aquello que no sólo nos remite "algo", sino que más allá de la mera referencia, el símbolo nos lanza y hace participar en aquello a lo cual refiere (Tillich, 1955).

A fin de configurar la imagen eucarística del amor, recordemos al poeta mexicano Javier Sicilia, y dejémonos llevar por la fuerza de sus versos. Dice el poeta:

> No es distinto buscar al dios
> que de pronto encontrarlo en los rasgos amados
> (…)
> Pero el dios está allí, bajo el velo de un rostro,
> sometido a sus rasgos,
> (…)
> inaprensible bajo lo aprensible
> (Sicilia, *El otro*).

En los versos precedentes, el poeta señala que el acto de comunión se expresa mediante el rito amoroso de los amantes. En este sentido, en la liturgia del amor, las caricias se vuelven gestos rituales, los susurros al oído se tornan anáforas, cada 'te amo' se profesa a manera de *canon* que propicia otro tipo de consagración: los amantes, unidos en el amor, dejan de ser un yo, para ser uno "con y en el otro".[21] En esta liturgia de

---

20 Sobre los sentidos espirituales, véase también: Balthasar, 2011:323-375.

21 Los siguientes versos del poema "Piedra de Sol" de Octavio Paz expresan bellamente esta realidad de encuentro con el otro: "para que pueda ser he de ser otro, / salir de mi, buscarme en los otros, // los otros que me dan plena existencia, / no soy, no hay yo, siempre somos nosotros" (OC, VII:281).

la palabra y de la carne,[22] al igual que en la experiencia mística, en el deseo de comunión poética los sentidos se traslapan y la voluntad se doblega, o quizás sea más oportuno decir que la voluntad se entona con la fuerza del eros con la finalidad de poder abandonarse en el Misterio. La poesía transcurre así entre la conciencia y la inocencia, entre la soledad y la comunión. El acto de comunión es pues un acto de *caritas*, el acto de amor es también una eucaristía.

En esta *analogia amoris* el sacrificio del lenguaje se une al rito sacrificial de la carne de los amantes para resaltar la necesidad de la entrega, y en el acto donante pasar del fragmento a la unión. Creemos que la imagen de la unión sexual encierra una fuerza simbólica de un sentido mayúsculo, la unidad con la trascendencia, esto es, con el espacio abierto hacia el Misterio, con aquella presencia Otra que nos viene como don.

> Los amantes contemplan en el otro lo Abierto
> —no la noche aparente que miramos nosotros con ojos
>   invertidos
>   (...)
>   sino lo Abierto, donde libres avanzan como avanzan los
> ríos —
> y olvidados de sí descubren en el otro lo Puro, virgen de
> todo lo aparente,
> como si en él, en su finita geografía, conocieran lo
> inmenso
> (Sicilia, *El tercero*).

La imagen sexual nos habla de la saturación del lenguaje; todo parece ser un "archipiélago de signos"[23] cuando el lenguaje llega al límite,

---

22 Utilizamos la expresión "liturgia de la palabra" en un sentido metafórico, aludiendo así al sentido del *logos* poético que ha dado María Zambrano en su *Filosofía y poesía* (2013). Del mismo modo, al hablar de una "liturgia de la carne", nos referimos al rito amoroso en el que los amantes se unen en un acto de mutua y libre entrega.

23 Tomamos esta imagen del "archipiélago de signos" del poema Blanco de Octavio Paz (OC, VII).

cuando el lenguaje se satura. Las palabras son cuerpos en éxtasis que no tienen más remedio que dejarse caer, y en este despeñarse, la palabra llega al silencio, cae en el fondo, el "no lugar" del silencio primigenio, y al caer el signo se deshace,[24] y desde ahí resurge nuevamente. La cópula de las palabras llega al infranqueable despeñadero, el mismo precipicio en el que se aventuran los amantes a un inevitable despeñarse, donde los cuerpos – unidos y distintos – se precipitan al vacío:

> Él está allí diciéndose en el enlazamiento
>   de los cuerpos,
> en el borde sagrado de sus precipitaciones,
> en la celebración del gemido que acoge lo inefable
> convocando lo Abierto,
> y al encarnar al dios en su trina intimidad
> nos dicen el anuncio de nuestra dicha en él,
> como si entre ellos,
> desbordados de fuego en el umbral de sus cuerpos,
> el dios prefigurara nuestra resurrección
> (Sicilia, *El tercero*).

No es ocioso señalar cierta relación entre la "pequeña muerte" del erotismo sexual y el deseo de morir, propio de la mística. Tanto el "no decir" como el "gritar" refieren a esa misma experiencia de intimidad propia de místicos y amantes: el "muero porque no muero", y el "placer de morir" místico, o el "mátame ya" y los "muero de placer" de los amantes, no son sino expresiones exasperadas y transfiguradas de una misma experiencia de indecible gozo (Paz, 1996:127). Así, tanto en la imagen orgásmica amante, como los "sonorosos" gemidos del místico se

---

24 Esta imagen del descenso está en sintonía con aquella fase o vía purgativa semejante a la de los místicos españoles del siglo de oro, una etapa de sequedad necesaria para poder eliminar aquello que impide el encuentro. En el caso del lenguaje, esta fase purgativa es necesaria para llegar a otra creación.

nos manifiesta la dimensión catafática y apofática del lenguaje que gira del grito al silencio.

En este sentido, el conocimiento y su relación con la intimidad es la metáfora propicia para expresar, por una parte, la dimensión erótica del acto de conocer y, por otra, el carácter íntimo en relación con aquello que queda resguardado, que no puede decirse, no tanto por la secrecía del evento, sino por su intensidad, porque la riqueza de lo gustado rebasa la posibilidad de expresarlo con un lenguaje preciso; sólo nos queda el lenguaje de la carne sacramental:

> Ábreme con tu saliva
> empújate hasta mi hondura   hasta el desamparo
> (Gervitz, *Pythia*).

En esta relación de la carne sacramental, cada entrega es una apertura a la inmensidad de lo que aún está por venir, apertura de horizonte y evocación de la dignidad de ese rostro que besa y ese cuerpo que puede ser tomado en tanto don; no como cosificación, sino como acto donante, como penetración fecunda que engendra vida y trasciende, acto de posesión amorosa que deviene liberación en el amor. Podemos colegir que, en la relación erótico-agapéica, el cuerpo habla y clama por el encuentro que no aprisiona sino libera. La carne se torna expresión viva de la experiencia sensual en la que se degustan las mieles del amor transpiradas por el cuerpo del amado: "¡qué hermoso eres amado mío, qué delicioso!" (Ct 1,16). Esta dinámica sensual y gozosa generada por el contacto de los cuerpos no puede ser lapidada con la pesada loza del pudor, debemos aprender a abrir los sentidos para poder distinguir la suave fragancia que se genera en el roce de los cuerpos. "María ungió los pies de Jesús y los secó con sus cabellos. La casa se llenó del olor del perfume" (Jn 12, 3).

Referências bibliográficas

BALTHASAR, Hans Urs von. *Gloria 1: la percepción de la forma.* Madri: Encuentro, 2011.

_____. *Gloria 3: estilos laicales.* Madri: Encuentro, 2011.

BLOCH, Ernst. *Ateísmo en el cristianismo: la religión del éxodo y del reino.* Madrid: Taurus, 1968.

BRAVO, Víctor. *Figuraciones del poder y la ironía.* Caracas: Monte Ávila Editores Latinoamericana, 1996.

CORTÁZAR, Julio. *Un tal Lucas.* México: Alfaguara, 1998.

DELEUZE, Guilles. *Lógica del sentido.* Barcelona: Paidós, 2005.

GERVITZ, Gloria. *Migraciones.* México: Fondo de Cultura Económica, 1991.

LLULL, Ramon. *Arbre de filosofía d'amor.* Edición de Gret Schib. Barcino: Barcelona, 1980.

MAESTRO ECKHART. *El fruto de la nada.* Madri: Siruela, 2008.

MÈLICH, Joan Carles; MORETA, Ignasi; VEGA, Amador (eds.). *Empalabrar el mundo: el pensamiento antropológico de Lluís Duch.* Barcelona: Fragmenta Editorial, 2011.

MILBANK, John. Sophiology and Theurgy: The New Theological Horizon. In: SCHNEIDER, Christoph. *Encounter Between Eastern Orthodoxy and Radical Orthodoxy Transfiguring the World Through the Word.* Reino Unido: Ashgate, 2008.

PAZ, Octavio. *Obras Completas I. La Casa de la presencia. Poesía e historia.* México: Fondo de Cultura Económica, 1994.

_____. *Obras Completas X. Ideas y costumbres II. Usos y símbolos.* México: Fondo de Cultura Económica, 1996.

_____. *El mono gramático.* Barcelona: Seix Barral, 1998.

_____. *Obras Completas I-VIII.* Barcelona: Galaxia Gutenberg/Círculo de Lectores, 1999-2005.

PICKSTOCK, Catherine. *Más allá de la escritura. La consumación litúrgica de la filosofía.* Barcelona: Herder, 2005.

_____. Liturgy and teh senses. In: MILBANK, John; ŽIŽEK, Slavoj; DAVOS, Creston (eds.). *Paul's new moment: continental philosophy and the future of Christian theology.* Michigan: Brazos Press, 2010.

SAN JUAN DE LA CRUZ. *Obras completas.* 9ª ed. Burgos: Monte Carmelo, 2010.

SANTA TERESA DE JESÚS. *Obras Completas.* Madri: Biblioteca de Autores Cristianos, 1997.

SELLS, Michael. *Mystical Languages of Unsaying.* Chicago: The University of Chicago Press, 1994.

SICILIA, Javier. *Tríptico del desierto.* México: Era, 2009.

TILLICH, Paul. Theology and Symbolism. In: JOHNSON, Ernest Frank (ed.). *Religious symbolism.* Nova Iorque: The Institute for Religious and Social Studies, 1955.

_____. Religious Symbols and our Knowledge of God. *The Christian Scholar,* n.38, p.189-197, 1955a.

_____. *Systematic Theology I.* Chicago: University of Chicago Press, 1967.

VALENTE, José Ángel. *La piedra y el centro.* 2ªed. Barcelona: Tusquets, 2000.

_____. *Obra completa II.* Barcelona: Galaxia Gutenberg, 2008.

_____. *Poesía completa.* Barcelona: Galaxia Gutenberg, 2014.

ZAMBRANO, María. *Filosofía y poesía.* México: Fondo de Cultura Económica, 2013.

7 Borges, leitor da Religião

Paulo Nogueira
Pontifícia Universidade Católica de Campinas

Ao ler e discutir textos como "El Aleph", "El milagro secreto", "Las ruinas circulares", entre outros, tem-se a percepção de que a ficção literária tem o poder de relativizar noções de tempo e espaço, de questionar os limites do razoável e do racional. Este texto traz uma breve experiência de suspensão dos parâmetros do real fornecidos pela linguagem cotidiana. Assim, gostaria de oferecer uma reflexão sobre possíveis analogias da escrita de Borges com a narrativa religiosa, a partir da análise de um dos seus contos, "La escritura secreta", publicado em *El Aleph*, em 1957. Este texto traz uma breve experiência de suspensão dos parâmetros do real fornecidos pela linguagem cotidiana. A escolha poderia ter recaído sobre outro dos seus relatos fantásticos, nos quais a inventividade borgeana talvez atinja seu pico.

Ernesto Sabato, em *El escritor y sus fantasmas*, se queixa desse Borges dado à filosofia e à Teologia, com suas refutações do tempo e uma escritura que emula o sonho. Ele prefere o Borges que "en alguna vez cantó cosas humildes y fugaces", que escreve sobre Buenos Aires e não sobre cidades imaginárias (2004:81). Não nego meu fascínio pelo Borges que relata aventuras de *cuchilleros* na periferia de uma Buenos Aires perdida do passado. Mas estou longe de concordar com a opinião de Sabato. Borges nos proporciona experiências excepcionais de suspensão do tempo e da realidade, nos conduzindo ao centro da experiência da imaginação literária por meio da narrativa, narrativa esta que exerce seu poder de construção de mundo. Por isso, entendo que sua obra é um espaço privilegiado para refletir sobre a relação entre a linguagem e a realidade.

Paulo Nogueira

Motivos para um cientista da religião ou um teólogo ler Borges

Por que um teólogo ou estudioso de religião deveria ler Borges? Um motivo evidente é o fato de que Borges se ocupou muito com religião, com seus mitos, personagens e temas metafísicos. Religião foi tema de seus ensaios, resenhas, poemas e relatos. Em sua narrativa não faltam alusões e experimentos com tópicos da cabala, do gnosticismo, da Bíblia, do budismo etc. Um levantamento exaustivo dessas recriações, citações e alusões não pode ser levado a cabo facilmente, tal a presença de temas religiosos em sua obra. Há estudos recentes que fazem análises de relações de Borges com tradições específicas, como, por exemplo, a obra *Borges and the Bible*, de 2015.

No entanto, há outro motivo, talvez mais importante, para ler Borges na relação com a religião. Nos seus textos, ele leva ao extremo o poder próprio da imaginação ficcional, a saber, de relativizar a capacidade referencial da linguagem cotidiana (e mesmo da linguagem acadêmica e científica) ao expressar a realidade. Na literatura fantástica, e ainda mais explicitamente na literatura borgeana, a linguagem não é uma forma de expressar o real, mas um mundo (quase) autônomo, com poder de moldar e construir a realidade. Adentrar o mundo dos textos, e nenhuma metáfora é mais poderosa do que a biblioteca, é uma forma de se inserir numa realidade alternativa, a da ficção, dos textos, dos sentimentos, das tragédias, dos atos heroicos. Entendo que essa é a maior proximidade de Borges com a religião, exercitar e levar ao extremo o poder da linguagem de suspender as referências da realidade e oferecer mundos alternativos. Seria a ficcionalidade desenvolvida na obra borgeana um *displacement* (no dizer de Northrop Frye) de uma estratégia do relato mítico-religioso?

O formalista russo Shklóvski (Todorov, 2008) afirma que a função da obra de arte, com todas as suas dificuldades de interpretação, é deter o espectador, fazê-lo sair da temporalidade cotidiana, mecânica e automática, adotando uma temporalidade lenta, adequada para a apropriação. Ao adentrarmos o mundo da arte, em suas várias linguagens, prolongamos o tempo e enganamos a morte. Creio que há uma boa analogia aqui com a linguagem religiosa. Na modernidade somos ensinados que religião, se ainda deve ser cultivada, deve ser usada para fins práticos. Ver, julgar e agir. No entanto, observamos que, mesmo diante dos temas mais urgentes, as linguagens das religiões se movem lateralmente, em desvios narrativos, em conexões de metáforas inesperadas, criando hierarquias e sub-hierarquias, seres divinos e demoníacos em profusão, movendo enredos que raramente são lineares. Uma das respostas do cristianismo à modernidade foi a profusão de dogmáticas, em tentativas desesperadas de deter as narrativas labirínticas da Bíblia, da vida dos santos, das experiências míticas.

Nossa proposta de aproximação de Borges como leitor da religião se dá, portanto, não apenas no uso intensivo e erudito que ele faz dos temas religiosos em suas obras, senão na forma como conduz suas narrativas e metáforas na composição de jogos especulares e labirínticos. Se me permitirem mais uma analogia, Borges parece se portar como um escritor apocalíptico, uma vez que o texto não tem uma função prioritária informativa, antes ele é um espaço para se perder, se encontrar nos universos possíveis.

Labirinto em *La escritura del Dios*

Começo pedindo perdão por esta análise quase alegórica. Vício de exegetas, mas que talvez até teria sido tolerado por Borges com humor, devido ao seu gosto pelos alexandrinos e pelos medievais. A leitura de um texto curto, mas de densidade narrativa e ficcional como este, a relação entre mundo e linguagem, linguagem religiosa (afinal, se trata de encontrar uma fórmula sagrada) pode ser usada como paradigma de leitura desses textos borgeanos. Procederemos a uma breve análise da trama e dos temas do relato: decifrar numa prisão o código secreto da inscrição do deus que salvaria Tzinacán.

O relato *La Escritura del Dios* (Borges, 2004 [1957]) é muito curto, e proporcionalmente complexo. Trata da narrativa em primeira pessoa de Tzinacán, um sacerdote maia que havia sido feito prisioneiro por Antonio Alvarado. Alvarado manda torturá-lo em busca de informações sobre um suposto tesouro. Após fracassar no intento de fazê-lo confessar, o lança numa prisão circular, abobadada, com um muro e grades dividindo-a ao meio e separando-o de outro prisioneiro, um jaguar. Do alto, abre-se todos os dias, ao meio-dia, um alçapão de onde o carcereiro desce água e pedaços de carne. O restante do tempo é passado na escuridão.

Trata-se de um cenário restrito, claustrofóbico, caricato até, no qual Borges insere sua trama e os seus efeitos de ficção. "La cárcel es profunda y de piedra; su forma, la de un hemisfério casi perfecto...". Este cenário dá o tom do relato. Segundo Alan Pauls, a escolha do cenário é fundamental para a constituição da ficcionalidade de um relato em Borges (*El factor Borges*). Por isso, sua preferência por cenários metafóricos e microcósmicos como a biblioteca, uma ilha tomada de névoa, uma prisão nazista em Praga etc. Neste caso, a simplicidade do cenário, uma cela escura dividida com um jaguar, revela seu caráter metafórico. Toda a narrativa aponta para certas analogias, privilegiando certas conexões.

Tzinacán vive um dilema, que acaba se tornando toda a trama do breve relato. Nada mais simples, por ser banal, diante da fatalidade de estar preso e ter que fazer algo: recordar tudo o que sabia. Trata-se de uma armadilha, pois a memória nunca é linear (labirinto), e esse "fazer algo" é a própria tarefa de seres destinados à morte. Recordar tudo o que se sabe, nas trevas, diante da morte. Com maestria, nesse cenário simples e nessa atividade aparentemente banal, o relato nos insere no universo de *topoi* gnósticos por excelência, a saber: o mundo e a vida retratados como uma prisão e a missão humana consistindo num recordar-se de quem se era, do tomar posse do que "era meu". Esse é o tema da *Canção da Pérola*, mito gnóstico antigo que encontramos preservado nos Atos Apócrifos de Tomé, o qual relata a jornada do filho de um rei oriental, enviado ao Egito para resgatar uma pérola. No Egito, então, ele se relaciona com os locais, se envolve em seus costumes e prazeres, esquecendo-se de quem era. O pai, preocupado, envia emissários para que provoquem a lembrança no filho de memória adormecida, para que se lembre de quem ele era, de sua dignidade real, e volte ao lar. No caso do relato borgeano, supomos, no entanto, ser apenas a recriação do mesmo *topos*, sem necessariamente implicar evocação desse relato, afinal a ideia religiosa de que nos esquecemos da casa paterna, de nossas verdadeiras identidades, é difundida no Oriente e no Ocidente. A vida é interpretada em várias tradições como prisão e a missão da vida como um recordar quem se é. Essa é a trama de nosso relato.

Tzinacán inicia assim um árduo conjunto de práticas de memória em busca do que já era seu, na verdade, logo anunciado como uma sentença mágica escrita pelo deus na criação, prevendo desventuras e ruínas no final dos tempos, com o intuito de conjurar esses males. O maior problema da empreitada de Tzinacán repousava no fato de que uma mensagem de tal importância – sobre os males dos finais dos tempos que ele vivia – era cifrada, registrada em caracteres que ainda eram desconhecidos.

Gostaria de fazer um breve comentário nesse ponto. Uma coisa que sempre me intrigou nos textos e expressões religiosas é o fato de que, embora voltados para a solução de problemas urgentes (a injustiça, a solidão, a morte), eles raramente são pragmáticos e objetivos. Para entender os desígnios divinos, e neles os projetos de salvação, é necessário fazer-se imergir em águas profundas, em relatos de estrutura e sentido obscuros, tomando tempo e esforço dos crentes. Creio que esses longos desvios que a linguagem faz nos temas religiosos acontecem também na literatura. Somos destinados à interpretação, à busca, à atribuição de sentido onde eventualmente não há qualquer. Resistimos ao fato de que o mundo pode não ter sentido. Atribuímos sentido a tudo, sentido que pode ser apreendido apenas por meio de complexas teias narrativas e metafóricas.

Voltando à trama do nosso relato. Tzinacán tem que buscar o código para decifrar uma inscrição de Qaholom, vista, mas não compreendida. Chama-nos a atenção que o símbolo buscado podia estar em qualquer âmbito da terra, em todas as suas formas. É como se o mundo inteiro, em todas as suas formas, fosse um texto a ser decifrado. E esse universo material de signos é duplicado, ele tem sempre duplos (uma montanha, todas as montanhas; um rio, todos os rios; um tigre, todos os tigres etc.), um universo micro e um macro em correspondência. Há uma semiotização total do universo, em todas as dimensões. O mundo e seus elementos podem ser o símbolo do deus, mas eles mudam, são multifacetados.

Quando imaginamos que o texto trataria de uma cosmologia, ele retorna ao mundo micro. Tzinacán suspeita que o código poderia estar nas marcas da pele do jaguar, também chamado confusamente de tigre. A mensagem estaria na pele viva dos jaguares. Mas essas manchas também remetem a todo o mundo com que os jaguares têm contato, com suas vítimas, com o alimento de suas vítimas etc. Estamos no mundo do pensamento mágico, segundo o qual tudo está em contato contagioso com tudo, uma coisa transmite sentido à outra, sem limites. Tzinacán trabalhou muito sobre esses signos: "Dediqué largos años a aprender el orden y la configuración de las manchas." Nas manchas da pele do jaguar ele adentra o labirinto dos signos. Mesmo no microcosmo o signo é evasivo, seus sentidos escapam às definições. A busca por padrões (não é esse o nosso trabalho constante?) era interminável, pois a busca era por uma linguagem: "(...) acaso eran un mismo sonido o una misma palabra", mas "(...) era impossible decifrar aquel texto."

O mergulho na interpretação dos signos da linguagem do deus na pele de um jaguar levanta no texto uma pergunta, um problema: "era impossible decifrar aquel texto." Na verdade, o problema era mais profundo: "(...) el enigma genérico de una sentencia escrita por un dios. Que tipo de sentencia (me pregunté) construirá una mente absoluta? Consideré que aun en los lenguajes humanos no hay proposición que no implique el universo entero..." Ou seja: o problema posto é como deus poderia se pronunciar com uma sentença humana? E uma vez tendo-o feito, estaria ele submetido às regras da linguagem humana? Isso, no entanto, seria impossível, uma vez que a linguagem divina deve dizer tudo explicitamente, de forma imediata: "(...) un dios, reflexioné, solo debe decir una palabra y esa palabra la plenitude ... sombras o simulacros de esa voz que equivale a un lenguaje y a cuanto puede compreender un lenguaje son las ambiciones y pobres voces humanas, *todo, mundo, universo."* Esse é um dos problemas das mais diferentes teologias e narrativas das religiões: que deus se comunique, versando sobre o mundo, em princípio inefável, por meio da linguagem humana, com suas regras e limites. Não é sem motivo que muitas tradições afirmam que a divindade cria o mundo por meio de sua palavra, numa linguagem divina.

Diante do fracasso da empreitada hermenêutica de reduzir a linguagem divina aos limites da linguagem humana, Tzinacán é submetido a outro procedimento. Ele passa à experiência do sonho. Ele sonha com grãos de areia que são acrescidos, um a um, sonhos após sonhos, até se tornarem um monte de areia a sufocá-lo. Ele desperta sufocado ainda pela areia e percebe estar sonhando dentro do sonho. Esse sonho infinito se torna um labirinto ainda mais opressor que a interpretação de manchas na pele de um jaguar. A experiência onírica, uma das formas mais importantes das revelações religiosas, se apresenta como sufocante. Tzinacán precisa despertar para a realidade, voltar a reconhecer a concretude do seu entorno, de sua prisão. Ele volta para a realidade, ainda que ela seja uma prisão, um mundo de sombras e de trevas, que não permite ver a realidade. Essa volta à realidade não deixa de ser irônica. De volta do mundo dos sonhos ele vê as mãos do carcereiro, a corda, a carne e os cântaros. Encontra-se consigo mesmo e com o seu destino: "(...) yo era un encarcelado." Tzinacán parece render-se, finalmente. Esse despertar, a saída do "incansável labirinto", o reconduz à sua prisão.

Por fim, Tzinacán é tomado por uma experiência de êxtase, ele é unido à divindade. Trata-se da união mística, aquela que não pode ser expressa pelos códigos da linguagem humana. "Ocurrió lo que no puedo olvidar o comunicar." A experiência é configurada visualmente: ele vê uma roda cósmica, que estava adiante, atrás, em todo lugar. Ela abarcava tudo, mas podiam-se ver seus limites (como uma linguagem?). A tentativa de superar a linguagem *no* relato tem seus limites, afinal ele e Alvarado eram fios da roda, como se ela fosse constituída em um tecido, um texto. Por fim, Tzinacán volta à linguagem, uma vez que sua visão mística o conduz à revelação da tal fórmula mágica pronunciada pelo deus na criação, agora pronta para ser pronunciada no final dos tempos, desencadeando libertação dos tormentos escatológicos. O texto tem a ousadia de trazer à luz a configuração da fórmula, contada à moda dos massoretas e dos cabalistas: 40 letras, 14 palavras.

No entanto, Tzinacán não as pronuncia, pelo simples motivo de que ele não se lembra mais de quem é Tzinacán. Não faz sentido pronunciar a fórmula que o reestabeleceria como autoridade entre os seus, e mais, o tornaria imortal. Ele poderia se vingar de seus algozes. Mas... isso não faz mais sentido. Como entender esse desfecho, esse anticlímax? Significa que ele imergiu na experiência de se unir com o deus? Essa seria uma interpretação possível. Afinal, não existe mais Tzinacán, que, como numa experiência de Nirvana, se dissolveu no cosmo. Fica, no entanto, a sombra de uma possibilidade menos heroica e iluminada, embora mais borgeana. O pronunciar a fórmula traria um desfecho que, ainda que libertador, encerraria o processo cíclico de interpretação, de *poiesis*. Os estágios interpretativos evocam mais o tempo cíclico, com nova vitória do labirinto.

- *Recordação* de tudo o que sabia
- Decifrar da mensagem na mancha do jaguar
- O labirinto dos sonhos
- Despertamento, consciência de estar preso

- União com a divindade, visão da roda
- Descoberta da fórmula
- *Esquecimento*, não dizer
[- *Recordação* de tudo o que sabia etc.]

O que segue? Nova recordação de tudo o que sabia? Novo decifrar das manchas do tigre? O que vence? A suspensão do si mesmo, o Nirvana? Ou o reinício cíclico dos processos de interpretação? Ou simplesmente, como diz o final do relato, ser esquecido pelos dias até a morte?

Há outros textos de Borges que insistem no interpretar infinito, no mundo da composição do texto como um cosmo. No relato *El milagro secreto* (Borges, 1944 [2011]), Jaromir Hladík precisa retardar a morte para terminar uma trama em forma de poesia. Pediu a Deus e este o atendeu parando o tempo. Trabalhou por tempos indefinidos, enquanto o projétil fatal percorria seu trajeto e uma gota de chuva lhe caía sobre a face. Terminou o poema, estava cumprida sua missão, sua morte nada heroica podia encontrar desfecho. Diante da necessidade de terminar um texto, o tempo se curva, se detém. A vida intensamente vivida é a onírica, como aliás se inicia o relato, que fala de desertos chuvosos, relógios e jogos de xadrez, aparentemente mais importantes que a referência histórica: a entrada das tropas nazistas em Praga, causa de sua prisão e execução.

É como se a vida e todos os seus elementos e componentes, listados pela linguagem, não fossem mais do que cenário do ato de interpretar, ou, ainda mais nobre, do escrever um poema. No relato, a vida é apresentada como uma alternância entre estar preso, solitário, numa prisão escura e a contínua busca, com sucessos efêmeros, de uma fórmula mágica que nos interpreta, caso ainda possamos nos lembrar de nós mesmos.

Paulo Nogueira

Referências bibliográficas

BORGES, Jorge Luis. La escritura del Dios. In: _____. *El Aleph*. Buenos Aires: Emecé, 2005 [1957].

_____. El milagro secreto. In: _____. *Ficciones*. Barcelona: Debolsillo, 2011 [1944].

SABATO, Ernesto. *El escritor y sus fantasmas*. Barcelona: Ensayo, 2004.

SHKLOVSKI, Viktor. El arte como artificio. In: TODOROV, Tzvetan (org.). *Teoria de la literatura de los formalistas rusos*. Buenos Aires: Siglo Veintiuno, 2008.

WALSH, Richard; TWOMER, Jay (eds.). *Borges and the Bible*. Sheffield: Sheffield Academic Press, 2015.

8 Michel de Certeau: A mística em diálogo com as ciências humanas. Retorno a maio de 1968

Geraldo De Mori
Faculdade Jesuíta de Filosofia e Teologia

Michel de Certeau se definia como um viajante, sempre em movimento, embora fosse o oposto do homem apressado, disperso. Jesuíta, interessou-se por várias áreas do saber, como a mística, a história, a psicanálise, a linguística. Recusava-se a delimitar um lugar próprio, preferindo habitar vários, sempre em movimento e diálogo, atento às fronteiras, vistas como lugares de passagem, não como limites (Hartog, 2001:256). Foi um dos primeiros intérpretes do maio de 1968 francês, cujo cinquentenário se comemorou em 2018. O texto aqui proposto retoma alguns estudos do jesuíta francês sobre a mística, buscando relacioná-los com suas incursões no campo da política, através de sua interpretação de maio de 1968. A exploração da interface entre mística e política no pensamento de Certeau tem como intenção levantar questões sobre as configurações desta interface no Brasil nos últimos 50 anos e sua atualidade na recente "mudança de época" que é a que hoje vive o país.

Michel de Certeau nasceu em 1925, em Chambéry (Savoia), numa família aristocrática, na qual era um dos quatro filhos. Após o ensino médio, iniciou os estudos universitários em letras clássicas e filosofia, em Grenoble (1943), entrando depois no seminário de Saint Sulpice, em

Issy-les-Moulineaux, onde permaneceu entre 1944-46. Após mais um ano em Grenoble, retornou a Paris, onde ficou entre 1946-47, indo para Lyon, onde obteve, em 1950, a licenciatura em Teologia. Decidiu então ser jesuíta, fazendo o noviciado em Laval. Entre 1953-54 viveu em Chantilly, centro de formação filosófica dos jesuítas, onde seguiu um programa especial de filosofia centrado no pensamento de Hegel. Entre 1954-55 fez a etapa de atividades pastorais (magistério) num colégio em Vannes, e em 1956 estudou mais um ano de Teologia, em Fourvière, Lyon, onde foi ordenado. Antes de entrar na Companhia de Jesus, ele havia pensado em fazer uma tese sobre Santo Agostinho. Sua hipótese era a de que:

> ao escolher e isolar certos elementos do corpus teológico dos padres gregos, Agostinho tinha remodelado a Teologia numa doutrina legalista e pessimista, mais adaptada, segundo o bispo de Hipona, às necessidades de uma cristandade latina pouco educada, cujas instituições deviam muito ao direito romano. (Giard, 2017:250)

Certeau teve, porém, que renunciar a este projeto, pois seus superiores jesuítas lhe pediram que se preparasse para colaborar no projeto de estudo das fontes da espiritualidade inaciana, que então ocupou um número importante de jesuítas. Para aprofundar seus conhecimentos sobre os séculos XVI e XVII, ele frequentou seminários na Sorbonne e na École Pratique des Hautes Études. Sob a direção de Jean Orcibal, especialista do jansenismo, obteve o diploma na École Pratique e defendeu, em 1960, uma tese de doutorado consagrada ao diário espiritual de Pedro Fabro, um dos primeiros companheiros de Inácio de Loyola em Paris.

Depois da tese sobre Fabro, que deu origem a seu primeiro livro, Certeau se voltou a outro jesuíta francês, Jean-Joseph Surin (1600-1665), originário de Bordeaux e contemporâneo de Descartes, autor de várias obras de espiritualidade, célebre por suas cartas de direção espiritual e pelo exorcismo realizado junto às ursulinas de Loudum, experiência que o conduziu à loucura, na qual permaneceu por muitos anos.

Os estudos sobre Surin levaram Certeau a editar os principais textos do místico jesuíta do século XVII: o *Guide Spirituel* (1963), a *Correspondence* (1966), *La possession du Loudun* (1970). Sua pesquisa sobre a mística o levou também a frequentar o meio psicanalítico, participando, em 1964, da fundação, por Lacan, da Escola Freudiana de Paris. Iniciou nessa mesma época seu trabalho como diretor adjunto da revista *Christus* (1963-1966), na qual publicou vários artigos sobre espiritualidade. Colaborou ainda com a *Revue d'ascétique et de mystique*, que, em 1972, se tornou a *Revue d'histoire de la spiritualité*, e na revista *Recherches de science religieuse* (RSR). Segundo Luce Giard, nessas duas últimas revistas, Michel de Certeau "publicou seus melhores trabalhos sobre a história da mística" (Giard, 2017:254).

Em 1966, Michel de Certeau perdeu sua irmã mais nova e, em 1967, sua mãe, que morreu num acidente de carro, do qual ele saiu gravemente ferido. Neste ano ele fez sua primeira viagem à América Latina, tecendo relações com vários intelectuais brasileiros e chilenos. Os eventos de maio de 1968 representam uma reviravolta em sua reflexão e engajamento público. Diante da crise social e da inquietude que atravessavam a França, ele respondeu com uma série de artigos na revista *Études* (entre junho e outubro), que depois foram reunidos no livro *La prise de parole*. A frase: "Em maio último, tomou-se a palavra como se tomou a Bastilha em 1789" chamou a atenção da mídia que o fez intervir em várias ocasiões, com entrevistas, conferências e como especialista em comissões encarregadas da reforma universitária, explicando aos responsáveis pelas instituições a insatisfação e os desejos dos jovens que haviam ocupado as ruas. Tornou-se uma referência, circulando em meios sociais distantes da Igreja, associando-se a redes diversas de intelectuais. Sem ter buscado, diz Giard, ele mudou de estatuto e se tornou uma figura importante na cena intelectual francesa. Esses anos foram os mais criativos, pois ele conseguiu então "tecer juntos todos os seus talentos: a amplidão de suas leituras, a precisão de sua erudição, a agilidade de seu espírito, a força de seu pensamento, a acuidade de suas análises, o brilho de seu estilo" (Giard, 2017:256-257). Publicou nos anos de 1970 obras sobre os demônios e a possessão, a política linguística da França revolucionária, a sociedade contemporânea e a cultura popular, o *mass media*, a vida cotidiana e as práticas culturais, a situação do cristianismo e a história da mística. Ensinou em vários lugares e instituições: Seminário de Doutorado em Teologia, no Institut Catholique de Paris (1964-1978); cursos e seminários na Paris VIII-Vincennes (1968-1971); seminário de Antropologia Religiosa e Cultural na Paris VII-Jussieu, onde elaborou *L'invention du quotidien* (1980); na École des Hautes Études en Sciences Sociales (1984-1985), como diretor de estudos, ensinando Antropologia Histórica das Crenças; na Universidade da Califórnia, como Full Professor (1978-1984); na Universidad Iberoamericana, do México. Descobre, em 1985, um câncer. Inicia o tratamento, mas morre em 9/1/1986.

O breve sobrevoo sobre a biografia de Michel de Certeau dá uma ideia dos diversos campos do saber que ele frequentou: Teologia, filosofia, espiritualidade, história, psicanálise, antropologia, linguística. Seus estudos sobre a história da espiritualidade nos séculos XVI e XVII o tornaram uma referência nos estudos da mística. Prova disso são: o verbete "Mystique", publicado na *Encyclopaedia Universalis*, em 1985, o livro *La fable mystique*, de 1982, que previa um segundo volume, que o autor não chegou, porém, a concluir, e que foi publicado em 2013, por Luce Giard, com o título *La fable mystique II*, com textos já publicados sobre a temática, além de alguns inéditos. Outro campo do saber que o tornou conhecido, como foi assinalado, foi o da política, com sua interpretação de maio de 1968. Serão apresentadas, a seguir, duas leituras sobre a reflexão de Certeau sobre essas duas temáticas, mostrando a relação que elas estabelecem no pensamento de Certeau.

A mística: entre a fábula e a ficção

O verbete de Certeau da *Enciclopaedia Universalis* começa recordando o diálogo entre Freud e Romain Rolland sobre a mística e os estudos do tema feitos desde então. Tais estudos, diz Certeau, comportam posições diferentes, embora tenham em comum o fato de ligar "a mística à mentalidade primitiva, a uma tradição marginal e ameaçada no seio das igrejas, ou a uma intuição que se tornou estrangeira ao entendimento, ou ainda a um Oriente onde nasceria o sol do "sentido" enquanto ele se põe no Ocidente", no qual ela "tem por lugar primeiramente um alhures e por sinal uma antissociedade que representaria, contudo, o fundo inicial do ser humano". Para o jesuíta francês, as leituras de Romain Rolland e Freud representam perspectivas que opõem mística e ciência, ou seja, o que para um é um "dado da experiência, que remete à ordem do "ilimitado", do "infinito", do "oceânico", sendo visto como "fonte subterrânea de energia religiosa", "unidade que aflora à consciência", para o outro é uma "produção psíquica", devida à combinação de uma representação e de um elemento afetivo, que é da ordem de uma "derivação genética", que está relacionada à "constituição do eu" e de sua divisão. Ambos os autores concordam, no entanto, em associar a mística com o "dissentimento do indivíduo em relação ao grupo", a uma irredutibilidade do desejo na sociedade, que o reprime ou que o recobre sem eliminá-lo, a um "mal-estar na civilização" (Certeau, 2005:324).

Certeau observa que os fenômenos místicos podem ser observados em muitas culturas, mas não acredita que seja possível um discurso universal sobre a mística, que não é vista nem praticada da mesma maneira. As análises feitas sobre a mística pelos ocidentais, por exemplo, são determinadas pela relação que eles têm consigo e com os outros. Esta constatação não nega às experiências místicas sua autenticidade nem às análises feitas sobre elas seu rigor, mas sublinha sua particularidade. Esta "localização" do ponto de vista ocidental obedece ainda a determinações históricas. No decorrer de sua história, o Ocidente deu um lugar à mística, fixou-lhe uma região, objetos, itinerários e uma linguagem próprios. Desde que a cultura europeia não mais se define como cristã, ou seja, desde os séculos XVI-XVII, não se designa mais como mística uma sabedoria elevada ao pleno reconhecimento do mistério já vivido e anunciado em crenças comuns, mas um conhecimento experimental que se desligou da Teologia tradicional ou das instituições eclesiais, que se caracteriza pela consciência adquirida ou recebida, de uma passividade plenificante em que o eu se perde em Deus (Certeau, 2005:325). É então visto como místico quem se afasta das vias normais ou ordinárias, não se inscrevendo mais na unidade social de uma fé ou de referências religiosas, mas à margem de uma sociedade que se laiciza e de um saber feito de objetos científicos, o que aparece simultaneamente na forma de fatos extraordinários, quando não estranhos, de uma relação com um Deus "escondido", cujos sinais públicos empalidecem, se apagam ou deixam de ser credíveis. Para Certeau, um indício deste isolamento é que só se começou a falar da "mística" como substantivo no século XVII. O termo, até então adjetivo que qualificava uma coisa e podia afetar todos os conhecimentos ou todos os objetos do mundo religioso, passou a designar um domínio específico do saber. Sua substantivação é um sinal da fragmentação que se operava no saber e nos fatos.

Um "espaço delimita doravante um modo de experiência, um gênero de discurso, uma região do conhecimento" (Certeau, 2005:326). Ao mesmo tempo a mística passou a circunscrever alguns fatos isolados (fenômenos extraordinários), alguns tipos sociais (os místicos), uma ciência particular (a elaborada pelos místicos ou a que os tomava como objeto de estudo). O que é novo, diz o jesuíta francês, não é a mística, mas seu isolamento e objetivação diante dos que não mais participavam nem criam nos princípios sobre os quais ela se sustentava. Ao se tornar uma especialidade, a mística foi relegada a um setor observável, sendo submetida à oposição entre fenômenos particulares (vistos como excepcionais) e o sentido universal, ou o Deus único e verdadeiro, do qual os místicos se diziam testemunhas. Aos poucos, a mística será vista ora como um fato estranho, que a tornava objeto da curiosidade devota, psicológica, psiquiátrica ou etnográfica, ora como o Absoluto do qual os místicos falavam, que era situado no domínio do invisível, próprio à dimensão obscura e universal do ser humano, que era vivenciado como um real escondido sob a diversidade das instituições, das religiões e das doutrinas.

Michel de Certeau: A mística em diálogo com as ciências humanas. Retorno a maio de 1968

A evolução que se instaurou no mundo ocidental a partir dos séculos XVI-XVII produziu dois efeitos perceptíveis na experiência dos místicos: a constituição de uma tradição própria e a psicologização dos estados místicos. Assim, por um lado, a partir do lugar que lhes foi dado, os místicos, seus defensores e críticos constituíram uma tradição que correspondia ao domínio do saber que eles representavam. A mística se viu então dotada de uma genealogia: referência de similitudes entre autores antigos, que autorizava a reunião de obras diversas sob o mesmo nome, ou, a fragmentação de um mesmo corpus literário segundo as categorias modernas da exegese, da Teologia e da mística. Buscava-se nos autores antigos e medievais o que tinha a ver com a mística. Formou-se assim uma "tradição mística", que não obedecia ao critério da pertença eclesial. Autores católicos, protestantes, hindus, antigos e não religiosos se encontravam reunidos sob o mesmo substantivo no singular: a mística (Certeau, 2005:327). A identidade da mística criava pertinências, impunha uma classificação e permitia o estabelecimento de fatos e textos que serviam de base a todo estudo sobre os místicos. Esse trabalho provocou a "localização" da vida mística num certo número de fenômenos, vistos como excepcionais, não mais presentes nas instituições globais, que se laicizavam e se miniaturizavam, mas em fatos de consciência.

A experiência se expressava e se decifrava em termos psicológicos. Como os termos religiosos são menos credíveis, o místico foi deportado a uma linguagem do corpo e fazia dessa linguagem a referência inicial do lugar onde ele se encontrava e da iluminação que recebia. "Como a ferida de Jacó na coxa é a única marca visível de seu encontro noturno com o anjo, o êxtase, a levitação, os estigmas, a ausência de alimento, a insensibilidade, as visões, os toques, os odores etc", tornaram-se a linguagem que dava sentido ao que viviam os místicos. Através desses "fenômenos", o místico dizia o "indizível", falava de "algo" que não podia ser dito com palavras. "As 'emoções' da afetividade e as mutações do corpo se tornavam o indicativo mais claro do movimento que se produzia aquém e além da estabilidade dos enunciados intelectuais"

(Certeau, 2005:328). Os sinais psicossomáticos se tornaram a fronteira graças à qual a experiência se articulava sobre o reconhecimento social e oferecia uma legibilidade aos olhares incrédulos. A mística encontrava com o corpo sua linguagem social moderna, da mesma forma que, no período medieval, seu vocabulário era eminentemente espiritual.

As manifestações psicossomáticas da mística tornaram-se, sobretudo a partir do século XIX, objeto de observação científica, sendo examinadas pela medicina, pela psicologia, pela psiquiatria, pela sociologia e pela etnologia. Associada à linguagem corpórea, a mística foi também aproximada da doença, já que seu caráter "extraordinário" era visto como "anormalidade" pelo olhar do positivismo científico então dominante. Mesmo a Teologia da época associou a experiência mística ao extraordinário. A reação a essa leitura vai acentuar a radicalidade existencial da experiência mística (estudos de Jean Baruzi, Bergson, Louis Massignon), ou evidenciar os aspectos filosóficos e teológicos dos textos (estudos de Maurice de la Taille, Joseph Maréchal e Dom Stolz), o que levou, segundo Certeau, a entregar à psicologia e à etnologia a linguagem simbólica do corpo.

O místico aparece então sob formas paradoxais: ou ele é associado ao anormal, ao estranho, ou ao essencial. Os fenômenos místicos ganham caráter de exceção ou de extraordinário. Os que vivem esses fenômenos os experimentam como expressões caracterizadas pelo excesso de uma presença que nunca possuem. Essas manifestações espetaculares reenviam ao que é místico, ou seja, escondido. A mística é um objeto que foge, fascina e irrita. Com ela se anuncia uma proximidade ao essencial, mas a análise crítica entra numa linguagem sobre o indizível. Para entender essa aparente contradição, é necessário voltar ao que diz o místico de sua experiência. Em geral, o que desencadeia a experiência são fenômenos extraordinários, que restam gravados na memória, sendo indissociáveis de um lugar, de um encontro ou de uma leitura, mas que não são redutíveis ao que os provocaram. No Ocidente, o que define a mística é a "descoberta de um Outro como inevitável ou essencial", e no Oriente, o despertar de uma "consciência in-fundada, sob a pressão de uma realidade que a engloba" (Certeau, 2005:331). A linguagem é renovada, e a vida é modificada. O termo Deus ou Absoluto recebe dessa experiência seu sentido sem, contudo, receber dela sua referência. Trata-se de uma alteração e de uma revelação. Segundo Certeau, "Ninguém pode dizer: 'É minha verdade' ou 'Sou eu'. O evento se impõe." Num sentido muito real, pode-se também dizer: "ele aliena". "Ele é da ordem do êxtase, ou seja, daquilo que põe para fora" exilando do eu, mais que ao eu reconduzindo (Certeau, 2005:332). Ele abre um espaço sem o qual o místico doravante não pode mais viver.

Para Certeau, o paradoxo do acontecimento místico reenvia a uma história. Aquilo que desencadeou a experiência não se reduz à sua forma inicial, pois apela a um além, que nada mais foi do que um primeiro desvelamento, mas que abriu um itinerário. A experiência se desdobra em discurso e em outros momentos o que a desencadeou. Além do acontecimento, é a história feita ou a se fazer. A experiência se difunde numa multiplicidade de relações entre a consciência e o espírito sobre todos os registros da linguagem, da ação, da memória e da criação. Na tradição oriental, é o silêncio que propaga progressivamente seus efeitos e atrai a si, uma a uma, as atividades do ser. Só é espiritual a experiência que não para num momento, por mais intenso e excepcional que seja, que não se consagra à sua procura como a de um paraíso a reencontrar e a preservar, que se perde na fixação imaginária. Ela é realista, engajada, numa via de autenticidade que começa pela relação consigo mesma e com os outros. O místico não identifica o essencial aos "fatos" que inauguraram uma percepção fundamental. Nem o êxtase, nem os estigmas, nem nada de excepcional são importantes. Ele é levado, por cada uma de suas experiências, a um aquém mais radical que se traduz num além dos momentos mais fortes. "A unidade que o puxa para dentro, o impulsiona para além, rumo a etapas ainda imprevisíveis (...)." Por isso, o místico diz: "o que eu vivi não é nada diante daquilo que vem", e "outras testemunhas faltam ao fragmento que é minha experiência" (Certeau,

2005:335). Nesse sentido, diz Certeau, cada iluminado é reconduzido ao grupo, focando-se no futuro, inscrevendo-se numa história, para dar lugar ao Outro e também aos outros. O caráter excepcional do que lhe aconteceu deixa de ser um privilégio para se tornar o indício de um lugar particular que ele ocupa no seu grupo, numa história, no mundo. A experiência recebe sua forma de um meio que a estrutura, já que ela é submetida à lei da linguagem.

A linguagem é não só a sintaxe e o vocabulário de uma língua, diz Certeau, mas também o código de reconhecimento, a organização do imaginário, as hierarquizações das instituições, suas referências doutrinais. Ela se diz em regime rural ou urbano, sendo caracterizada por épocas em que o exagero da visão provoca a atrofia do olfato, ou a hipertrofia do ouvido e do tato. Em grupos minoritários, o testemunho do místico toma a forma da verdade perseguida, e aquele que a encarna pode se tornar um mártir. Nesse sentido, a mística fala uma linguagem recebida, mesmo se o "excesso" místico não seja identificável com a estrutura histórica da qual dependem sua forma e sua possibilidade.

Apesar de inscrito na linguagem, continua Certeau, o místico recebe de seu corpo próprio a lei, o lugar e o limite de sua experiência. Nesse sentido, a oração é primeiro um discurso de gestos. O místico interpreta a música do sentido com o repertório corporal. Por isso, os estigmas, a levitação, as visões desvendam e impõem leis obscuras ao corpo, que nunca são totalmente dominadas. É nesse sentido que uma proximidade perigosa vai ligar o místico ao patológico. Entre a loucura e a verdade, os laços são enigmáticos e não constituem uma relação de necessidade. Do corpo profundo e por ele nasce o movimento que caracteriza a linguagem mística: o de confessar um essencial sob a aparência da lacuna.

Certeau evoca ainda a relação da mística com a religião. Segundo ele, as abordagens ocidentais são marcadas, queiram ou não, pelo cristianismo, caracterizando-se por um distanciamento com relação às igrejas, que é uma reação moderna e profana diante das instituições sagradas. As leituras asiáticas e africanas, por sua vez, restauram a pluralidade, fazendo aparecer as diferenças entre tradições, que podem ser classificadas segundo três tipos de critérios. O primeiro tem a ver com o tempo, que permite a distinção entre uma tradição ocidental, de origem cristã, fundada em eventos e sobre a pluralidade da história; uma tradição hindu, para a qual a mística é caracterizada pelo retorno ao Uno ou pela porosidade do mundo: a história é aberta à realidade imanente que ela recobre de aparências. Teologias diferentes correspondem a essa dupla perspectiva: a do mistério da Trindade, que estabelece entre Deus e o ser humano o corte da criação, tendo uma comunidade como forma privilegiada de manifestação; a orientada pelo sol de um Princípio único, anunciando em todo ser a difusão do Ser, e destinando cada um à não distinção última. O segundo critério é o da relação com a Escritura ou com a Voz. Por um lado, uma espiritualidade da Lei, que lança, entre a transcendência de Deus e a fidelidade do servidor, a barreira de uma "letra" a observar. Oposta a esta tendência, emerge a da mística da Voz, que estabelece uma presença que se dá em seus sinais humanos e eleva toda a comunicação inter-humana investindo-a realmente. O terceiro critério é o papel da visão (contemplação) ou da audição (palavra). A primeira acentua o conhecimento, a radicalidade do exílio, as iniciações inconscientes que liberam da consciência, a inabitação do silêncio, a comunhão espiritual, como nos gnósticos e nos místicos do eros. A segunda chama à práxis, à mensagem, à vida social e ao trabalho, ao reconhecimento do absoluto, à ética, à sabedoria e a seus intercâmbios fraternos, como na mística do ágape (Certeau, 2005:339).

O interesse pelos místicos e o fascínio que exercem ainda hoje implicam ainda, segundo Certeau, certo tipo de relação com a religião. No Ocidente, o estudo da mística é hoje menos determinado pela necessidade de se defender contra as igrejas, que, na Europa, se tornaram minoritárias. Nesse contexto, a linguagem mística é vista como o símbolo ou a metáfora de uma "Essência" escondida que a filosofia deve reconhecer ou de um "sentido da existência" a ser elucidado nos conceitos de uma sociedade que deixou de ser religiosa. Deste ponto de vista, mais que heresia, a mística é uma verdade que seria primeiro enunciada sob o modo de uma margem indizível em relação aos textos e às instituições ortodoxas, que poderia ser exumada das crenças. O estudo da mística permite então uma exegese não religiosa da religião, dando lugar a uma reintegração que liquida o passado sem perder seu sentido. Como a esfinge de outrora, diz Certeau, à mística resta o ponto de encontro de um enigma. Pode-se situá-la, mas sem classificá-la (Certeau, 2005:340).

A síntese do verbete "mística", da *Enciclopaedia Universalis*, não tem a riqueza das análises de *La fable mystique*.[1] Composta de nove capítulos, com estudos que vão do século IV ao século XVII, a obra propõe a hipótese, já apresentada no verbete analisado, de que a mística é uma experiência que traduz a inquietude pela ausência do vislumbre da Alteridade divina em uma cultura que pouco a pouco se secularizou. Essa experiência viabiliza a enunciação desta ausência e promove a constituição de uma subjetividade e a composição de uma escrita. Segundo Certeau, para os místicos cristãos, a divindade não se situa no transcendente, mas ecoa em meio ao mundo. Por isso, o diálogo e a comunhão com ela não são "capitalizáveis" ou apropriáveis em doutrinas, hierarquias institucionais e códigos de conduta. A relação com o Outro, vivenciada pelos místicos, é da ordem do paradoxo e proporciona um encontro, que é o cume de um itinerário ou uma autodesinstalação, que é novo ponto de partida, em âmbito existencial, religioso e político:

> Este livro se apresenta em nome de uma incompetência: ele é exilado daquilo que trata. A escrita que dedico aos discursos místicos de (ou sobre) a presença (de Deus) tem por estatuto "não ser" tal discurso. Ela se produz a partir deste luto, mas um luto inaceitável, tornado a doença de estar separado (...). Uma ausência faz escrever. (...) De fato, esses autores

---

1 As análises aqui apresentadas recorrem, em parte, ao estudo feito por Virgínia Buarque por ocasião da "roda de conversa" sobre *La fable mystique*, organizada em 2016, no Centro Loyola, de Belo Horizonte.

antigos introduzem em nossa atualidade a linguagem de uma "nostalgia" relativa a este outro país (...). Eles articulam assim um estranhamento de nosso próprio lugar, e, portanto, um desejo de partir (Certeau, 1982:9-10).

Certeau recorre à tradição literária da "fábula" para interpretar a experiência mística. Vinculada, até meados do século XVIII, à oralidade, por contraposição aos discursos eruditos, e carecendo de legitimidade social e política, a linguagem da fábula guarda afinidades com o desenraizamento das práticas místicas diante dos poderes estabelecidos. O jesuíta francês já havia utilizado esse termo na obra *Le christianisme éclaté*, publicada em 1974, em que falava da urgência de deslocar o discurso cristão a um "degrau zero da linguagem", para aí reencontrar algo a dizer a uma sociedade que buscava sentido e não certezas e dogmas, bem como para propor alternativas à reação violenta dos fundamentalismos. Urgia, segundo ele, produzir uma "fábula cristã" e uma "fábula evangélica" (Couchet, 2014:406). Como as antigas fábulas, o discurso místico não se fundamenta em critérios de verdade (indissociáveis de uma ontologia, pela qual uma palavra equivale a uma "coisa", ou seja, a uma dimensão do criado), mas configura-se como uma "ficção", isto é, como um imaginário de fé (um ato de crer), que torna possível o que não é apreensível. Esta experiência "ficcional" se encontra também no ato de crer cotidiano, mesmo que os sujeitos que a vivenciem não sejam necessariamente conscientes, vindo a operacionalizar (suscitar, significar, transformar) a relação do crente com Deus e o mundo:

> A *palavra*, em particular, tão ligada às tradições religiosas, foi, desde o século XVI, alterada naquilo que seus "examinadores" ou "observadores" científicos chamam, há três séculos, a *fábula*. Esta é primeiro relacionada às narrativas encarregadas de simbolizar uma sociedade e, portanto, fazem concorrência com os discursos historiográficos. Para a *Aufklärung*, se a "fábula" fala (*fari*), ela não sabe o que diz e é necessário esperar do escritor intérprete o saber do que ela diz sem saber. Ela é, portanto, posta do lado

da "ficção", e como toda ficção, supõe-se que ela camufla ou perde o sentido do qual é portadora. (...) Uma questão eleva-se então, de forma simultânea: o que *resta* da palavra, sem a qual não existe fé? (Certeau, 1982:23).

Na Introdução ao livro, Certeau propõe quatro tipos de abordagem dos textos místicos – o de suas relações com os seguintes domínios: 1) a erótica, pois compartilha com ela o desejo do outro; 2) a psicanálise, nos interditos da linguagem e dos silêncios; 3) a historiografia, na tessitura de narrativas sobre o que é vivido como ausência; 4) a fábula, que envia simultaneamente à oralidade e à ficção. Embora sem esquecer as distinções fundamentais entre essas abordagens da mística, o jesuíta francês considera que tal movimento de fronteiras torna possível um verdadeiro intercâmbio de leituras.

O livro está dividido em quatro partes. A primeira, intitulada "Um lugar para perder-se", é composta de dois capítulos, nos quais Certeau propõe uma cartografia de "lugares" sociorreligiosos (eremita, religiosas, citadinos, anjo), mas, à diferença de um mapa convencional, essa cartografia conduz o leitor a uma perda (de referências, de metas e de certezas preestabelecidas). No primeiro capítulo – "O monastério e a praça: loucuras na multidão" –, o autor aproxima a mística de uma modalidade (ou "espaço") de "loucura" (por Cristo). Ele analisa os diálogos e deslocamentos de posições suscitados pela alteração da percepção da "louca" que habitava um mosteiro egípcio no século IV ou do "idiota" que circulava pelas ruas de uma cidade no século VII, que em determinado volteio de suas trajetórias, passaram a ser reconhecidos como sujeitos de intensa religiosidade, em profunda comunhão com a divindade, e não como seres padecendo de um distúrbio psíquico. No segundo capítulo – "O Jardim: delírios e delícias de Jerônimo Bosch" –, Certeau esboça a mística pela via do espaço pictórico, com a interpretação do tríptico "Jardim das Delícias", do início do século XVI, no qual, segundo ele, a exorbitância das imagens suscita a perda do significado. Através desses dois capítulos, o autor busca demonstrar como

Michel de Certeau: A mística em diálogo com as ciências humanas. Retorno a maio de 1968

a mística provoca a quebra da representação do real como algo consolidado, abrindo veredas para uma experiência de inusitada relação com a Alteridade/alteridades, que transpassa e transcende os circuitos pré-traçados da condição humana e da história. Numa das imagens da tela, escolhida como capa da obra, dois amantes encontram-se envoltos numa bolha, nus, tocando-se sem que seu corpo a corpo produza um face a face epifânico. Um contato deve ser produzido, e se realiza pela autodesinstalação constante, pela busca de sentido em contínuas enunciações do amor.

Na segunda parte da obra, "Uma tópica", Certeau reconstitui o processo de formação da mística enquanto modalidade específica de conhecimento da divindade. Este processo, já apresentado acima, é objeto das análises propostas nesta parte. O terceiro capítulo – "A ciência nova" – apresenta esta mutação, que teve incidências sobre as instituições eclesiais e os saberes teológicos. No capítulo quatro – "Maneiras de falar" – Certeau aprofunda a constituição da teologia mística como um ramo da teologia, paralela às teologias escolástica e positiva, caracterizando-a como uma "maneira de falar", uma "prática da língua", e não uma dogmática. Ele analisa as *frases místicas* de Diego de Jesus, mostrando suas particularidades enquanto discurso místico: os excessos, as citações, as rupturas, os oxímoros, que suscitam um paradoxo semântico, um terceiro espaço de sentido, através do qual o "muito dizer" evidencia a "impossibilidade de dizer o Outro". Nesse discurso, "o problema do 'real' ou da 'verdade' (histórica, sacramental, eclesial) dilui-se diante do problema da 'relação', da 'enunciação' (...). O dizer, em primeira pessoa ('eu'), e a maneira de dizer (como) se substituem ao dito" (Le Brun, 1983:1298).

A terceira parte da obra, "A cena de enunciação", apresenta o desdobramento do que é dito na segunda parte. No capítulo cinco – "O conversar" – Certeau indica como, de mestre Eckhart a madame Guyon, os místicos operam um deslocamento performativo: por seu desejo e disposição, inscrito em seu "quero", em seu "sim", eles reelaboram sua experiência intersubjetiva – pois não se reportam apenas a si (a seu sentir, a seu almejar), mas à relação que mantêm com o Outro/com os outros. O capítulo seis – "A instituição do dizer" – interpreta o "eu" do prefácio da obra de Surin, *Ciência Experimental,* e a configuração da "alma", do início das *Moradas,* da obra de Santa Teresa d'Ávila:

> O castelo interior, descrito por Teresa, não é algo imaginário, mas um espaço aberto ao dizer, à alma, à escrita; em sentido próprio, não é nada além de um "nada", uma ficção, um sonho (...); o castelo é irrepresentável (a despeito das tentativas do século XVII e posteriores), mas permite construir uma história (Le Brun, 1983:1299).

A segunda e a terceira parte são cruciais no livro, pois abordam a relação entre a mística e a linguagem. Para Certeau, o discurso místico tem por condição a sofrida sensação de perda da Alteridade divina, perda que é tida como inaceitável e que se torna escrita. Todos os textos remetem a essa paixão, que se autoriza em si mesma. E isso ocorre porque é justamente através dessa escrita (e não antes nem depois dela) que o "Outro" se revela, e nisso o discurso místico assume o formato de um colóquio, semelhante à prece.

A quarta parte, "Figuras do selvagem", possui três capítulos. O capítulo sete – "O ilustrado esclarecido" –, é formulado a partir de uma carta de Surin sobre a conversa surpreendente que teve com um jovem analfabeto e de profunda espiritualidade, numa viagem de Rouen a Paris. O capítulo oito – "Os santinhos da Aquitânia" – aborda a atuação de jesuítas que buscaram uma reforma da Companhia e, em decorrência disso, da própria instituição católica, no início do século XVII. O capítulo nove – "Labadie, o nômade" – apresenta a singular peregrinação de Labadie, jesuíta que, no século XVII, vaga de lugar em lugar através de toda a Europa, mas também de igreja em igreja, dirigindo-se continuamente para um além, a um "não lugar", já que cada parada, se perdurasse, poderia acarretar uma "instalação de si" (em certezas, em poderes, em autorreferências).

Michel de Certeau: A mística em diálogo com as ciências humanas. Retorno a maio de 1968

Mais que um capítulo conclusivo, Certeau propõe, no final de sua obra, uma incitação ao que chama de "escutas místicas no tempo presente". O texto, intitulado "Abertura a uma poética do corpo", inicia com um poema de Catherine Pozzi, cujos ecos:

> Se fazem escutar nas paisagens históricas as mais diversas. Tradição milenar, esta poética mística passa de lugar em lugar e de idade em idade. (...) É místico aquele ou aquela que não pode parar de caminhar e que, com a certeza do que lhe falta, sabe de cada lugar e de cada objeto que não é *isso*, que não se pode residir *aqui* nem se contentar com *isso*. O desejo cria um excesso. Ele excede, passa e perde os lugares. Ele faz ir mais longe, alhures. Ele não habita em lugar nenhum. (...) Desse espírito de ir além, seduzido por uma inexpugnável origem ou fim denominado Deus, parece que subsiste, por toda parte, na cultura contemporânea, o movimento de partir sem cessar, como se, ao não mais se poder fundamentar na crença em Deus, a experiência guardasse apenas a forma e não o conteúdo da mística tradicional. (...) Desde então, este desejo não pode mais falar a alguém. Ele parece ter se tornado *infans*, privado de voz, mais solitário e perdido do que outrora, ou menos protegido e mais radical, sempre em busca de um corpo ou de um lugar poético. Ele continua, portanto, a caminhar, a se traçar em silêncio, a escrever-se (Certeau, 1982:410-411).

O livro de Certeau interpreta então diferentes manifestações da mística cristã, entendida por ele como uma experiência de errância e busca da presença da Alteridade divina. Apesar de tal busca ter-se processado desde os primórdios do monoteísmo, ela assume configurações intensas e peculiares entre os séculos XIII-XVII, pois desde então esteve associada e, ao mesmo tempo, reagiu de forma hostil à tecnicização/secularização da sociedade, adotando essa segunda perspectiva. A mística cristã do Baixo Medievo e dos tempos modernos esboça, portanto, a ambição de uma radicalidade espiritual sobre um fundo histórico visto como decadente ou corrompido. Na época moderna, ela dialoga com a racionalidade que emerge com a irrupção do sujeito moderno, mais que ficar circunscrita ao universo cultural do teocentrismo medieval. Certeau a associa, sobretudo, ao movimento teológico que surge com a *devotio moderna* e o luteranismo, do que com o que marcou as heresias medievais. Porém, quando a mística atinge seu ápice, no século XVIII, inicia-se também seu declínio. A razão desse declínio encontra-se no processo de fortalecimento das monarquias nacionais, pautadas pelo ideário da "razão de Estado", que considerou as experiências místicas como concorrenciais aos propósitos de instituição de uma ordem política centralizada. Práticas e escritos místicos são tomados como foco de resistência, logo, como uma estratégia contrária à autoridade real. Assim, ao longo do século XVII, a mística sofrerá duras perseguições, sendo suspeita de práticas de bruxaria e de ateísmo. Diante da autoridade perdida, a reação dos místicos foi a de circunscreverem suas condutas religiosas em ambientes minoritários, como os "refúgios devotos" da Europa, ou as "missões" entre os indígenas do Novo Mundo. Não obstante, esta retirada do mundo incorria em contradições, pois a vontade de dar sentido à fé terminava por confinar-se em instâncias paralelas à vida sociopolítica, ainda que o "fazer obras" fosse apregoado por místicos dos tempos modernos, como Inácio de Loyola e Teresa d'Ávila.

A partir de meados do século XVIII, a restrição da mística pelos poderes do Estado foi marcada pelo protagonismo da dinâmica do capital internacional associado à ciência e à técnica, sob o ideário do progresso e da civilização, modelo ainda vigente em nossos dias. A errância em busca do divino não desapareceu, muito pelo contrário, como mostram as experiências e escritos de Teresa de Lisieux e Simone Weil, duas autoras citadas por Certeau. A vivência mística, contudo, passou a operar sob condições culturais e religiosas totalmente distintas. As funções culturais por ela desempenhadas, sobretudo a configuração da subjetividade a partir da relação com a Alteridade divina, passaram a ser promovidas por novos saberes, ou "heterologias", ou seja, discursos sobre o outro, sentido como ausente, dentre os quais os da psicanálise, da literatura e da historiografia.

Certeau confere também atenção especial aos sujeitos que vivenciaram a experiência mística, alguns deles oriundos de regiões e categorias sociais desfavorecidas ou marginalizadas pelas mudanças socioeconômicas ou ainda arruinadas pelas guerras. Trata-se de um empobrecimento que catalisa a memória de um passado perdido, no plano da utopia e do sonho. Em meio à crise, a radicalidade religiosa oscila entre o êxtase místico e as revoltas camponesas e urbanas, em uma topografia que, contudo, não pode ser generalizada, como no caso da Inglaterra, que conheceu outro tipo de reação. Por vezes, as discriminações étnico-religiosas, como a vivida pelos "cristãos novos", foram mais decisivas do que as hierarquizações sociais. Nesse caso emblemático, o contato entre cristianismo e judaísmo fez com que o primeiro, triunfante, ocultasse e corrompesse o segundo, que, apesar de submisso, levou, no entanto, à criação de um discurso novo. Interditos em certas ordens, esses "desprezados" tornaram-se grandes espirituais entre os franciscanos (Francisco de Osuna, Diego de Estella), agostinianos (Luis de Leon), jesuítas (Laínez, Polanco, Repalda), carmelitas. O crescimento místico entre os séculos XVI e XVII aparece, em parte, como o efeito de uma presença judaica na linguagem católica.

Certeau observa ainda que os sujeitos místicos compartilham não só a dor de uma perda, mas também um estado de extrema fragilidade, como o demonstram as figuras sociais que neles aparecem: o louco, a criança, o iletrado. Esta tradição, por sua vez, expressa e desdobra a humilhação da própria tradição cristã, que vê esfacelado o sentido de cunho teocêntrico que até então ordenava a vida social. Daí que as trajetórias biográficas dos místicos, independentemente de qualquer opção político-institucional explícita de sua parte, acarretam seu deslocamento para uma situação de dissidência em relação à instituição religiosa, no tocante às suas hierarquias e poderes. O próprio Certeau o declara, remetendo a uma assertiva provinda do Concílio de Latrão, no século XIII: "Torna-se místico o que se separa da instituição" (Certeau, 1982:116). Em geral só após a morte, transcorrido um tempo de

Geraldo De Mori

reinterpretação de seus percursos e registros, alguns místicos são rea-propriados (mas de forma seletiva) pelas tradições religiosas às quais pertenciam. Para Certeau, a questão central é que, embora no decorrer de suas vidas eles não tenham buscado o isolamento institucional, apresentaram-se, diretamente ou não, voluntariamente ou não, como instância crítica de uma instituição que consideravam em decadência. Mas, ainda sob a perspectiva desses místicos, tais ruínas portam a divindade e é por isso que eles desejam então nelas estar. Sua presença deve ser uma restauração.

Da mística à ação política: retorno a maio de 1968

De historiador e intérprete da mística à ação e reflexão sobre a política, a passagem não parece evidente. Luce Giard, nas obras em que retoma textos de e sobre Certeau que tratam da relação que ele estabelece entre mística e política, observa que "nada parecia predispor Michel de Certeau a se sentir implicado pelos eventos de maio de 1968, ao ponto de acolher esta situação estranha, ainda inexplicável, com tanta emoção e assombro" (Certeau, 1994:7). Ele fora preparado para outras coisas e poderia ter "deplorado, moralizado, reprimido" tal evento, ou ter "recuado" e "ter permanecido à parte", "ocupando-se com a seriedade de seus trabalhos à espera de dias melhores" (Certeau, 1994:9). Levado por outra lógica, ele não fez nada disso. "Onde encontrou inspiração para outra atitude? Donde lhe veio a compreensão de que se tratava de algo inédito, impensado, que necessitava de respostas inéditas?" Trata-se, diz Giard, de um ato que, em seguida, ele denominou "ruptura instauradora". Ele entrou nesse caminho sem saber onde o levaria. Ele fez isso através de vários textos publicados entre junho-setembro de 1968, nas revistas *Études* e *Esprit*, onde buscava ultrapassar as narrativas imediatas dos eventos, ampliando o campo da interrogação. Sua reação, observa ainda Giard, não foi "nem a consequência de uma retomada de si após o acontecido, nem uma atitude para se explicar diante de seu

Michel de Certeau: A mística em diálogo com as ciências humanas. Retorno a maio de 1968

público" (Certeau, 1994:10). Ela se deve a três razões, que são apresentadas por Luce Giard.

A primeira razão, diz Giard, tem a ver com a história do cristianismo e dos autores místicos dos séculos XVI e XVII, que tinham sido o objeto das pesquisas de Certeau enquanto historiador. Os textos desses autores tinham sido analisados por ele a partir de um "sujeito enunciador e de seus processos de enunciação (um estilo, 'maneiras de dizer')". O jesuíta francês também havia visto os místicos e seus textos como um "momento", "num contexto sociopolítico no qual um grupo, uma rede de afinidades exprimiam uma inquietude, uma esperança", inventando uma "maneira de ser e de crer". Ele havia descoberto nos místicos "essa 'força dos fracos' pela qual alguém se torna capaz de resistir à violência dos fortes". Esses "recursos infinitos de uma resistência silenciosa, e às vezes desesperada", ele os via em ação nos "cristãos sem Igreja do século XVII", nos "ameríndios destruídos pelo colonizador desde o Renascimento" ou no "homem sem qualidade", "submerso pelo consumo de massa no segredo de seus sonhos" (Certeau, 1994:10).

A segunda razão, continua Giard, tem a ver com o fato de ele pertencer à geração dos pais dos estudantes que saíam às ruas em protesto em maio de 1968. Ele podia ir ao encontro de tais jovens porque, pelo celibato, havia livremente consentido em ser "pai sem filhos", o que o levava a guardar extremo respeito diante da liberdade de seu interlocutor. Sua geração, continua Giard, tinha sido marcada pelo "medo, a vergonha e a desordem", pois seus pais tinham se submetido ao ocupante nazista e compactuado com ele (Certeau, 1994:11). Não havia então motivo para "obedecer aos pais". Por isso, ele acreditava no "trabalho de emancipação que cada um deveria realizar sobre si, por sua própria conta, na solidão", atualizando a "ética que deveria governar a vida, na ordem do visível e do invisível", tornando-se "capaz de tomar parte da responsabilidade na edificação do corpo social". Ele não pedia a ninguém para ser herói ou vítima, mas a quem devia "pronunciar uma palavra de autoridade", ele pedia para ser consciente de o fazer com "pudor e respeito pela liberdade e o sofrimento do outro em cada um de seus atos" (Certeau, 1994:12). Este trabalho de emancipação supunha, às vezes, uma ruptura sem retorno, que não era negação ou ingratidão, pois cada um está "em dívida" com relação ao outro. A construção da autonomia supõe colocar-se à distância do recebido da tradição, do meio e da família.

A terceira razão tem a ver com uma conjunção de circunstâncias pessoais: morte da irmã caçula (1966) e da mãe, num acidente, no qual ele perdeu a visão de um olho (1967); crise na revista *Christus*, da qual ele era o editor adjunto; início da colaboração na revista *Études* (1967); conclusão dos estudos sobre a correspondência de Surin, que o havia levado a desejar novos cruzamentos entre história, teologia e psicanálise; viagens à América do Sul (Brasil e Chile), que o colocaram em contato com intelectuais e grupos engajados com vários processos sociais, religiosos e políticos. Segundo Giard, sem saber, ele "seguiu, entre 1965 e o começo de 1968, um ciclo completo de aprendizagem. Ele aprendeu a explorar estas zonas sensíveis, esses 'lugares de trânsito' (...) onde se buscam questões inéditas, onde se inventam improváveis respostas" (Certeau, 1994:14). Mesmo sem fazer trabalho de análise política, observa Giard, Certeau "levou a sério os engajamentos políticos de seus contemporâneos, respeitou os militantes ao serviço de um projeto de sociedade (...) leu de perto (...) muitos textos de Marx" (Certeau, 1994:15). Alguns termos e temas que aparecem em seus textos sobre a política também se encontram em seus estudos sobre a historiografia, a mística e a cultura. Isso significa, segundo Giard, que eles pertencem à arquitetura conceitual que subentende o movimento do pensamento de Certeau. Dentre esses termos/temas, ela destaca três: a linguagem, a diferença, os lugares.

O primeiro termo/tema, que perpassa toda a sua obra, é a questão da palavra, de sua eflorescência, de sua livre circulação no corpo social, seja na forma oral, seja na forma escrita. No resumo que Certeau propõe dos acontecimentos de maio de 1968, ele observa:

Viu-se explodir de todas as partes, sob a forma do lirismo, dessas palavras indefinidas, uma apologia do afogamento na palavra comum, o que, no fundo, era uma espécie de experiência neutra, mas de veracidade de cada um pelo fato de se encontrar num tecido de linguagem, de palavra (Certeau, 1969:204-205).

A palavra, diz Giard, retomando Certeau de *L'invention du quotidien*, "é o que permite entrar no concerto da voz em que se confrontam, se contradizem e se completam verdades parciais, contraditórias ou incoativas". Ela é o meio de elaboração, seguido do desdobramento da veracidade, "aquilo do qual cada um alimenta o corpo social", o "fluxo que o irriga e o torna vivo". Nela se "dizem as relações de forças, se imitam os conflitos, se insinua a astúcia do fraco e se ganha um espaço de liberdade" (Certeau, 1994: 6).

O segundo termo/tema é o da diferença. Certeau encontrava no plural da diversidade o que assegura a vitalidade e a força de invenção de uma sociedade. Ele sabia, porém, que cada grupo social teme a vizinhança de pessoas diferentes e tende a rejeitar o estrangeiro para proteger sua própria coerência. O principal objetivo do trabalho político para Certeau era o de realizar uma espécie de unidade plural, a "união na diferença", a única suscetível de tornar suportáveis, umas às outras, diferenças fortes. Sua estadia nos Estados Unidos, observa Giard, o preveniu contra o "perigo que pode nascer de uma pertença às minorias, mantidas e reivindicadas". Embora busque proteger uma identidade cultural e social, garantindo a transmissão de uma herança, esta pertença pode, segundo Certeau, "conduzir ao fechamento das minorias em guetos, alimentar estereótipos sobre a representação de cada uma, endossar uma partilha de papéis e responsabilidades, e acabar por matar a tradição, que, enrijecida, não mais se alimenta das forças vivas da sociedade", mas se torna o "meio dissimulado de uma estigmatização ou o conservatório de todas as nostalgias" (Certeau, 1994:17). Para Giard, esta questão atravessa a obra de Certeau.

O terceiro termo/tema é o "dos lugares: reais ou simbólicos, públicos ou privados, cuja geografia movediça desenha as figuras sucessivas de uma sociedade". Todos os tipos de lugares interessavam a Certeau: "instituições e meios sociais, grupos por afinidade ou por pertença, lugares de militância ou de debate". Ele via neles pontuações do corpo social, ou seja, "lugares de sentido e de intelecção". Com efeito, cada um tem primeiro a necessidade de enunciar a identidade, a particularidade do lugar onde se encontra. O lugar é necessário para que haja partida. Lugar e partida são relativos um ao outro, pois é "a distanciação que permite reconhecer à localização inicial seu fechamento, e é este campo fechado que torna possível uma nova investigação" (Certeau, 1994:18). A negação da particularidade do lugar é o princípio da ideologia. Por isso, a reflexão sobre o lugar não é nem segunda nem secundária, mas peça central de fundação do ato de conhecimento.

A pertença a uma tradição, a uma geração e o concurso de circunstâncias relacionado à sua vida pessoal deram a Certeau os instrumentos de elucidação que asseguraram sua atenção à palavra, às diferenças e ao plural dos lugares captados em sua particularidade, habilitando-o a compreender o que ocorreu em maio de 1968. Os artigos que então redigiu não narram os acontecimentos nem tecem juízo sobre os mesmos, mas buscam uma elucidação política do que se passava nas ruas. A confusão que aí imperava, diz Giard, correspondia à das inteligências: do aparelho de estado, dos partidos políticos e dos sindicatos. Daí a primeira constatação de Certeau: "é preciso retornar a essa 'coisa' que irrompeu e compreender o que o imprevisível nos ensinou de nós mesmos, ou seja, o que, desde então, nos tornamos" (Certeau, 1994:30). A tomada da palavra pôs em cena o ato de dizer mais que a articulação de um dito. Daí a impossibilidade de identificá-la com reivindicações determinadas e lugares sociais, como também de conhecer seus atores e condutores, pois ela designava o que de fundamental faltava nas instituições, nas representações, e não se sabia como dizer. Urgia um trabalho de elucidação que era ao mesmo tempo histórico e político, pois é preciso associar o agir, o dizer e o compreender.

Como acima foi dito, os textos de Certeau sobre maio de 1968 saíram inicialmente nas revistas *Études* e *Esprit*. Em outubro de 1968 ele reuniu esses textos ("Prendre la parole"; "Le pouvoir de parler"; "Le fonctionnement social du savoir") na obra *La prise de parole*, acrescentando mais dois ("Une révolution symbolique"; "Pour une nouvelle culture") e um apêndice ("Appendice: bibliographie de mai 68"). Em 1994, Giard reeditou esses textos numa obra com o mesmo título, ao qual acrescentou, "Et autres écrits politiques". Na nova edição, o capítulo "Le fonctionnement social du savoir" foi suprimido, por ter sido publicado por Certeau, em 1974, na obra *La culture au pluriel*. A edição de Giard acrescenta aos textos da obra inicial outros trabalhos de Certeau sobre questões relacionadas à política. A análise que segue retomará somente alguns elementos de sua reflexão sobre maio de 1968.

O texto com o qual Certeau inaugura sua entrada no debate político, "Prendre la parole", começa com uma frase que o tornou célebre: "Em maio último, tomou-se a palavra como se tomou a Bastilha em 1789" (Certeau, 1968:27). A diferença entre as duas tomadas, diz ele, é que hoje "é a palavra prisioneira que foi liberada". Este ato representa a afirmação de um novo direito, idêntico ao direito de ser humano, e não apenas um "cliente consumidor ou um instrumento útil à organização anônima de uma sociedade" (Certeau, 1968:27). O direito à fala nas assembleias, continua o jesuíta francês, era reconhecido a quem falava em nome próprio, não por função ou representação de um grupo. Uma espécie de festa transformou interiormente aqueles dias de crise e de violência. "Algo nos aconteceu", prossegue Certeau, "algo que emergiu não se sabe de onde", produzindo o inaudito: "nós nos pusemos a falar. E parecia que era a primeira vez. De todos os lugares saíam tesouros, adormecidos ou tácitos, de experiências nunca ditas" (Certeau, 1968:28). Por detrás do caos que se instaurou, "uma vida insuspeitada surgia". A tomada da palavra é certamente uma rejeição. Ela é protesto. Sua fragilidade é se exprimir pela contestação, testemunhar pelo negativo. Talvez seja sua grandeza também. No fundo, ela consiste em dizer:

"Eu não sou uma coisa." Um ato de autonomia se esconde por detrás daquele que nega as normas ou as instituições. Esse direito novo, o de falar, é uma escolha que, por um lado, funda a experiência da democracia direta, a permanência da contestação, a necessidade de um pensamento crítico, a legitimidade de uma participação criativa e responsável para todos, a reivindicação da autonomia e da autogestão, a festa da liberdade. Por outro lado, esse direito rejeita o saber cujo aprendizado torna seus detentores instrumentos de um sistema, as instituições que se utilizam de seus membros para suas causas, a autoridade que impõe sua linguagem e censura o não conformismo.

Por detrás de tudo isso, porém, observa Certeau, há algo mais radical, um fato positivo, um estilo de experiência, que ele classifica como criadora ou poética. De fato, uma "multidão se tornou poética". Escondida, talvez, até aquele momento, a palavra explodiu nas relações que a tornaram possível e que ela se deu. Ela fez com que fossem discutidas "coisas essenciais, da sociedade, da felicidade, do saber, da arte, da política". A palavra se "difundia como fogo, imensa terapêutica alimentada do que ela livrava", ela abria a cada um os debates que ultrapassavam as barreiras do especialista e dos meios sociais, mudando os meros espectadores em atores, o face a face em diálogo (Certeau, 1968:31).

Esta breve descrição da experiência da liberação da palavra é seguida de uma reflexão sobre seu significado. O que foi vivido, diz Certeau, "não pode se perder". A tarefa de pensar o que aconteceu é imperativa, pois ela se encontra no próprio fato, na medida em que nele se revela uma incapacidade de proporcionar uma ação coerente à experiência que foi feita. De fato, continua o autor, o que foi vivido positivamente só foi enunciado negativamente. A experiência era a da tomada da palavra. O que foi dito, porém, foi uma contestação, que, ao recusar o sistema inteiro, não podia ser traída por outra organização existente, por um procedimento político ou por uma renovação da instituição. O vivido teve impacto político e cultural. Certeau se pergunta se ao formular a consciência que tem de si mesma, a reflexão sobre maio de

Michel de Certeau: A mística em diálogo com as ciências humanas. Retorno a maio de 1968

1968 será capaz de dar seguimento à experiência vivida, estimulando uma ação, deslocando a linguagem comum, ou, pelo contrário, se não se reduzirá às ideias anteriores, recuperado por um passado já pensado, alienado pelas ciências humanas (Certeau, 1968:37). A novidade, diz ele, permanece opaca, inapreensível, indizível, pois tem a forma de uma emergência inesperada. Na ausência de determinação de uma nova mentalidade, ela se exprime por regressão a uma situação antiga, que a defende da ordem reinante, ou por uma marginalização. Logo após o acontecimento, continua o jesuíta francês, "assiste-se a uma vasta operação para reintegrar o 'aberrante' (que era o acontecimento) nos sistemas já elaborados" (Certeau, 1968:39).

Não podemos nos contentar, observa Certeau, com a forma primeira que toma a contestação quando ela é contada. É preciso se perguntar se o ato de tomar a palavra não deve se tornar o "princípio constituinte de uma sociedade". Quando a "exceção toma o peso de uma regra, o acidente significa o universal". Trata-se então de uma "questão subversiva. O sistema é posto em causa" (Certeau, 1968:42). O pensamento conformista espera que o problema seja resolvido quantitativamente, ou seja, através de uma maioria. Um acontecimento não é, porém, o que se sabe dele, mas o que ele se torna. Para muitos, maio de 1968 foi um acontecimento inaugurador e revelador. Mas essa afirmação, diz Certeau, não é suficiente, pois ela é da ordem da crônica ou da biografia. Na verdade, maio de 1968 tem a ver com a teoria: "num sistema social, uma relação de forças deve desenhar a via de sua mutação" (Certeau, 1968:44). Esta lição já estava inscrita no caráter simbólico do que aconteceu. Maio de 1968' toca nossas concepções da sociedade em todas as suas formas, pois tem a ver com toda situação onde a relação com os outros se efetua no campo de uma linguagem comum, que é afetada do sentido particular dos parceiros em posição de força.

No segundo texto sobre maio de 1968, "Le pouvoir de parler", Certeau analisa o que ocorreu quando, à "tomada da palavra" se seguiu sua "retomada" ou o "retorno à ordem". Para ele, a acusação e a defesa das instituições apresentam um mesmo sintoma: "a dissociação entre o poder e a linguagem". Por um lado, diz ele, o movimento de maio se desarticulou em dois elementos: a "violência e o canto", "a ação política e a revisão das expressões institucionais". Por outro lado, a defesa da ordem desvendou, por detrás das instituições e de suas doutrinas, uma força de repressão aparentemente sem relação entre elas (Certeau, 1968:62). O que se seguiu entre 13 de maio e 16 de junho ("libertação" da Sorbonne pelos estudantes e sua reocupação pelas forças da ordem) lembra esta lei da existência: ou nos tornamos sujeitos políticos de uma organização, através do poder de falar, ou nos tornamos objetos de etnologia. Quem não sabe ou não pode guardar a palavra é reduzido a marginal e obrigado a voltar à sua história primitiva, só existindo através daquilo que se diz a seu respeito, como acontece com muitos povos indígenas ou grupos marginais nas sociedades contemporâneas.

Nesse sentido, a volta à ordem pode produzir um duplo efeito: o de ser reconduzido "a um passado que faria do mês de maio de 1968 a lenda de um paraíso perdido", ou o de transformar este passado em objeto de literatura. Certeau se pergunta, porém, se quem viveu os acontecimentos de maio de 1968 saberá tirar deles a lição política e cultural que encerram. Segundo ele, o "momento de passagem entre a tomada da palavra e a palavra retomada é o lugar de uma decisão" (Certeau, 1968:70). Contudo, "a contestação e a ordem estabelecidas quiseram fazer a lei", mas, na verdade, o que aconteceu é que elas sofreram uma lei contrária: "liberada", a palavra se fez retomar; "repressiva", a instituição confessa a desordem que ela quer censurar" (Certeau, 1968:79). Certeau se pergunta qual é a lei que desloca sub-repticiamente as vontades explícitas. Trata-se, diz ele, da lei de uma "desordem" que atinge a própria organização de uma sociedade. Haveria antinomia entre a organização social, que exprime uma vontade de sobrevivência, e a impotência que confessam as manifestações em nome de um direito à palavra? A solução não se encontra fora do sistema, diz ele, mas em organizá-lo de outra forma. Na teoria, trata-se de rejeitar a escolha entre

Michel de Certeau: A mística em diálogo com as ciências humanas. Retorno a maio de 1968

história e estrutura, e na prática, entre o "movimento" de maio e a "ordem" de junho. Trata-se de uma ordem diferente (Certeau, 1968:81).

No último texto que compõe a obra de 1968, "Pour une nouvelle culture", Certeau reflete sobre a passagem da palavra ao escrito, ou seja, como o acontecimento de maio de 68 tornou-se objeto da indústria editorial. A questão, diz ele, é "saber se e como o acontecimento resistiu aos sistemas (...) que o precederam", ou seja, "se ele os modificou, ou se, ao contrário, foi explicado e recuperado pelos saberes anteriores" (Certeau, 1968:126). A "passagem da ordem ao acontecimento, continua o autor, é tarefa ao mesmo tempo política e teórica" (Certeau, 1968:127). Pode-se, por isso, dizer que "cada interpretação, pelo próprio fato de 'compreender' o acontecimento, caracteriza o que ela tolera e o que ela exclui". Ao se situar frente aos interlocutores futuros, um texto fixa antecipadamente um lugar às eventuais contestações. "Sob a forma de um discurso que estabelece uma relação com o heterogêneo passado, o livro contém, nele, o anúncio da reação que o autor pretende ter com o que lhe resta ainda exterior e parcialmente imprevisível" (Certeau, 1968:128).

O primeiro texto que compõe a obra de Certeau, "Une révolution symbolique", também tem em conta a passagem do acontecimento à interpretação. Para além do fracasso da revolução de maio de 1968, diz o autor, há algo que não se pode eliminar. Esquecer simplesmente o que ocorreu é fazer uma escolha, considerando a ordem, verdade, e a revolução de maio de 1968, ilusão. "As manifestações criaram uma rede de símbolos ao tomarem os sinais de uma sociedade para inverter-lhes o sentido." A palavra, tornada um lugar simbólico, designa o espaço criado pela distância que separa os representados e suas representações. Ela é "o essencial e o nada". Ao denunciar uma ausência, ela reenvia a um "trabalho" a ser feito. Ela é uma "ação simbólica, reveladora de uma tarefa que interessa hoje a totalidade do nosso sistema" (Certeau, 1968:17). A tomada da palavra abre um processo da linguagem e apela a uma revisão global do sistema cultural.

A retomada dos grandes eixos da leitura de Michel de Certeau sobre a mística e o impacto desta leitura sobre sua interpretação do maio de 1968 anteciparam, sob muitos pontos de vista, algumas das perspectivas que dominam a compreensão desta relação em vários campos do saber desde então. De fato, os estudos sobre a mística têm conhecido grande interesse nas últimas décadas, no Brasil e em muitos outros lugares. Em países mais secularizados, o recorte proposto pelo jesuíta francês tem se confirmado. Não só a mística é circunscrita ao "marginal", ao "bizarro", ao "estranho", ou, pelo contrário, ao "essencial", não se circunscrevendo apenas ao âmbito das religiões, já que muitos autores que se consideram agnósticos advogam uma mística sem Deus ou a-religiosa, associando-a ao desejo, ou a um sempre de novo estar em saída, em busca. Nesses países, cresceu o interesse pela mística oriental. Os desdobramentos da mística na vida social e política continuam discretos nas sociedades secularizadas, embora a presença crescente do islã em tais sociedades tenha suscitado muitas aproximações e pesquisas sobre a mística islâmica.

O Brasil, embora seja fortemente determinado pela cultura ocidental, que mais sofreu o impacto da secularização, continua profundamente religioso. Alguns dos estudos sobre a mística elaborados no país pelas ciências sociais na década de 1960 tinham como referência as experiências do transe das religiões afro-brasileiras e no espiritismo kardecista. Sob este ponto de vista, trata-se de um interesse por uma experiência tida como "marginal". Essa tendência ainda se encontra em muitos estudos sobre o fenômeno pentecostal nos dias atuais, ou sobre experiências religiosas relacionadas com as culturas indígenas, como as do Santo Daime. As ciências da religião e a Teologia têm se interessado também pela mística das grandes religiões, como o hinduísmo, o budismo, o islamismo, o judaísmo e o cristianismo, como mostram os grupos e projetos de pesquisa associados aos programas de ciências da religião da PUCSP, PUC-Minas, UFJF, UFS, e o de Teologia da PUC-Rio. A relação entre mística e política interessou, sobretudo, à Teologia da Libertação, que nos últimos anos ampliou sua reflexão, abrindo-se às espiritualidades dos povos originários da América Latina, às espiritualidades afrodescendentes, e às espiritualidades ecológicas.

A palavra, a diferença e a atenção aos lugares, que tanto marcaram Certeau, habilitando-o a ser um intérprete autorizado dos acontecimentos do maio de 1968 francês, constituem termos/temas de grande atualidade e relevância para pensar a relação entre mística e política nos dias atuais. As manifestações de junho de 2013, no Brasil, que se desdobraram no processo que levou ao impeachment de Dilma Roussef, em 2016, e deram origem ao movimento que culminou na eleição de Bolsonaro em 2018, com o apoio massivo de muitos grupos religiosos pentecostais e católicos, são a prova viva da importância de levar a sério a tarefa de se pensar hoje a relação entre mística e política. Com raras exceções, e em grande parte sob a marca da narrativa dos acontecimentos, a Teologia pouco refletiu sobre as manifestações de junho de 2013 no Brasil. Mais do que nunca ela deverá debruçar-se nos anos que vêm sobre a nova fase na qual o país ingressa. Para isso, certamente, uma atenção à palavra, à diferença e aos lugares será fundamental.

Referências bibliográficas

CERTEAU, Michel de. *La prise de parole*. Paris: Desclée de Brouwer, 1968.

_____. *La fable mystique. XVI-XVIII siècle*. Paris: Gallimard, 1982.

_____. *La faiblesse de croire*. Paris: Esprit/Seuil, 1987.

_____. *La prise de parole et autres écrits politiques*. Paris: Seuil, 1994.

_____. *Le lieu de l'autre. Histoire religieuse et mystique*. Paris: Gallimard/ Seuil, 2005.

CERTEAU, Michel de. In: DAMIAN, Jean. Michel (org.). *Regards sur une revolte. Que faisaient-ils en avril?* Paris: Desclé de Brouwer, 1969.

DOSSE, François. *Michel de Certeau: le marcheur blessé*. Paris: La découverte, 2002.

GIARD, Luce. *Michel de Certeau: le voyage de l'oeuvre*. Paris: Facultés Jésuites, 2017.

Geraldo De Mori

GIARD, Luce; MARTIN, Hervé; REVEL, Jacques. *Histoire, mystique et politique*. Michel de Certeau. Paris: Jérôme Millon, 1991.

HARTOG, François. (org.). *A História de Homero a Santo Agostinho*. Belo Horizonte: UFMG, 2001.

LE BRUN, Jean. Michel de Certeau, La Fable Mystique. XVIe.-XVII Siècle. *Annales Économies, Sociétés, Civilisations*. Paris, v.38, n.6, p.1297-1301, 1983.

178

9 Mística em desassossego:
Entre cores e cinzas

Antônio Geraldo Cantarela
Pontifícia Universidade Católica de Minas Gerais

> Como outros podem ler trechos da Bíblia, leio-os deste
> *Livro do desassossego*.
> Tenho a vantagem do repouso e da falta de devoção.
> (Parodiando Fernando Pessoa)

Nomes de cores e outros termos que se podem associar ao mundo da pintura aparecem quase quinhentas vezes no *Livro do desassossego* – a obra inacabada de Fernando Pessoa. Em variados tons, matizes e misturas, as cores e outros elementos do âmbito da pintura são utilizados para tecer criativas combinações linguísticas, dando origem a substantivos compostos, adjetivos e verbos com significado e função inusitados. Para além do colorido configurado nas classes gramaticais, a paleta literária de Pessoa desenha um leque que vai da descrição atenta das cores de um pôr do sol à metaforização da vida como quadro. Na atenção às cores irrequietas da obra do poeta, apontam-se correlações entre as cores e cinzas do mundo e as de nossa "paisagem interior".

Nossa leitura propõe-se a destacar algumas construções poéticas do *Livro do desassossego*, pautando-se pela pergunta: poderíamos, a partir da obra, falar de uma mística das cores? Obviamente, não se pretende atribuir ao poeta português os traços de um místico, do mesmo modo como se pode fazer em relação a João da Cruz ou a Teresa de Ávila. Não se pode olvidar que a obra em prosa de Fernando Pessoa traz razoável volume de considerações sobre religião. Na voz de um ou de outro heterônimo, trata de ocultismo, horóscopo, mediunidade. Define religião. Justifica o fenômeno religioso. Estabelece correlações entre religião e ciência. Discute o caráter viciado dos argumentos relativos ao problema da existência de Deus. "A religião é uma metafísica recreativa", brinca o heterônimo Ricardo Reis.

Em que pese o grande interesse de Pessoa pelo fato religioso, ele não pode ser propriamente colocado no rol dos místicos. Tampouco está em jogo perguntar sobre possíveis opções religiosas do poeta, no sentido de dispor seus textos sobre religião na mesma prateleira dos discursos da fé. Permanece assim a questão: como falar de mística a partir da obra de um poeta que não pode, em linha de princípio, ser arrolado entre os místicos? Para transpor o impasse, apelamos ao teólogo Paul Tillich.

Paul Tillich, numa perspectiva teológica desmesuradamente aberta, identifica a "preocupação última" com o dado fundamental e primeiro do âmbito das sacralidades e dos discursos religiosos. Para ele, "o sagrado é a qualidade daquilo que preocupa o ser humano de forma última. Só aquilo que é sagrado pode dar ao ser humano uma preocupação última, e só aquilo que confere ao ser humano uma preocupação última possui a qualidade de santidade" (Tillich, 2005:223). A partir desse fundamento, Tillich estabelece o primeiro critério formal da Teologia: "O objeto da Teologia é aquilo que nos preocupa de forma última. Só são teológicas aquelas proposições que tratam de seu objeto na medida em que ele pode se tornar questão de preocupação última para nós" (Tillich, 2005:30).

Sustentados em tais pressupostos, podemos inferir que o fazer literário de Fernando Pessoa, enquanto tarefa poética que a um só tempo brinca com palavras e questiona seu próprio tempo, concretiza-se como preocupação última de um homem profundamente envolvido e marcado pelas tensões do momento histórico em que viveu. A obra, claramente crítica e inquietante, que nasce de seus criativos e inigualáveis jogos de fingimento poético, certamente pode ser acolhida por um viés de leitura que a aproxima da mística.

A inferência expressa acima diz respeito à obra do poeta português em seu conjunto. Entretanto, não tomaremos aqui caminho tão longo. Nossa leitura limita-se a destacar alguns excertos do *Livro do desassossego* que fazem referência a cores. A perspectiva de leitura escolhida se sustentará, em suas linhas gerais, na consideração da cor enquanto linguagem da cultura, particularmente naquelas expressões que podem ser compreendidas como abertura ao mistério do mundo e da existência, como "preocupação última".

Faremos o percurso em três momentos:a) Primeiramente, teceremos algumas considerações gerais sobre o simbolismo das cores, enquanto construção cultural, particularmente na sua relação com a linguagem da religião; b) Em seguida, destacaremos aspectos formais de excertos do *Livro do desassossego*, relacionados a nomes de cores, com o objetivo de afirmar que a obra literária porta um valor de transcendência que vai além dos valores existenciais manifestos pelo conteúdo da obra;c) Em terceiro lugar, sublinharemos algumas correlações que o *Livro* estabelece entre as cores da natureza e do mundo e as de nossa paisagem interior, em busca de uma mística que compreende a obra poética como espaço de inscrição da vida.

Dos mistérios da fé e suas cores

"Deus disse: 'Haja luz', e houve luz. Deus viu que a luz era boa, e Deus separou a luz e as trevas" (*Gênesis* 1:3-4). Bastaria apelar a esses primeiríssimos versículos da Bíblia para fundamentar a afirmação de que as cores – "paixões da luz", conforme expressão de Goethe – têm a ver com religião. No mesmo livro do *Gênesis*, algumas páginas adiante, ao final da narrativa do dilúvio (9:8-17), em sinal de paz com a humanidade, Deus dependura no céu seu arco de guerra: o arco-íris. "Porei meu arco na nuvem e ele se tornará um sinal da aliança entre mim e a terra" (*Gênesis* 9:13). E quem não se lembraria dos quatro cavaleiros do livro bíblico do Apocalipse (6:1-8), com suas cores características?

Vejamos mais algumas cenas, agora fora da Bíblia, nas quais se podem sublinhar o tema das cores e sua relação com a religião. Quem não se lembra do popular "Mãezinha do céu", cantado pela geração de nossos pais, por ocasião das festas de Primeira Comunhão e de coroação de Nossa Senhora? A música atravessou as décadas e pode ser ouvida ainda hoje em inúmeras gravações na Internet. Dentre os versos de louvor a Maria, alguns falam da cor do véu e do manto: "Azul é teu manto, branco é teu véu, mãezinha eu quero te ver lá no céu."

No Candomblé, o Orixá Oxumarê é representado por uma serpente de ferro e um arco-íris. Ele mora no céu e viaja através do arco-íris para a Terra. Associa-se a tudo o que tem a ver com abundância e prosperidade. As representações de Oxumarê se apresentam, por razão que se pode inferir com facilidade, muito ricas e coloridas. Há sites especializados em explicar e comentar as cores presentes nas roupas, velas, fitas e até comidas com que se cultuam os Orixás.

Uma cena de matiz oriental: certa senhora da sociedade mudou radicalmente a decoração da casa, trocou alguns móveis por outros de outras cores, os dispôs de modo diverso do que era anteriormente. Motivo? Ao aplicar o Baguá do Feng Shui ("ciência" de origem filosófica taoísta) em sua residência, o diagrama indicou que algumas cores e posição de móveis não eram adequadas para o ambiente. A propósito, há arquitetos e designers de interiores que não abrem as ferramentas de desenho de seu computador sem ter já aberta ao lado uma aba com o Feng Shui.

Poderíamos multiplicar as cenas em que as cores se associam aos variados sistemas de crenças e tradições religiosas. Não é o nosso foco. As três ou quatro cenas acima servem apenas para afirmar que, na possibilidade humana de ver a cor, entra em ação uma atividade imaginativa. Seguimos aqui Goethe, em sua *Doutrina das cores* (1810). Contra

Newton, que se limitou a ver as cores como um fenômeno intrínseco à luz, Goethe compreende as cores como "ações e paixões da luz" (Goethe, 1979:5). As cores se associam a múltiplas experiências de emoções e paixões, diz Goethe. Sobre esse pressuposto fundamental, também as cores dos deuses se lerão como constructo cultural. Entretanto, vejamos como se dá tal construção.

Enquanto fenômeno físico-ótico, as cores se dão como pura presença. Antes de serem filtradas pela mediação da linguagem – ganhando nomes, associando-se por analogia a outros fenômenos, alcançando a condição de representar simbolicamente outras realidades – as cores constituem-se apenas fenômeno da natureza, captado de forma desigual por homens e animais. Assim, afirmam os biólogos, os cães enxergam cores num espectro que combina amarelo, cinza e azul. Segundo pesquisas, as abelhas distinguem tonalidades de amarelo e de violeta que o olhar humano não logra alcançar. E nós, humanos, nos damos por satisfeitos com a diversidade de cores oferecida pelo arco-íris.

O funcionamento dos códigos biofísicos relativos à visão pode, pois, variar entre as espécies. A recepção motora da informação visual, a transmissão da informação cromática, a estrutura e a construção neurológica da cor, ainda que em linha de princípio participem de processos semelhantes entre as diversas espécies, não funcionam, entretanto, do mesmíssimo modo (Guimarães, s.d.). Para nós, humanos, já no nível primeiro da pura sensação da cor, ela se torna signo. Assim, a claridade e a cor azul do céu já se tornam para nós significativas, ainda que tenhamos dificuldade em trazer à tona da linguagem verbal as sensações provocadas pela "azulidade" do céu.

Num nível um pouco mais sofisticado, a linguagem humana mostra-se capaz de construir analogias, tecendo ligamentos entre as cores e outras experiências humanas. Assim, não parece difícil associar o vermelho à experiência da violência e da guerra. A propósito, vermelho ou escarlate é a cor de um dos quatro cavaleiros do Apocalipse (6:1-8) – de fato o livro fala da cor do cavalo e não do cavaleiro. O quarto cavaleiro do Apocalipse vem montado num cavalo que tem a cor "chlorós" (em grego) – traduzida em português ora por amarelo, ora por verde. Trata-se, de qualquer modo, da cor esverdeada, própria do defunto. Esse cavalo e seu cavaleiro representam, por analogia, a fragilidade da vida e a morte.

Para além do nível das analogias – ainda que algumas vezes construída a partir delas –, a associação entre as cores e as vivências humanas alcança o nível do simbólico. No nível simbólico, o referente da cor é sempre uma convenção, pedindo para isso a interação com o leitor, o interpretante. No âmbito religioso, o simbolismo das cores exige a intencionalidade crente, cuja visada estabelece as conexões entre a imagem com suas cores e o que ela porta como símbolo. De outra forma, como explicar a menção à cor verde, em vários versículos do Alcorão, como a cor da roupa do paraíso?

Referindo-se às cores das vestes sagradas, no contexto da liturgia católica, a *Instrução Geral do Missal Romano* reza: "A diversidade de cores das vestes sagradas tem por finalidade exprimir externamente, de modo mais eficaz, por um lado, o caráter peculiar dos mistérios da fé que celebram e, por outro, o sentido progressivo da vida cristã ao longo do ano litúrgico" (*Instrução Geral do Missal Romano*, n.345). Por analogia, certamente a cor vermelha será usada no domingo da Paixão, na Sexta-Feira Santa, na festa de Pentecostes (associada ao fogo) e nas celebrações dos mártires. Mas, o que tem a ver o roxo com o tempo do Advento e com o tempo da Quaresma, senão por convenção arbitrária?

A evidência de que a dimensão simbólica das cores litúrgicas advém de convenção pode ser buscada na mesma supracitada *Instrução*. Após detalhar o "uso tradicional" das cores das vestes litúrgicas – oriundo de uma convenção histórica, portanto –, o documento abre perspectiva para que as Conferências Episcopais possam, "no que respeite às cores litúrgicas, determinar e propor à Sé Apostólica as adaptações que entenderem mais conformes com as necessidades e a mentalidade dos povos" (*Instrução Geral do Missal Romano*, n.346). O documento deixa entrever que, ao fim e ao cabo, ainda que no bojo de uma tradição, é a visada do crente que constrói e perpetua a dimensão simbólica das cores. Assim, no nível do simbólico, as cores portam e representam – tornam de algum modo presente – alguma dose da realidade dos mistérios da fé aos quais, por convenção, se uniram.

A cor se fez verbo... e substantivo, adjetivo, advérbio

Destacados aspectos gerais sobre o simbolismo das cores, particularmente em relação à linguagem da religião, passemos agora ao *Livro do desassossego*. Trata-se, neste segundo momento, de destacar aspectos formais presentes no *Livro*, particularmente relacionados a nomes de cores, com o objetivo de afirmar o valor de transcendência da obra literária para além de seu conteúdo.

Fernando Pessoa publicou pouco em vida. Quase duas décadas depois de sua morte, ocorrida em 1935, veio a público seu volumoso espólio literário: um baú com mais de 27 mil folhas de papel. Dentre os papéis, cinco envelopes traziam em desordem o material destinado a ser o *Livro do desassossego*. Exceto os envelopes e algumas referências, em cartas a amigos, ao projeto de escrever o *Livro*, Pessoa não deixou outros indicativos de como seria a publicação. Assim, devido às inúmeras possibilidades de organizar o variado material, o *Livro do desassossego* será, conforme sugere a crítica de literatura Leyla Perrone-Moisés (1986:12), "para sempre uma obra em mutação".

O heterônimo Bernardo Soares, "autor" do *Livro do desassossego*, se parece com Pessoa em muitos pontos: para ganhar a vida, trabalha como ajudante de guarda-livros e traduz escritas comerciais; noite adentro e nas horas de folga escreve fragmentos de prosa poética; é solteirão e mora sozinho num quarto alugado, na região comercial da Baixa de Lisboa.

Uma das características marcantes da prosa de Bernardo Soares diz respeito a uma espécie de reinvenção da gramática. Pessoa/Soares cria palavras novas, muda-lhes a morfologia e a sintaxe, obriga vocábulos a mudar de classe gramatical. Num dos fragmentos do *Livro do desassossego*, afirma Bernardo Soares: "Gosto de dizer. Direi melhor: gosto de palavrar. As palavras são para mim corpos tocáveis, sereias visíveis, sensualidades incorporadas" (Pessoa, 1986:357). No mesmo fragmento encontra-se a famosa frase: "Minha pátria é a língua portuguesa" (Pessoa, 1986:358). Plagiando Soares, Leyla Perrone-Moisés resume-lhe esses traços com a feliz expressão: "Sua paixão é a língua portuguesa." (Perrone-Moisés, 1986:30).

Dentre as incontáveis construções textuais do *Livro do desassossego* (1986), que permitem ilustrar a reinvenção da língua portuguesa realizada por Pessoa/Soares, destacam-se, pela grande quantidade, aquelas relativas a nome de cores e a outros elementos do âmbito da pintura. Já tínhamos anunciado isso. Vamos, pois, ao *Livro*.

Bernardo Soares refere-se ao clarão do relâmpago repentino como "luz sem alma" que entra nos recantos e nas almas (Pessoa, 1986:52). Ao outono chama "luz sem sorriso", "a desilusão antecipada de todos os sonhos" (Pessoa, 1986:109). Fala ainda da "luz dura da lua" (Pessoa, 1986:137), "luz úmida" (Pessoa, 1986:138), "luz suave" (Pessoa, 1986:134), "luz fria" (Pessoa, 1986:167).

As adjetivações para a cor amarela multiplicam-se em "amarelo de leite" (Pessoa, 1986:184), "amarelo exageradamente lento" (Pessoa, 1986:125), "amarelo íntimo" (Pessoa, 1986:375), "amarelo sujo de lividez". O azul assume-se verbo no "azulescer" (Pessoa, 1986:129) ou no "mau-azular do céu" (Pessoa, 1986:138). Vira advérbio quando "cessa a chuva, azulmente", ainda que não haja sossego no coração (Pessoa, 1986:101) – será o mesmo que "desamparo azulado"? (Pessoa, 1986:130). Esta cor é ainda "azul sem substância" (Pessoa, 1986:114), "azul negro enevoado de luar" (Pessoa, 1986:198), "azul pálido", "azul de tarde aquática", enfim, "azul música" (Pessoa, 1986:233).

Quase sempre o associando à paisagem de Lisboa, Pessoa/Soares refere-se ao "verde velho das árvores" (Pessoa, 1986:133), às "arvores que acenam verde" e ao "verde outro da árvore" que, de par com o silêncio, invade o entardecer (Pessoa, 1986:128). O outono se anuncia com o "desverde da folhagem" (Pessoa, 1986:107).

Sobre a cor cinza, Soares fala de um "ar acinzentado" (Pessoa, 1986:147), de um "cinza desmoronando-se para branco falso" (Pessoa, 1986:140); refere-se a uma "tristeza cinza" (Pessoa, 1986:145) e a uma desolação que é "de um céu cinzento morto" (Pessoa, 1986:135). Do branco e do negro, o *Livro* fala do "branco baço" (Pessoa, 1986:203), do "branco branco do luar" (Pessoa, 1986:258) ou do "branco preto" do luar nos telhados (p.137). Dotados dos mesmos sentidos humanos, o branco pode ser mudo (Pessoa, 1986:127) e o negrume surdo (Pessoa, 1986:117). O céu pode ser "sujo de branco transparente" (Pessoa, 1986:120), "azular brancamente" (Pessoa, 1986:135) ou ainda ser "roxo de ouro triste" (Pessoa, 1986:292). O roxo não é só do céu; é também dos "mares dourados de violeta" (Pessoa, 1986:371). Curiosamente, a cor vermelha quase não se encontra no *Livro do desassossego*. O termo se faz presente uma única vez; de seu campo semântico constam pouquíssimas vezes o encarnado, o corado e o rubro.

A palavra cor aparece no *Livro* não apenas para descrever a natureza, a "cor anônima do céu, aqui e ali azul" (Pessoa, 1986:204), ou a "água sobriamente multicolor" (Pessoa, 1986:148). Confessa Bernardo Soares: "Conheci horas de todas as cores" (Pessoa, 1986:292). Assim, para além das cores da natureza, pairam em sua imaginação "ameaças de cor ausente" (Pessoa, 1986:167). Frente ao "tédio colorido" (Pessoa, 1986:295) ou à "cor triste e vazia da curva dos gestos" (Pessoa, 1986:317) ou ainda, no extremo, ao fazer parte da "paisagem incolor das almas monótonas" (Pessoa, 1986:259), que pode um poeta de gênio fazer senão desejar a "abdicação incolor da alma inteira" (Pessoa, 1986:347) ou "ser estampa de um livro de desenhos" (Pessoa, 1986:334)?

Após passar por essa lista de citações extraídas do *Livro do desassossego*, alguém poderia com razão perguntar: o que essas brincadeiras poéticas com o nome das cores têm a ver com religião ou com mística?

Onde encontrar, nesse jogo de reinventar a língua portuguesa, qualquer rasgo de interesse teológico?

Em seus estudos sobre a obra de Juan Luis Segundo – ilustre teólogo uruguaio que destacou o papel da literatura como "lugar teológico" – o professor e teólogo Eduardo Gross observou que Segundo limitou-se a pensar a leitura teológica da obra literária apenas a partir de seu conteúdo, não considerando sua dimensão estética, característica inalienável da arte (Gross, 2012). Na esteira da arguta observação de Gross, propomos para a leitura de Pessoa um modelo teopoético que considera a forma artística/literária como sacralidade. Repetindo o que já afirmamos alhures, este modo de leitura:

> assenta-se sobre o pressuposto fundamental de que toda obra literária porta um valor de transcendência, de sacralidade, configurado não (apenas) nos valores existenciais manifestos pelo conteúdo da obra, mas primordialmente no seu aspecto formal, estritamente estético, artístico (Cantarela, 2018:217).

Trata-se, certamente, de nossa visada de leitor-teólogo. Com este olhar, para além de qualquer interesse conteudista, compreendemos que o valor teológico ou a dimensão mística das formas poéticas não se limita ao poder de expressar os conteúdos de nossa preocupação última. Sob o foco de uma compreensão teológica da existência, ou quiçá como experiência mística, as formas poéticas serão, elas mesmas, enquanto poesia, expressões do sagrado. Serão teológicas não porque falam expressamente de Deus, dos deuses ou de alguma "preocupação última". Serão teológicas porque sua beleza é capaz de iluminar o mistério humano. Falarão de Deus simplesmente porque são poesia (Cantarela, 2010:164).

As citações acima, do *Livro do desassossego*, foram utilizadas com o intuito de destacar a genialidade de Pessoa no trato com a língua portuguesa, de modo particular no uso de termos associados às cores.

Retiradas de seu contexto original, as citações já carregarão novas significações. Com a liberdade e permissões que essa travessia oferece, a recepção construída até aqui por nossa leitura pretende afirmar o espiritual da arte lá onde ele não se encontra como tema, senão como jogo de linguagem e forma. Afinal, diz Bernardo Soares, "onde há forma, há alma" (Pessoa, 1986:347).

As cores do mundo e as de nossa paisagem interior

Passamos agora ao terceiro ponto, em que pretendemos devolver ao seu contexto original a linguagem de Pessoa/Soares acerca das cores. Para isso, as citações serão maiores, apresentadas mesmo *in extenso*. Faremos apenas breves comentários, em vista de conduzir a leitura, e daremos lugar de honra ao *Livro do desassossego*. As passagens escolhidas continuam a falar de cor. Por sua variedade, as apresentaremos numa ordem preferencial de "manchas temáticas", conforme modelo de organização da obra adotado por vários críticos.[1]

Seguindo o debate proposto pelo teólogo Paulo Augusto Nogueira acerca da diversidade da linguagem religiosa, concordamos que "o religioso não se restringe ao clerical, sacerdotal e ao teológico. Há discursos sobre o sagrado e sobre a experiência religiosa em diferentes e inusitados lugares da sociedade. Este é o caso, em especial, das linguagens da arte" (Nogueira, 2012:15). Ainda que os excertos escolhidos não falem de assuntos do âmbito da religião, certamente será possível, a partir deles, relacionar a reserva polissêmica de sentido – que as convenções sobre as cores portam – com as diversas dimensões da experiência humana, com o "mundo da vida", com a nossa paisagem interior.

---

1 Jorge de Sena, um dos primeiros a lidar com o material do *Livro do desassossego*, sugeriu uma organização cronológica do material. Jacinto do Prado Coelho optou por dispor os fragmentos por "manchas temáticas", ordenação seguida também por Leyla Perrone-Moisés para a edição que utilizamos neste trabalho. Para mais detalhes, leia-se Perrone-Moisés (1986:9-12).

O *Livro do desassossego* nos surpreende a cada página com "belezas fulgurantes", "grandes emoções artísticas", fragmentos que se "cristalizam em formas de rara felicidade" – conforme expressões entusiastas e certeiras de Leyla Perrone-Moisés (1986:23). Entretanto, isso não encobre a matéria-prima tematizada pela obra: a angústia, a depressão, o tédio, a ilusão do amor, a finitude da vida, enfim, a negatividade. A tessitura entre a tematização da falência da vida e a beleza de "extrair beleza de não poder extrair beleza da vida" – conforme expressão de Pessoa/Soares no fragmento intitulado *Estética do desalento* (Pessoa, 1986:397) – estabelece grande intimidade entre as cores do mundo, da natureza, e as de nossa paisagem interior. Esse tema geral, assim o esboça o poeta:

O mais que há no mundo é paisagem, molduras que enquadram sensações nossas, encadernações do que pensamos. E é o quer que seja a paisagem colorida das coisas e dos seres – os campos, as casas, os cartazes e os trajos –, quer seja a paisagem incolor das almas monótonas, subindo um momento à superfície em palavras velhas e gestos gastos, descendo outra vez ao fundo na estupidez fundamental da expressão humana (Pessoa, 1986:259).

Vez por outra, o tema geral da negatividade transforma-se em autorretrato do eu poético – ou "autobiografia sem fatos", na linguagem de Soares/Pessoa:

Minha alma está hoje triste até ao corpo. Todo eu me doo, memória, olhos e braços. Há como que um reumatismo em tudo quanto sou. Não me influi no ser a clareza límpida do dia, céu de grande azul puro, maré alta parada de luz difusa. Não me abranda nada o leve sopro fresco, outonal como se o estilo não esquecesse, com que o ar tem personalidade. Nada me é nada. Estou triste, mas não com uma tristeza definida, nem sequer com uma tristeza indefinida. Estou triste ali fora, na rua juncada de caixotes (Pessoa, 1986:96).

Mística em desassossego: Entre cores e cinzas

Em outro autorretrato, numa espécie de ficção de si mesmo, Pessoa/ Soares revela suas confissões de boêmio solitário:

Tenho elementos espirituais de boêmio, desses que deixam a vida ir como uma coisa que se escapa das mãos e a tal hora em que o gesto de a obter dorme na mera ideia de fazê-lo. Mas não tive a compensação exterior do espírito boêmio — o descuidado fácil das emoções imediatas e abandona-das. Nunca fui mais que um boêmio isolado, o que é um absurdo; ou um boêmio místico, o que é uma coisa impossível.

Certas horas-intervalos que tenho vivido, horas perante a Natureza, es-culpidas na ternura do isolamento, ficar-me-ão para sempre como meda-lhas. Nesses momentos esqueci todos os meus propósitos de vida, todas as minhas direções desejadas. Gozei não ser nada com uma plenitude de bonança espiritual, caindo no regaço azul das minhas aspirações (Pessoa, 1986:181).

Entrelaçada à ficção de si mesmo do personagem-narrador, desta-ca-se outra "personagem" do *Livro do desassossego*: Lisboa. Nas descrições da cidade (a Baixa, o Terreiro do Paço, a Rua da Alfândega, o Tejo), Pessoa/Soares esbanja até ao sobejo as tintas de sua paleta:

Sim, é o poente. Chego à foz da Rua da Alfândega, vagaroso e disperso, é, ao clarear-me o Terreiro do Paço, vejo, nítido o sem sol do céu ocidental. Esse céu é de um azul esverdeado para cinzento branco, onde, do lado esquerdo, sobre os montes da outra margem, se agacha, amontoada, uma névoa acastanhada de cor de rosa morto. Há uma grande paz que não tenho dispersa friamente no ar outonal abstrato. Sofro de a não ter o prazer vago de supor que ela existe. Mas, na realidade, não há paz nem falta de paz: céu apenas, céu de todas as cores que desmaiam – azul branco, verde ainda azulado, cinzento pálido entre verde e azul, vagos tons remotos de cores de nuvens que o não são, amareladamente escurecidas de encarnado findo. E tudo isto é uma visão que se extingue no mesmo momento em que é tida, um intervalo entre nada e nada, alado, posto alto, em tonalidades de céu e mágoa, prolixo e indefinido. (...)

Para os lados da barra, onde o ter cessado o sol cada vez mais se acaba, a luz extingue-se em branco lívido que se azula de esverdeado frio. Há no ar um torpor do que se não consegue nunca. Cala alto a paisagem do céu. (...)

Tantas vezes, tantas, como agora, me tem pesado sentir que sinto — sentir como angústia só por se sentir, a inquietação de estar aqui, a saudade de outra coisa que se não conheceu, o poente de todas as emoções, amarelecer-me esbatido para tristeza cinzenta na minha consciência externa de mim.

Ah, quem me salvará de existir? Não é a morte que quero, nem a vida: é aquela outra coisa que brilha no fundo da ânsia como um diamante possível numa cova a que se não pode descer (Pessoa, 1986:144-145).

Nas descrições da cidade de Lisboa, comenta Perrone-Moisés, "ocorre um verdadeiro milagre escritural: o que é descrito é vulgar, depressivo ou mesmo desagradável; mas o que fica da descrição é a comunicação de um profundo amor pela cidade" (Perrone-Moisés, 1986:16). Mais que isso: na Lisboa palpável das descrições, revelam-se as névoas interiores, a paisagem estado de alma do poeta narrador. Assim, num "dia de chuva" (o título está no fragmento), "o ar é de um amarelo escondido, como um amarelo pálido visto através dum branco sujo. Mal há amarelo no ar acinzentado. A palidez do cinzento, porém, tem um amarelo na sua tristeza" (Pessoa, 1986:147).

Inúmeros fragmentos do *Livro do desassossego* podem ser lidos como meta-prosa, um dizer sobre o saber dizer. Diz o poeta: "Creio bem que, em um mundo civilizado perfeito, não haveria outra arte que não a prosa. Deixaríamos os poentes aos mesmos poentes, cuidando apenas, em arte, de os compreender verbalmente, assim os transmitindo em música inteligível de cor" (Pessoa, 1986:356). Para Bernardo Soares, a literatura torna o mundo real. Vale o que é dito com sabor:

> Dizer! Saber dizer! Saber existir pela voz escrita e a imagem intelectual! Tudo isto é quanto a vida vale: o mais é homens e mulheres, amores supostos e vaidades factícias, subterfúgios da digestão e do esquecimento, gentes remexendo-se, como bichos quando se levanta uma pedra, sob o grande Pedregulho abstrato do céu azul sem sentido (Pessoa, 1986:396).

Sobre a valia da arte, diz o poeta:

> Tudo se penetra. A leitura dos clássicos, que não falam de poentes, tem-me tornado inteligíveis muitos poentes, em todas as suas cores. Há uma relação entre a competência sintática, pela qual se distinguem os valores dos seres [?], dos sons e das formas, e a capacidade de compreender quando o azul do céu é realmente verde, e que parte de amarelo existe no verde azul do céu.
>
> No fundo é a mesma coisa – a capacidade de distinguir e de sutilizar. Sem sintaxe não há emoção duradoura. A imortalidade é uma função dos gramáticos (Pessoa, 1986:356-357).

O tema da meta-prosa reaparece na *Estética do desalento*:

> Se a vida [não] nos deu mais do que uma cela de reclusão, façamos por ornamentá-la, ainda que mais não seja, com as sombras de nossos sonhos, desenhos e cores mistas esculpindo o nosso esquecimento sob a parada exterioridade dos muros (Pessoa, 1986:397).
>
> A literatura, que é a arte casada com o pensamento, e a realização sem a mácula da realidade, parece-me ser o fim para que deveria tender todo

o esforço humano, se fosse verdadeiramente humano, e não uma super-fluidade do animal. Creio que dizer uma coisa é conservar-lhe a virtude e tirar-lhe o terror. Os campos são mais verdes no dizer-se do que no seu verdor. As flores, se forem descritas com frases que as definam no ar da imaginação, terão cores de uma permanência que a vida celular não permite (Pessoa, 1986:398).

O modelo de leitura, adotado neste terceiro momento, parte do pressuposto de que a obra literária configura um modo poético de pensar e dizer o Theós, no sentido de que só a literatura – e nenhuma teologia conceitual – seria capaz de dizê-lo com eficácia (Jossua; Metz,1976). Observe-se: não se trata de compreender a literatura como interlocutora privilegiada da Teologia, mas de ler a literatura *como* Teologia. Tal perspectiva se sustenta no pressuposto de que na leitura das obras literárias – enquanto obras literárias – o leitor teólogo poderá fazer crescer e aprofundar o sentido da revelação e das verdades da fé.

Nesse modo de leitura, o texto literário não será reduzido a mera fonte do discurso teológico, ou "lugar teológico" de mediação, instrumentalizado em maior ou menor medida, mas será lido como instância crítica da Teologia. Reiteramos: não se trata de abordar teologicamente temas trazidos pela literatura, mas também (e talvez principalmente) de, pelo viés da leitura crítica da obra literária, destacar e assumir as ambiguidades e as contradições das vivências, das instituições e dos discursos religiosos.

Tal método de leitura pressupõe que a revelação divina configura não uma resposta aos problemas humanos, mas antes uma pergunta – que pode ser formulada pela literatura (Kuschel,1999). Mesmo quando as escolhas do leitor parecem por demais singelas – como falar de cores – elas podem tecer códigos que alcançam as cores e cinzas de nossa paisagem interior. Será a experiência mística muito distante disso?

Enquanto discursos que se encontram nas fronteiras dos saberes, Teologia e literatura transitam entre a liberdade do imaginário e as ins-

Mística em desassossego: Entre cores e cinzas

tituições religiosas e sociais sob as quais elas se fazem. Enquanto processo comunicativo, enquanto caminho de entrada para a realidade encenada pelo texto, a escrita – a escrita ficcional, particularmente – lida como fonte de desafios e questionamentos, pode tornar-se espaço de inscrição da vida.

Em resumo

De onde veio o interesse pelo tema das cores? Ao ler o *Livro do desassossego* buscando localizar o termo amar/amor – era nosso interesse original –, deparamo-nos com a reiterada presença da palavra "amarelo". Por curiosidade, buscamos outras referências a cores. Para nossa surpresa, nomes de cores e outros termos associados ao mundo da pintura apareceram quase quinhentas vezes no *Livro*. Que fazer com a descoberta?

Observamos que boa parcela das referências a cores brincava com as palavras no nível das classes gramaticais, inventando substantivos compostos, adjetivos e verbos com função não usual. Outras tantas falas sobre cores indicavam correlações entre nomes de cores e estados de espírito. Seria possível tecer correlações entre mística e poesia, a partir dessas referências a cores?

Em vista de situar a leitura de excertos sobre cores do *Livro do desassossego* sobre um pano de fundo mais amplo, tecemos algumas considerações sobre o simbolismo das cores, compreendido como convenção histórica e cultural. Destacamos, particularmente, alguns desses simbolismos na sua relação com a linguagem da religião.

Para tratar da questão a partir dos inventivos jogos poéticos sobre cores encontrados no *Livro*, adotamos o modelo teopoético que compreende a mesma forma poética como sacralidade. Ou, dito de outro modo, pretendemos afirmar o valor de transcendência da obra para além dos valores existenciais que poderiam ser sublinhados na obra.

As correlações entre as referências a cores e as nossas paisagens interiores foram compreendidas como uma pergunta possível formulada pela literatura, cuja busca de resposta, pelo leitor-teólogo ou pela pessoa de boa vontade, no extremo de abertura ao mistério do mundo, pode constituir-se como experiência mística.

Sob tal visada, quem sabe, ao fim e ao cabo, não será possível arrolar Pessoa entre os místicos?

Referências bibliográficas

BÍBLIA DE JERUSALÉM. Tradução da edição de 1998 de *La Bible de Jérusalém*. São Paulo: Paulus, 2002.

CANTARELA, Antônio Geraldo. *O caçador de ausências: o sagrado em Mia Couto*. Tese (Doutorado em Letras) – Pontifícia Universidade Católica de Minas Gerais, Belo Horizonte, 2010.

_____. A produção acadêmica em Teopoética no Brasil: pesquisadores e modelos de leitura. *Teoliterária*, São Paulo, v.8, n.15, p.193-221, jan./jun. 2018.

CONGREGAÇÃO PARA O CULTO DIVINO E A DISCIPLINA DOS SACRAMENTOS. *Instrução geral do missal romano*. Roma: 2002. Disponível em: file:///C:/Users/102522/Downloads/instrucao-geral-do-missal-romano-0562622.pdfº/o20(1).pdf. Acesso em: 07/12/2018.

DUARTE, Lélia Parreira. *Exercícios de viver em palavra e cor*. Belo Horizonte: Veredas & Cenários, 2009.

GOETHE, Johann Wolfgang von. *Doutrina das cores*. São Paulo: Nova Alexandria, 2011.

GROSS, Eduardo. Modelos hermenêuticos para a percepção do religioso na literatura. In: HUFF, Arnaldo Érico; RODRIGUES, Elisa (orgs.). *Experiências e interpretações do sagrado*. São Paulo: Paulinas, 2012.

GUIMARÃES, Luciano. *A cor como informação*: a construção biofísica, linguística e cultural da simbologia das cores. 3.ed. São Paulo: Annablume, s.d.

JOSSUA, Jean-Pierre; METZ, Johann. Editorial: Teologia e literatura. *Concilium*, Rio de Janeiro, v.5, n.115, p.3-5, 1976.

KANDINSKY, Wassily. *Do espiritual na arte*. São Paulo: Martins Fontes, 1991.

KUSCHEL, Karl-Josef. *Os escritores e as escrituras*. São Paulo: Loyola, 1999.

NOGUEIRA, Paulo Augusto de Souza. Religião como texto: contribuições da semiótica da cultura. In: NOGUEIRA, Paulo Augusto de Souza (org.). *Linguagens da religião: desafios, métodos e conceitos centrais*. São Paulo: Paulinas, 2012.

PERRONE-MOISÉS, Leyla. Introdução ao Desassossego. In: PESSOA, Fernando. *Livro do desassossego*. Seleção e introdução de Leyla Perrone-Moisés. 2.ed. São Paulo: Brasiliense, 1986.

PESSOA, Fernando. [António Mora]. Definição de religião. *Arquivo Pessoa*. Disponível em: arquivopessoa.net/textos/745. Acesso em: 06/12/2018.

PESSOA, Fernando. *Livro do desassossego*: *por Bernardo Soares*. Seleção e introdução de Leila Perrone-Moisés. São Paulo: Brasiliense, 1986.

TILLICH, Paul. *Teologia sistemática: três volumes em um*. 5ªed. São Leopoldo: Sinodal, 2005.

_____. *Teologia da cultura*. São Paulo: Fonte Editorial, 2009.

10 Rejeição antimística e tradição delirante: Ontem e hoje

Eduardo Losso
Universidade Federal do Rio de Janeiro

Defendendo a hipótese de que a mística é a base fundamental de *uma tradição delirante* que atravessa a parte mais significativa da poesia moderna, este capítulo discute como as reações antimísticas à linguagem extravagante de escritores apofáticos e visionários se encontram tanto no controle eclesiástico, no racionalismo iluminista quanto na crítica literária e humanista moderna. A ala antimística traça a abominável estratégia de transformar um acontecimento histórico literário e comportamental extremamente progressista, na maior parte de sua irrupção, em antiquado, reacionário, de modo a ser banido da cultura avançada para, de fato, passar somente a ser apreciado por tradicionalistas. Contra tal deturpação ideológica, o artigo propõe uma retomada do potencial transgressivo da mística a partir da releitura simbolista dela.

Tradição e mediação

No último capítulo do livro *Dialética negativa*, intitulado "Meditações sobre a metafísica", Theodor Adorno descarta a questão epistemológica kantiana sobre como a metafísica é possível para substituí-la pela questão histórico-filosófica sobre "se a experiência metafísica ainda é efetivamente possível". Indaga-se se uma experiência extática é viável, não na eternidade, mas dentro do caráter imperfeito e perecível da temporalidade.

O que significa, aqui, "experiência metafísica" se, para Kant, os dois termos não poderiam, de forma alguma, estar juntos? Afinal, não são contrários? Sem dúvida, e é nesse nervo de contradição entre imanência e transcendência que Adorno pretende se instalar, enquanto filósofo da história. E qual o fenômeno histórico que melhor incorpora essa contradição? Não se pode evitar mencionar aquilo que o materialismo sempre viu com muita suspeita: "O nome do corpo da mística judaica, a cabala, significa tradição. A imediatidade metafísica, lá onde ela avança o máximo possível, não nega o quanto ela é mediatizada" (Adorno, 2009:311).

A experiência de uma imediatidade espiritual, se existe, e alcançando o mais longe que puder, trai, na etimologia da categoria clássica judaica – *cabala* – uma inevitável mediação. Ela não a nega: a mística lida com a tensão entre a autoridade tradicional e a instantaneidade íntima do arrebatamento. Nos seus dois polos, ela expõe transitoriedade.[1]

Mas de onde Adorno tirou essa informação? Gerschom Scholem (este famoso amigo de Walter Benjamin é o importante historiador da mística judaica), numa carta datada de 4/6/1939, em resposta ao interesse de Adorno pela sua tradução do livro *Zohar*, elucida que "cabala significa, nomeadamente, em alemão, tradição", e não "experiência originária" (*Urerfahrung*). Seus maiores visionários empregaram grande energia em comentários a respeito (Scholem, 1994:275, tradução minha). A primeira frase de *A cabala e seu simbolismo*, de 1960, insiste: "A Cabala, literalmente 'tradição', isto é, a tradição das coisas divinas, é a suma judaica" (Scholem, 1978[1960]:7).[2] O que possui tradição tem história, acúmulo de transmissão geracional – não eternidade. O místico está imbuído de sua cultura sagrada e, por querer revitalizá-la radicalmente, representa "o perigo de um incontrolado e incontrolável des-

---

1 "Transitoriedade" é uma das quatro marcas da experiência mística, segundo o clássico livro de William James. (James, 1995:238)

2 Aqui Scholem se demora mais sobre a etimologia: Sholem, 1960:32-33. Ver também: Roberts, 2014.

vio [*Abirrung*, aberração] em face da autoridade tradicional": seu modo de fortalecer a tradição é pô-la em cheque (Scholem, 1978[1960]:26; Scholem, 1973:29).

Tradição delirante

Será que o modo do místico se relacionar com a tradição não é "correto", é desviante? E nesse caso ele acabaria conduzindo não a uma tradição da autoridade, ao contrário, a uma tradição delirante? Consultemos a etimologia de 'tradição': vem do latim *traditio*, que por sua vez deriva de *tradere*, "transmitir posse, ceder", formado de *trans* (além, adiante) e *dare* (dar, entregar). A tradição transmite, passa, de uma geração a outra, um conhecimento especial e sagrado.

"Delírio" vem de *deliriare* (estar louco), que provém da junção de *de* (para fora) e *lira* (sulco do arado; *lira* aqui não é o instrumento musical, com o qual muitos produzem uma etimologia fantasiosa e não poucas belas rimas.[3] Delirar é, portanto, sair do sulco do arado, isto é, *desviar-se da linha*. Tradição delirante é, então: a transmissão daqueles que se desviam da norma, da conduta correta. Estes necessariamente devem irritar os guardadores da boa conduta, da razoabilidade, da *retidão*.

Para que não se perca a direção certa, é imperioso conter-se, controlar-se. Tal inibição expressiva Cruz e Souza, poeta negro simbolista brasileiro, não admite, quando, no poema em prosa "Volúpia", de *Outras evocações*, deixa-se devanear em "infinitamente gozar todos os Grandes Amados, os curiosos sensibilizados do Pensamento e da Forma". Quem seriam essas personalidades tão queridas do poeta? Quem é capaz de o levar a se deleitar:

---

3 Cruz e Souza, 1995:205: "Como a harmonia as cordas de uma lira. // Um anjo meigo e cândido suspira / No coração e o purifica e beija... / E o que ele, o coração, aspira, almeja / É sonho que de lágrimas delira."

nas suas vivas páginas evocativas, sagradamente, com emoção e paixão, incendiando-me nas suas chamas, perdendo-me nas suas lânguidas e extravagantes Arábias de Sonhos, subindo aos seus crepitantes delírios, às suas alucinações e crises nervosas que a mentalidade gera, mergulhando com intensidade, com profundidade, nas suas poderosas sensações (Cruz e Souza, 1995:714).

Possivelmente Cruz e Souza se refere aos próprios escritores que admira. Vale assinalar como ele reconhece neles a capacidade de abrasar dionisiacamente a sensibilidade do leitor, não, contudo, com mera liberação psicótica, mas com o trabalho do "Pensamento e da Forma", destacados com maiúsculas. Quem o leva a "crepitantes delírios" faz parte, portanto, de seu panteão, de sua tradição delirante: são aqueles que sabem delirar verbalmente e fazer delirar,[4] não com meras exaltações, mas com extravagâncias formalmente elaboradas, para que sejam capazes de conduzir o leitor a elevar-se e imergir-se, sair do mundano e adentrar outros espaços oníricos, "Arábias", encantadoras "alucinações". São pessoas de sensibilidade especial que se dirigem a leitores da mesma índole de modo a formar, assim, uma sorte de comunidade de intimistas solitários.

Claro que toda essa farta pompa imaginativa – "os esparramamentos e os jactos logorreicos" (Moisés, 1966:222) – é facilmente ridicularizável. Boa parte dos críticos não perderam tal oportunidade. A começar por Araripe Júnior, que, no calor da hora, em 1894, no artigo "Movimento literário de 1893" zomba da estetização da liturgia própria do simbolismo, bem ostensiva em Cruz e Sousa: "Assim nasce o Missal. O autor, no silêncio, deixa-se assoberbar pelo delírio das grandezas. Julga-se já um sacerdote; reveste-se dos paramentos pintalgados que dançam em seu cérebro e promete pontificar" (Carollo, 1981:201). A

---

4 Se Cruz e Souza (1995) delira e faz delirar, bem como se regala com leituras deste tipo, já Michel de Certeau diferencia, em Hieronymous Bosch, a causa do efeito. Certeau, 2015:79: "Disse-se de Bosch que ele era 'delirante'. Completamente ao contrário, ele faz delirar". Para dignificar Bosch é preciso rejeitar a hipótese de que ele se entrega ao delírio?

Rejeição antimística e tradição delirante: Ontem e hoje

ironia é especialmente maldosa sabendo-se ser neste artigo que Araripe, demarcando o fato de ser o primeiro negro "sem mescla" que se torna "notório pelo talento" em nossas Letras, denomina-o de "ingênuo no meio da civilização ocidental" (Carollo, 1981:199-200). Não satisfeito em escarnecer do poeta pela musicalidade supostamente verborreica, associa-a a uma pretensão sacerdotal que se torna signo claro de ingenuidade própria de sua raça diante da vida civilizada carioca. Em outras palavras, nada mais chinfrim do que um negro interiorano bravateando "delírios de grandezas"; e pior: grandezas espirituais.

Araripe Júnior não esconde que sua mofa pelo nosso "Dante negro" está ligada a uma repulsa mais geral pelo simbolismo: "Fossem, porém, o que fossem extravagantes, repetidores de coisas já conhecidas, malucos ou neurastênicos, o que é certo é que esse acidente literário, chamando a atenção de Paris, tornando-se objeto de *interwiuss*, transformou-se em moda e alastrou o mundo" (Carollo, 1981:190). Extravagantes, porém, inautênticos, malucos porém contagiosos, José Veríssimo concorda com seu colega que os simbolistas brasileiros são "tão vazios de fundo quão extravagantes de forma" (Carollo, 1981:368), forma caracterizada essencialmente pela "falta de concisão e de precisão", própria de "nefelibatas, estetas, místicos, decadistas" (Carollo, 1981:365). Os dois grandes críticos oficiais da literatura brasileira neste período combinam um pacto implícito: é preciso conter a excentricidade dos novos.

Antimística

Místicos? Retrocedamos alguns séculos. Ninguém menos que o clássico poeta e crítico literário Nicolas Boileau (1636-1711) disse que "Os místicos são modernos; não se via deles na Antiguidade" (Lescure, 1863:23; Certeau, 2015:173).[5] Como adversário dos *Modernes* e representante dos *Anciens*, sabemos que se referindo a eles dessa forma, o autor da frase

---

5 Todas as traduções apresentadas são minhas.

está querendo dizer que seu estilo é de muito mau gosto. Boileau não o vê senão como novidade passageira (Beaude, 1990:7). Ele está do lado de um dos maiores antimísticos da história: Jacques-Bénigne Bossuet (1627-1704).

Bossuet exorta a seus fiéis leitores que não abram nenhum espaço "àqueles novos místicos"; cita os nomes dos livros que não devem ser lidos, que contêm "Teologia pouco correta, expressões e exageros irregulares de certos místicos irrefletidos ou mesmo presunçosos", "com suas novidades profanas de linguagem" (Bossuet, 1836:7). No livro *Instruction sur les états d'oraison* (1697), ele os acusa de "introduzir uma nova linguagem na Igreja que os leva a contradições" (Bossuet, 1841:26). "Não se deve esperar nem justeza nem precisão nestas expressões estranhas." "O que parece ter inspirado essa linguagem exagerada é que, tomando como modelo os livros atribuídos a São Dionísio Areopagita, eles o imitaram no estilo extraordinário" (Bossuet, 1841:27; Certeau, 2015:171). Aqui o alvo de ridicularização é Jan van Ruysbroeck (1290–1381), o místico flamengo: precisamente aquele com o qual Maurice Maeterlinck, o simbolista belga, vai se encantar e traduzir em 1891 (Ruusbroec, 1891).

O ataque antimístico do século XVII à flagrante modernidade dos místicos é, sem sombra nenhuma de dúvida, muito diferente da desaprovação dos críticos literários ao simbolismo. Ele tinha, por trás de si, várias condenações à morte de místicos na Inquisição. Vale mencionar, especialmente, que uma das mais importantes beguinas, Marguerite Porete (1250-1310), foi queimada publicamente em Paris no dia 1º de junho de 1310, sob acusação de heresia, por ter escrito o livro *Le Miroir des âmes simples* (*O espelho das almas simples*), que, por sua vez, muitos defendem ter influenciado um dos maiores filósofos alemães, o místico Meister Eckhart (1260-1328), do qual Martin Heidegger pegou de empréstimo conceitos como *Gelassenheit* (serenidade) e *Abgeschiedenheit* (desprendimento).

Desde o nascimento da mística cristã *stricto sensu*, no século XII, já havia uma tradição (*antidelirante*) de condenação de suas práticas medita-

Rejeição antimística e tradição delirante: Ontem e hoje

tivas, reflexivas, intelectuais e literárias. Quando, nos séculos XVI-XVII, ela é a acusada de ser "moderna", a palavra continha um sentido de incriminação, a ponto de, mesmo no final do séc. XVII, ainda ser capaz de aprisionar as imperdoáveis ousadias quietistas de Madame Guyon (1648-1717; ela foi aprisionada na Bastilha de 1695 a 1703) e mesmo seu defensor, o teólogo Fénelon (1651-1715; foi banido da corte em 1700), caso esse que se tornou bastante famoso e até hoje é um capítulo frequentemente revisitado da história da França. Quem foi o grande responsável por acusar e incriminar ambos? Bossuet.

Já quando os críticos literários do *fin de siècle* desqualificam o simbolismo tanto por causa de suas pretensões de instaurar uma "Religião da arte"[6] quanto pelo estilo extravagante (mesmo que este se torne o ponto de partida das celebradas inovações modernistas), os simbolistas não são nem queimados nem encarcerados por isso. No caso do Brasil, eles só são menosprezados, apagados e quase esquecidos. Não é pouco.

É na mais estrita diferença histórica que começam as semelhanças. Os místicos foram um dos tipos sociais que mais sofreram na pele as agruras de empregar uma linguagem original, esquisita e consequentemente ser *modernos*. Não se pode deixar de suspeitar que provavelmente foi o místico quem sofreu a mais grave opressão por tais motivos, e não os modernistas – nossos heróis. Ao mesmo tempo, desde o modernismo que os místicos tendem a ser considerados (geralmente por quem os desconhece e não os estuda), tanto por um senso comum acadêmico quanto até por um senso comum laico cultural como conservadores (Hanegraaff, 2012:77-152).

Semelhantemente, os simbolistas, especialmente no Brasil, defenderam a bandeira dos *novos*, insurgindo-se contra o meio acadêmico da literatura e da arte, engajando-se como republicanos e abolicionistas,

---

6 Cruz e Sousa, 1995:459: "Sol imortal (...) ouve esta Oração que te consagro neste branco Missal da excelsa Religião da Arte", lê-se no primeiro poema em prosa do livro *Missal* (primeiro livro somente de Cruz e Sousa publicado, tido como inaugurador do simbolismo no Brasil).

publicando revistas e livros introduzindo versos livres, poemas em prosa, inovando o vocabulário, enfrentando a linguagem comum com uma escrita difícil e singular, confrontando a ideologia burguesa com uma vida boêmia avançada e tendo, inclusive, como seu representante principal um negro "sem mescla". Influenciou o hoje chamado "pré-modernismo" brasileiro, que é visto como diferente do simbolismo por razões mais do que duvidosas (em outros países tal diferença não está clara) e, evidentemente, nossos grandes modernistas nasceram de seu ninho e não do parnasianismo dominante. Porém, passou-se o tempo, e o que é dito em seguida? O simbolismo foi um movimento conservador, cópia dos franceses, inautêntico e sem brasilidade.

Não é possível aqui examinar em detalhe os meandros dessa história. Pretendemos, no momento, chamar atenção para o questionamento da narrativa dominante, hoje canônica, de menosprezo do simbolismo brasileiro, a partir do descarte mais fundamental da literatura mística, que parece estar na base de um fenômeno ainda ignorado da história da cultura: *como um acontecimento histórico literário e comportamental extremamente progressista, na maior parte de sua irrupção, é reescrito como antiquado, reacionário, de modo a ser banido da cultura avançada para, de fato, passar somente a ser apreciado por tradicionalistas?*

E por que, justamente, tais acontecimentos fazem parte de uma reincidência cultural específica – cuja linhagem podemos chamar de *tradição delirante?*

Mística, história e delírio

O delírio dos místicos é feito do que eles acreditam ser uma "visão espiritual e sobrenatural" (Ruysbroeck L'admirable, 2001:44), para usar as palavras de Ruysbroeck traduzidas por Maeterlinck. Já o delírio dos simbolistas produz uma estetização dos símbolos religiosos com vistas a uma espécie de religião da arte, que, se for para ser franco, não é religião – reconduz a energia extática e entusiástica dela para o campo artístico.

Ambos sofrem de sede de infinito: "Tenho sede, tanta sede!" (Rimbaud, 2007:147), "E esta sede estranha/ Me escurece a entranha" (Rimbaud, 2007:167), diz o Rimbaud de *Uma estadia no inferno*; o homem que busca a Deus "se parece àquele que tem uma sede ardente", diz Ruysbroeck (2001:25). Em suma: "o poeta é da raça dos incontentáveis", sentencia Jorge de Lima (1997:37).

E o infinito de Rimbaud se esbalda, precisamente, em imagens: "as alucinações são incontáveis (...) poetas e visionários morreriam de inveja. Sou de longe o mais rico, sejamos avaros como o mar (...) Sou mestre em fantasmagorias" (Rimbaud, 2007:149). Tamanhas ousadia e petulância diante do passado de nosso *enfant terrible*, não negam, surpreendentemente, a tradição, pelo contrário: "As velharias poéticas entravam em boa parte na minha alquimia do verbo" (Rimbaud, 2007:165). Ele violenta, sim, a autoridade, isto é, a sua face opressiva; mas retém, especialmente em sua *alquimia* verbal, a transmissão de passados esquecidos, ocultos.

Segundo Scholem, nunca a visão de um místico vai apresentar traços diferentes de seu entorno social e histórico: por isso um contemplativo do séc. XIII não verá automóveis nem celulares. Da mesma forma, quando o historiador da cabala e teórico da mística se pergunta "o que acontece quando um misticismo não apresenta nenhum laço com autoridade religiosa alguma", responde que, mesmo havendo autores que rejeitam "toda autoridade tradicional", os mesmos vestem "a interpretação com a mesma experiência de imagens tradicionais. Eis o que ocorre com Rimbaud (...) Eles se consideram hereges luciferianos, porém sua imaginação é permeada de imagens tradicionais" (Scholem, 1978:25). Em outras palavras: os mais ostensivos transgressores da modernidade dependem de sua tradição cultural tanto quanto o mais do que suspeito tradicionalismo dos místicos medievais e renascentistas. Ironicamente, o delírio, místico ou simbolista, carece de tradição.

É essa contraditória dependência e irreverência diante da tradição que une a mística ao simbolismo. Ela justifica a ideia de uma tradição transviada, que sai dos trilhos de como se deve controlar e restringir o potencial vital da própria tradição. O que justifica nosso propósito, a partir daí: é preciso defender o uso livre, desobediente e autotransformador da tradição na literatura, no pensamento, na intimidade e no comportamento. Uma das fontes tradicionais mais ousadas para se retomar é precisamente a dos místicos, e a mais intensa releitura poética dos místicos feita no séc. XIX foi a do simbolismo, seguido, no século XX, pelo surrealismo. Essa é a tríade histórica da tradição delirante.

Afinal, de onde vem o conceito de tradição delirante? Retornemos ao Brasil do séc. XXI. Ericson Pires, um dos poetas do movimento de poesia Azougue, no livro *Cidade ocupada*, resultado de uma tese de doutorado, procura explicar sua inauguração: "O delírio faz a tradição se deslocar, trair a si mesma" (Pires, 2007:311),[7] o que, como vimos, ajusta-se bem à etimologia das palavras. A tradição se desvia a partir de sua própria tradução: "A tradução é o movimento da tradição inventada pela traição" (Pires, 2007:164). O que interessa à tradição delirante é o incessante desvio da tradição dominante por meio do modo como a primeira traduz a segunda.

Ericson retira o sentido positivo de "delírio" de Deleuze. O filósofo francês afirma que o escritor "inventa na língua uma nova língua, uma língua de algum modo estrangeira (...) Arrasta a língua para fora de seus sulcos costumeiros, leva-a a *delirar*". É muito significativo que Deleuze se refira a "visões e audições não linguageiras, mas que só a linguagem torna possíveis. Por isso há uma pintura e uma música própria da escrita, como efeitos de cores e de sonoridades que se elevam acima das palavras", para, daí, diferenciar as visões do escritor daquela do psicótico, que levariam ao sofrimento e caracterizariam um estado doentio. As visões da escrita, ao contrário, não são doentes: "A literatura é uma saúde" (Deleuze, 1999:9).

---

7 Adiante: "um real que é fruto da traição aos princípios homogeneizantes de controle" (Pires, 2007:311).

A sinestesia simbolista seria, então, sinal de boa disposição. Se ela não deixa de derivar de experiências com alucinógenos,[8] ela quer ser uma espécie de alucinação esclarecida, isto é, elaborada verbalmente; para usar uma formulação de Benjamin referente ao surrealismo: uma iluminação profana (Benjamin, 1994:23-24).

Deleuze se baseia em Proust, que, segundo vários críticos, entre eles Edmund Wilson (1967:100-136), está diretamente ligado ao simbolismo. E sua noção de que há pintura e música na literatura corrobora tal hereditariedade. Ericson Pires cita o último trecho de Deleuze e adere com paixão a todo o seu jargão, repetindo muitos motes teóricos dos quais estamos hoje um tanto enfastiados, contudo, o que ele seguramente acrescenta está na sua intuição certeira de que "há tradições de experimentação e ruptura ao longo da história cultural brasileira" (Pires, 2007:183), remetendo diretamente a diversas manifestações da história da arte no Brasil: Flávio de Carvalho nos anos 1920 e sua Experiência n. 2, neoconcretismo, Hélio Oiticica, Lygia Clark, Ligia Pape dos anos 1960 e 1970, Waly Salomão, entre outros. Todos possuem em comum um "aspecto delirante" que se desvia da "tradição *standard* nacional" (Pires, 2007:183) e a criticam. Já Renato Rezende, outro poeta da Azougue, serviu-se em sua tese de doutorado (na qual fomos membros da banca) do insight de Ericson Pires para, na mesma área das artes, desdobrar mais leituras de Flávio de Carvalho, neoconcretismo e arte contemporânea nessa chave (Rezende, 2007:94).

Embora Ericson tenha criado o conceito e dado a ele o delineamento básico, apontando seu potencial de tocar no problema-chave das principais tendências da crítica brasileira de desvalorizar experiências artísticas excessivas e extravagantes, o autor se confunde com a generalização deleuziana de que toda a literatura e a arte são essencialmente delirantes. A pergunta que devemos colocar é a seguinte: estamos falando de um tipo de arte ou da arte e literatura como um todo? A nosso ver,

---

8 Balakian, 1985:40: "E como com o haxixe, a intoxicação produzia um estado de sinestesia, assim como o som sugeria a cor."

Eduardo Losso

a generalização dilui o enorme potencial crítico do insight de Ericson. Para que ele se explicite, é preciso imergir a fundo no que seria, de forma mais determinada e determinante, as raízes da tradição delirante, não só em Flávio de Carvalho e no neoconcretismo, mas naquele movimento literário que, seguramente, é o precursor, promotor, defensor e praticante fundamental do delírio literário moderno: o simbolismo.

Se Ericson não toca nem na mística, nem no simbolismo, nem no surrealismo (somente em Artaud), ele perde, inclusive, a especificidade da ideia de delírio verbal no qual Deleuze se baseia, e cuja fonte é simbolista. Nosso intuito, então, é especificar a tradição delirante em relação a outras correntes literárias e artísticas para aproveitar o potencial genuíno do conceito, com vistas a tirar do abandono o movimento simbolista brasileiro, desde o início jogado na penumbra e, a partir de seu gosto pelos excessos estilísticos, acompanhar o desenrolar da tradição delirante posterior. Dar uma perspectiva crítica renovada à valorização do simbolismo brasileiro e suas derivações subsequentes, em específico e, no pano de fundo *tradicional* dela, entrever o papel fundamental da literatura mística medieval e renascentista para a eclosão do delírio moderno são, também, modos de mostrar a conexão íntima, inventiva, entre momentos históricos distintos, em que um ilustra reciprocamente o outro. O propósito desafiador desse projeto de releitura da poesia brasileira inclui, necessariamente, o compromisso ético de retirar da sombra e do desprezo trabalhos libertários de grande valor, ao buscar exercitar nossa acuidade crítica para compreendê-los e traduzi-los a olhos que a princípio não veem neles senão verborragia, vã pretensão, "delírios de grandezas".

Não só se torna perceptível, nas semelhanças e diferenças dos simbolistas aos místicos, de que forma os primeiros fazem da figura do monge uma curiosa metáfora do recolhimento do poeta incompreendido na cidade burguesa, como também observar os místicos com olhos simbolistas torna mais visível o seu caráter subversivo, arredio, indócil frente ao controle implacável da Igreja. Os místicos são, em sua maioria,

210

libertários: basta retirar sua leitura de um espaço teológico conservador e pedir ajuda de seus filhos legítimos em fervor e extravagância. Quem nos ajuda especialmente aqui, no âmbito internacional, é Maeterlinck; no nacional, Dario Veloso. Ou seja: a enorme diferença entre místicos e simbolistas (que estamos longe de ignorar, na sua abismal distância histórica) é aquilo mesmo que garante a riqueza de sua cintilante *afinidade eletiva* – o pendor delirante – para nos servirmos de um conceito que se origina da alquimia e do qual Michael Löwy defende, com insistência e propriedade, um uso rigorosamente metodológico.

Simbolismo e história da mística

Simbolismo e romantismo

O primeiro aspecto metodológico a ser considerado é como tratar dos períodos literários. É muito comum na teoria literária, já faz algum tempo, duvidar de sua importância, seja porque eles dão a impressão de uma história linear em que vão se sucedendo sem dar conta de uma simultaneidade múltipla e distinta de fatores históricos, seja porque eles não compreendem os casos de obras e autores mais singulares, que sempre ultrapassam as características de um movimento, seja porque as fronteiras entre uma geração e outra são mais do que imprecisas, seja porque a própria simultaneidade indiferente de estilos do contemporâneo determinou nossa releitura do passado. As falhas patentes da periodização a partir dos movimentos provocaram um anseio de superação deles. Contudo, dificilmente será possível falar de um momento histórico sem denominá-lo e, mesmo que seja para desconstruí-lo, é preciso estudá-lo. Logo, não há, a rigor, ultrapassagem possível na relação com os diferentes períodos: há, a partir de certa ruptura com um olhar crente e ingênuo diante deles, um uso carregado de desconfiança, *desmistificado*. Bem ou mal, eles criaram um quadro básico de fenômenos estéticos. Só podemos precisar a singularidade de um acontecimento literário, em relação a eles, a partir deles. Nesse caso, nossa proposta é tomar um dos períodos como eixo histórico de uma tendência delirante da literatura que atravessa os tempos. Outros teóricos fizeram o mesmo, isto é, utilizando um período com base para leitura de um caráter geral.

Não à toa, um dos melhores pensadores da poesia moderna, decisivo para nossos propósitos, sustenta que o romantismo é não só o primeiro movimento literário da modernidade, mas também o mais importante: Octavio Paz. Paz justifica a raiz protestante, inglesa e alemã do romantismo e sua ruptura radical de visão de mundo e mesmo de "crença" em relação ao passado. Sua recusa do formalismo neoclássico quis inundar a vida de uma visão analógica do universo animada pelo ritmo verbal, que se revitaliza a partir da poesia popular, em sua simplicidade e sensibilidade, contrárias ao artificialismo do engenho (Paz, 1984:83-92).

Quando Paz desembarca no "modernismo" de fim de século hispano-americano, que, diga-se de passagem, é o simbolismo (a figura central é Ruben Dario), julga que "O modernismo foi o nosso verdadeiro romantismo e, como no caso do simbolismo francês, sua versão foi uma metáfora e não uma repetição: *outro* romantismo" (Paz, 1984:117). Agravando a confusão dos termos, Paz reduz o simbolismo a um segundo momento do romantismo e, no caso da América hispânica, acredita que esse foi o seu *verdadeiro* romantismo. Entretanto, é ele mesmo que rejeita o romantismo "dos manuais", de Musset e Lamartine, e assinala o *verdadeiro*: Nerval, Hugo do período final, herdeiros diretos do romantismo inglês e alemão de Blake e Novalis: "Na realidade, os verdadeiros herdeiros do romantismo alemão e inglês são os poetas posteriores aos românticos oficiais, de Baudelaire aos simbolistas" (Paz, 1984:91). Ora, que ideia mais confusa: o *verdadeiro* romantismo é justamente aquele que vai dar no... simbolismo? O melhor romantismo é aquele que será o precursor precisamente daquilo que entendemos por simbolismo e, no entanto, o simbolismo é o *verdadeiro* romantismo?

A nosso ver, Paz se complica: argumenta a favor da centralidade do romantismo na modernidade, embora rejeite em bloco o romantismo oficial e selecione somente aquele da analogia, da subversão rítmica e transgressão antiburguesa para, afinal, indicar o desabrochar do romantismo autêntico no... simbolismo. De fato, a tradição da ruptura de Paz é, em grande parte, aquilo que entendemos por tradição delirante. Mas faltou alguém dizer ao brilhante teórico mexicano que o eixo central, o *manjar*, não está propriamente no romantismo, está no olhar visionário do simbolismo. *Afinal, é o simbolismo e, posteriormente, o surrealismo que vão filtrar aquilo que interessa do romantismo.*

Portanto: em nosso ponto de vista da história da poesia, pretendemos trabalhar com a ideia de que é o simbolismo, e não o romantismo, o eixo central do que mais interessa da poesia moderna. É nele que se situa o despontar nítido e real da tradição delirante, sendo o surrealismo, em seguida, o seu principal desdobramento.

Mística

O segundo aspecto metodológico a ser considerado é como tratar, numa pesquisa acadêmica, a mística como objeto de estudo. Antes de mais nada, imprescindível formular as seguintes questões: é preciso acreditar na mística e defendê-la fervorosamente como a verdade *ad vitam aeternam* e fonte dos segredos da *anima mundi* para estudá-la? Ou, no outro polo extremo: é preciso exibir sem parar todas as formas possíveis de repulsa e distanciamento da mística para ser levado a sério quando se toca nela em estudos acadêmicos? Será que a mística é algo tão atraente e perigoso assim? Ela deve mesmo sempre exigir de todo estudioso universitário uma postura tão tensa e desconfortável? Ame-a ou deixe-a?

Se não entendermos o que está por trás dessa polarização congelada que teve seu período de explosão em outros tempos e até hoje não nos permite experimentar um ambiente mais distenso e desapaixonado, não será possível nenhum avanço. É imperativo – caso desejemos nos ocupar do assunto, como é o nosso caso – um esforço de larga reflexão epistemológica e metodológica a respeito do lugar da mística na sociedade ocidental, o modo de abordagem dela nas ciências humanas e a

Eduardo Losso

especificidade de sua relação com meios e sistemas literários (Gruber, 1997:19-21).

Em primeiro lugar: a dispensa da mística nos espaços públicos está ligada a um antagonismo institucional e ideológico entre cultura laica e cultura religiosa no Ocidente. A Europa foi a primeira grande civilização que iniciou uma radical rachadura entre Estado e religião. O nascimento das ciências está diretamente ligado a uma rejeição insistente e laboriosa não só de crenças religiosas, míticas, supersticiosas, como também de todo um vocabulário, gestualidade, ritualística, ocupações e ambientes de convívio. Enfim: a conquista do espaço laico, artístico, científico ou acadêmico dependeu, num primeiro momento, de violentas rachaduras culturais e, num segundo, da construção de muros. Lá na Igreja faz-se assim, aqui não. Não precisamos lembrar ao leitor o esforço constante do professor de garantir a frágil independência dos espaços laicos educacionais (Müller, 2003:74).

"Mística" é uma palavra que significa muitas coisas. Procurar diferenciar "misticismo" de "mística", tentar enobrecer uma para dispensar outra como estratégia de se enobrecer academicamente, não necessariamente ajuda. Vamos trabalhar agora com dois fenômenos históricos concretos, mas bem diferentes, aos quais ela está ligada. O primeiro é aquilo que eu chamo de mística *stricto sensu*: uma literatura do séc. XII ao XVII derivada do monasticismo mas bem diferente dele, composta majoritariamente de tratados de elevação da alma que privilegiam ou o arrebatamento visionário ou o momento extático da participação da alma esposa em Deus, isto é, no Cristo esposo, cuja ápice anagógico desenvolve uma sofisticada teologia negativa (vinda de fontes da patrística, neoplatonismo e de pseudo-Dionísio Areopagita, inventor da Teologia negativa cristã), diferentemente da preocupação dominante do monasticismo no momento purgador, ascético, de controle dos corpos e pensamentos. Foi esse fenômeno que fez surgir escritoras beguinas, místicos germânicos especulativos e místicos do século de ouro espanhol. Algumas dessas personagens históricas foram inteiramente ou parcialmente

Rejeição antimística e tradição delirante: Ontem e hoje

aceitas pela Igreja depois de seu conflito com ela em vida, outras nunca o foram. De qualquer modo, a Teologia geralmente se ocupa delas e lhes atribui distinção, enobrecendo-as, diante de qualquer coisa que cheire a "esoterismo". Aqui percebemos que a área mais tradicional e não laica da academia edificou, depois de um bom tempo de conflito, um certo abrigo a essa mística, como um tesouro de seu saber acumulado.

Os nomes mais representativos são: Hildegard de Bingen (1098-1179), a mais importante visionária medieval, no sentido estrito do termo; seu amigo Bernardo de Claraval (1090-1153), enquanto introdutor da mística nupcial; Marguerite Porete (1248-1310), a mais ousada beguina; Meister Eckhart (1260-1327), considerado o primeiro grande filósofo dialético alemão, traduzido pelo anarquista Gustav Landauer em 1903 (Eckart, 1903); Jan van Ruysbroeck (1293-1381), traduzido por Maeterlinck em 1891; Teresa de Ávila (1515-1582), a mais citada pelos simbolistas brasileiros;[9] João da Cruz (1542-1591), que mereceu um ensaio de Valéry (1957:445-457).

O segundo é aquilo que chamamos de filósofos da natureza renascentista, ou filosofia oculta, hermetismo, cuja doutrina da semelhança foi estudada por Foucault em *As palavras e as coisas* (2000:23-62), mas cuja primeira grande desbravadora do assunto é Frances Yates, em *Giordano Bruno e a tradição hermética*, existente do século XIV ao XVII. Estes também mantêm o horizonte dos tratados de elevação, incluem a Teologia negativa a partir do neoplatonismo e Dionísio, porém eles produzem, além disso, um sistema cosmológico e alquímico que propõe uma magia culta, erudita, elevada, integrando-se a fontes pagãs (textos atribuídos a Hermes Trismegisto) e cabala, cristianizando-os (Yates, 1995:30). Assim, ao mesmo tempo que absorvem algo do saber mágico popular,

---

9 "Nos êxtases dos místicos os braços / Abro, tentado da carnal beleza... / E cuido ver, na bruma dos espaços, / De mãos postas, a orar, Santa Teresa!..." (Cruz e Sousa, 1995:91); "essa Visão seráfica, nervosa, histérica, ideal − a Santa Teresa mística da Arte" (Cruz e Sousa, 1893:489); "uma Santa Teresa, bela e ascética nos cilícios da religião do Amor" (Cruz e Sousa, 1898:525). Cabe apontar que há um belo livro de prosa poética de Francisco Mangabeira ficcionando a santa (Mangabeira, 1906).

Eduardo Losso

pretendem elevá-lo à chave gnóstica de leitura da assinatura oculta das coisas, encontradas através de analogias sutis entre diferentes elementos terrestres e corporais, entre a terra e o céu, entre o mundo celeste e o supraceleste. Embora eles tivessem a ambição de iniciar uma reforma da Igreja, a Teologia viu neles uma inaceitável ameaça para sua pura espiritualidade. Yates argumenta que foi esse olhar ávido de retirar conhecimento não só de conceitos abstratos e experiências tidas como espirituais, mas da própria natureza, que preparou a vinda da ciência no século XVII.[10]

Citemos Agrippa von Nettesheim (1486-1535), o grande sistematizador da "filosofia oculta" e autor de um surpreendente livro feminista (Agrippa, 2007); Giordano Bruno (1548–1600), frade dominicano acusado de panteísmo, por defender a infinitude do universo, condenado à morte na fogueira;[11] Tommaso Campanella (1568-1639), também dominicano, autor da obra utópica *Cidade do sol* (1623); Jakob Boehme (1575-1624), grande visionário teósofo que influenciou todo o esoterismo francês e o idealismo alemão.

O que essas duas místicas possuem em comum, além das emanações neoplatônicas, Teologia negativa e busca ávida de realidades divinas indizíveis é mesmo um sedutor "delírio de grandezas", sem, contudo, conquistar nada de concreto para além dos sublimes encantamentos subjetivos que tais visões de mundo produzem em quem as produz e estuda, o que tanto irrita a sensatez de modestos cientistas, burgueses cobiçosos de resultados lucrativos e eclesiásticos sisudos de sua sagrada autoridade.

---

10 Yates, 1995:495: "O próprio fato de o mundo hermético e mágico de Bruno ter sido, durante longo tempo, considerado avançado, pois anunciaria uma nova cosmologia resultante de uma revolução científica, é por si mesmo uma prova da afirmativa de que 'Hermes Trismegisto' desempenhou um grande papel na preparação dessa revolução (...) estaria incompleta a história do aparecimento da ciência moderna sem a história da sua fonte geradora."

11 Quem imagina que a imagem correta de Bruno é de um mártir da ciência, está muito iludido. Yates, 1995:494: "Qual é a verdade? Bruno era um mago rematado, um 'egípcio', um hermetista ferrenho para quem o heliocentrismo copernicano anunciava o retorno da religião mágica."

Contudo, a *máthêsis* universal do século XVII precisou de uma violenta abominação desse saber hermético para que pudesse desenvolver o seu real domínio empírico da natureza. Foi nessa época que apareceram as primeiras histórias da filosofia alemãs, que, primeiro, contestaram veementemente os filósofos naturais para, em seguida, reduzirem-nos a pequenas notas desprezíveis e, num terceiro momento, apagarem tais nomes e assuntos de suas histórias. Tais historiadores protestantes iluministas pretendiam separar o "joio" do "trigo", praticando um combate antiapologético que via no neoplatonismo hermético uma contaminação pagã sincrética no cristianismo: Jacob Thomasius (1622-84), Christian Thomasius (1655-1728), Christoph August Heumann (1681-1764) e o mais brilhante, Johann Jacob Brucker (1696-1770). Eles foram antimísticos ainda mais bem-sucedidos que Bossuet (Hanegraaff, 2013:56-69). Foram eles que estabeleceram ao mesmo tempo o espaço laico e o descarte da filosofia oculta da academia. Assim, enquanto a verdadeira ciência nascente ganha espaço na universidade, a filosofia hermética é rejeitada impetuosamente tanto pela Igreja quanto pela ciência, até virar um saber inútil, infrutífero, vão, cultuado em meios esotéricos (é no século XVII que nascem sociedades Rosacruzes), mas enxotado de qualquer espaço público e indigno de atenção.

Entretanto, ela não desapareceu assim tão fácil. Foi justamente um cientista, fundador da academia sueca, que resolveu se *converter* a ela e se arvorar a sábio conhecedor do mundo espiritual: Emanuel Swedenborg (1668–1773), o criador da teoria das correspondências, sucesso *best-seller* de seu tempo, escreveu uma obra imensa de dezenas de tomos propondo uma nova versão da analogia oculta. Ela fará a passagem dos restos de hermetismo renascentista para o século XVIII. O poder de encantamento da semelhança encontrou aí novo vigor. Swedenborg foi alvo de ataque do maior dos filósofos iluministas, Immanuel Kant, que lhe dedicou um livro (Kant, 1976; Kant, 1989; David-Menard, 1996). Serviu como exemplo central, inclusive, para que Kant entendesse melhor a estrutura ilusória da metafísica como um todo.

Muitos se aborreceram profundamente com Swedenborg, mas boa parte dos românticos se maravilharam com ele até tal admiração atingir escritores da estatura de Balzac e Baudelaire. Nesse meio tempo, Louis Claude de Saint-Martin (1743–1803) redescobre fascinado Jakob Böhme (assim como, no campo literário e filosófico, Novalis, Schelling, Hegel que, por sinal, também leem com fervor os místicos estritos, como Eckhart) e o traduz para o francês, fundando assim o martinismo. A partir daí, florescem um profuso esoterismo e espiritualismo francês, por vezes misturados com o socialismo (exemplo claro disso é Charles Fourier, 1772-1837), em ondas de moda que atingem a primeira metade do século XIX e chegam na segunda influenciando decisivamente vários precursores do simbolismo para terminar por se fundir com o próprio. Tal cooperação foi estudada com minúcia por Alain Mercier, em *Les Sources ésotériques et occultes de la poésie symboliste* (1969;1974).

Tivemos de esboçar sinopticamente a base histórica das duas noções para apresentar com mais clareza o quanto a mística está intrinsecamente ligada à história da cultura ocidental. Ao mesmo tempo que ela foi dispensada do racionalismo iluminista, que passa a ser identificado com o "Ocidente", sua vertente oculta contribuiu para o surgimento da ciência, seja como precursora, seja como seu mais profundo antagonista. As vertentes mais significativas da literatura moderna acolheram esse saber de algum modo em seus anseios extáticos e utópicos (aliás, é na filosofia oculta que nasce a literatura utópica moderna[12]), até finalmente aparecer a assunção do idealismo simbolista.

Voltemos às questões do início: é preciso acreditar na mística para estudá-la? O gosto dos escritores modernos por ela serve para darmos mais crédito a seus delírios gnósticos?

Resposta: não. É possível mantermos uma abordagem estritamente materialista e histórica da relação das diferentes místicas com a literatura moderna, sem cairmos no canto da sereia de acreditar que seu deus

---

12 Além do explícito exemplo de *A cidade do sol* de Campanella, Yates (1995:212) defende que há influência hermética na *Utopia* de Thomas More.

Rejeição antimística e tradição delirante: Ontem e hoje

esposo existe, ou que suas cosmologias alquímicas e astrológicas estão descrevendo os elos ocultos com uma realidade superior.

É preciso exibir sem parar todas as formas possíveis de asco e distanciamento da mística para ser levado a sério quando se toca nela em estudos acadêmicos?

Resposta: também não. Não vemos nenhum sentido em ostentar nosso materialismo com gestos constantes de aversão. Também não precisamos esconder que podemos perfeitamente nos deliciar com a leitura encantadora dos místicos, assim como os simbolistas, surrealistas, Fernando Pessoa, Guimarães Rosa e Borges o fizeram, sem necessariamente acreditar em suas doutrinas.

Há uma grande diferença entre a mística e a literatura moderna que se serve dela. A primeira produziu sim literatura de altíssimo nível, é uma das vertentes da fina flor da literatura medieval e renascentista, bem como da filosofia e Teologia. Mas ela não é ficção. Acredita no que diz. A literatura moderna, diferentemente, buscou a autonomia da ficcionalidade, portanto não inclui convencimento nem de verdade nem de sistemas.[13] É basicamente por isso que aceitamos os encantamentos e desencantamentos simbolistas, que são extremos nos dois polos: seu decadentismo *spleen* é niilista; sua correspondência é um grande reencantamento do mundo. Como diz Octavio Paz, a poesia moderna é feita de analogia e ironia (Paz, 1984:102-103).

Contudo, agora aparece outra importante questão: por que não podemos apreciar a literatura e filosofia mística como ficção? Por que não é possível lê-la desencantado de suas verdades, mas deslumbrando-se com seus minuciosos exercícios poéticos de semelhança, bem como suas complexas especulações negativas, com a mesma liberdade

---

13 Bettina Gruber observa que esse nem sempre é o caso: William Blake tinha pretensões gnósticas em sua variante expansiva do *Gênesis*. Muitas vezes o princípio crítico de tratar o texto literário como ficção se esquece de que alguns escritores não estavam tão distantes assim de uma atitude esotérica. (Gruber, 1997:23)

da perspectiva textual de Borges?[14] Por que não é possível dar valor estético, antropológico e filosófico a essa parte essencial da cultura ocidental, e que o "Ocidente" fez de tudo para dispensar como o Outro de si mesmo? E nós, latino-americanos tupiniquins, seguimos essas mesmas polarizações da formação do poder e saber institucional de nossas ex-colônias, sem nenhuma visão minimamente crítica delas? Seguiremos implementando Ordem e Progresso nas universidades?

Não é preciso manchar a reputação racionalista do Ocidente levando em conta a riqueza mesma de seu irracionalismo pretensamente sistemático? Sim, pouco ou mal sistematizado no seu sincretismo, não importa, importa que a exigência de que a obra seja ausente de pretensões, seja somente ficcional, literária, não deveria ser nenhuma proibição para apreciações estéticas, ou para-estéticas, na fronteira confusa entre os saberes e os intuitos.

E mais: em tempos de radical questionamento dos resultados devastadores do racionalismo, base da tecnocracia que destrói o ecossistema planetário, enfim, em tempos de antropoceno, cientistas críticos e antropólogos filósofos estão apontando para o respeito à natureza praticado pela sabedoria indígena. Mania constante do Ocidente, hoje herdada pela globalização pós-moderna: para se contrapor ao seu racionalismo, ele foge de si mesmo e vai buscar sabedoria na Índia (o que ocorre desde os tempos do simbolismo), na China, no Japão e, é claro, como não poderia deixar de ser, nos índios latino-americanos; na Yoga, no budismo, no xamanismo – na Europa, não. Continuemos repudiando sua irracionalidade e cultuando a irracionalidade dos outros. Até

---

14 No prefácio que escreveu sobre do livro *Obras místicas*, de Swedenborg, Borges, curiosamente, ao contrário do que fazemos aqui, nega que o místico sueco tenha delirado (o que lembra a atitude de Certeau com Bosch, acima). Se Swedenborg "tivesse enlouquecido, não ficaríamos devendo à sua pena a posterior redação de milhares de metódicas páginas que equivalem a um trabalho de quase trinta anos e que nada têm a ver com o delírio" (Borges, 1985:185). A defesa de Borges da seriedade de Swedenborg é enérgica; se há ironia, é outra questão. Ele ainda polemiza em relação ao costume de acreditar em visões antigas e não modernas: "Em que precisa data cessaram as visões verdadeiras e foram estas substituídas pelas apócrifas?" (Borges, 1985:185).

Rejeição antimística e tradição delirante: Ontem e hoje

que ponto isso não reflete justamente a ideologia imaculada do bom e velho Ocidente orientalista? Não é do seu interesse que continuemos seguindo esse modelo?

Não está na hora de colocar lado a lado delírios de homem branco com delírios de índios e negros, compará-los, diferenciá-los[15] e, naturalmente, atentar para o seu potencial comum de crítica de uma visão de mundo dominadora da natureza? Curioso nisso tudo é que haja, sim, tal potencial na filosofia oculta, mesmo quando ela participa do desejo de dominar a natureza magicamente e antecipa a dominação tecnocrática em seus "delírios de grandeza" (Yates, 1995:491-492). O que ela não tinha como realizar, sonhou. O que sua filha bastarda, a ciência, renegou, foi, justamente, o sonho, realizando-o empiricamente, monstruosamente. A filosofia oculta se tornou uma mãe renegada e quase que totalmente esquecida. Quase: não para as correspondências simbolistas, menos ainda para seus herdeiros do século XX e XXI. Há muito o que ser desvelado numa reflexão dialética de seu papel na história do esclarecimento.[16]

Não são poucos os grandes críticos que advogaram a favor do valor da mística e do esoterismo para a literatura e a cultura modernas (André

---

15 É o que o antropólogo Ioan Lewis (1971) fez neste clássico estudo de estados de possessão. Ele discute com estudiosos da mística cristã (Lewis, 1971:23-29), problematiza a nova moda extática e ocultista da contracultura de seu tempo e produz uma importante classificação minuciosa, ao longo do livro, das modalidades de possessão, com exemplos concretos de diversas partes do mundo, comparando sempre com casos europeus mais tradicionais, como a mística nupcial de Bernardo de Claraval (p.71) e curandeiras populares como a sueca Catharina Fagerberg, acusada de feitiçaria ainda em 1732 (p.83). Michel de Certeau, no final de *A fábula mística*, assemelha a busca da linguagem mística cristã e a busca da poesia moderna (ele cita um poema de Catherine Pozzi) por sons anteriores à significação à busca de "xamãs índios" por "uma música – um canto de ave ou de vento – que faça nascer neles o que eles ainda não sabem" (Certeau, 2015:478).

16 Os maiores esforços nesse sentido foram de Antoine Faivre, professor de ciência da religião da École Pratique des Hautes Études, da Sorbonne, ocupando a cadeira de história do esoterismo ocidental e são, mais recentemente, de Wouter Hanegraaff, professor de história da filosofia hermética da Universidade de Amsterdã, presidente da European Society for the Study of Western Esotericism (ESSWE).

Eduardo Losso

Breton,[17] Octavio Paz,[18] Harold Bloom,[19] Walter Benjamin,[20] Michael Löwy,[21] Michel de Certeau;[22] no Brasil, mais recentemente, a admirável tese de Claudio Willer (2010). Alguém deve responder a esse desafio.

Referências bibliográficas

ADORNO, Theodor. *Dialética negativa*. Rio de Janeiro: Jorge Zahar, 2009.

AGRIPPA, Henricus Cornelius. *Declamation on the Nobility and Preeminence of the Female Sex*. Chicago: The University of Chicago Press, 2007.

BALAKIAN, Anna. *O simbolismo*. Perspectiva: São Paulo. 1985.

BEAUDE, Joseph. *La mystique*. Paris: Fides, 1990.

BENJAMIN, Walter. *Gesammelte Schriften III*. Frankfurt: Suhrkamp, 1972.

---

17 Depois de arrolar vários exemplos de escritores modernos influenciados pelo esoterismo, Breton arremata: "Mesmo não sendo do agrado de certos espíritos que só se sentem à vontade na imobilidade e no óbvio, na arte esse contato não cessou e tão cedo não cessará de ser mantido" (Breton, 1986:77).

18 "A influência da tradição ocultista entre os modernistas hispano-americanos não foi menos profunda que entre os românticos alemães e os simbolistas franceses. No entanto, embora não a ignore, nossa crítica apenas se detém nela, como se isso se tratasse de algo vergonhoso. Sim, é escandaloso, porém certo: de Blake a Yeats e Pessoa, a história da poesia moderna do Ocidente está ligada à história das doutrinas herméticas e ocultas, de Swedenborg a madame Blavatsky" (Paz, 1984:125). Em seguida, Paz cita longamente o mesmo livro de Breton acima.

19 "Mais audaciosa do que todos os desenvolvimentos a que chegou a crítica francesa recente, a Cabala é uma teoria da escrita, mas uma teoria que nega a distinção absoluta entre a escrita e a fala inspirada, assim como nega a distinção humana entre presença e ausência" (Bloom, 1991:62).

20 Numa resenha do livro de Rolland de Renéville chamado *L'expérience poétique* (1938), Benjamin ironiza os defeitos do autor, que fala de relações entre poesia moderna e ocultismo, e sente falta de "uma verdadeira história da poesia esotérica" que não só se demore "no reino da inspiração" (Benjamin, 1972:554).

21 O autor busca mostrar como a visão de mundo revolucionária de intelectuais judeus anarquistas e marxistas está ligada ao messianismo judaico (Löwy, 1989:20).

22 "Desse espírito de ultrapassagem, seduzido por uma intocável origem ou fim chamado Deus, parece que subsiste principalmente, na cultura contemporânea, o movimento de partir sem cessar, como se, por não mais poder fundar-se sobre a crença em Deus, a experiência guardasse somente a forma e não o conteúdo da mística tradicional" (Certeau, 2015:482).

Rejeição antimística e tradição delirante: Ontem e hoje

_____. *Magia e técnica, arte e política. Ensaios sobre literatura e cultura*. São Paulo: Brasiliense, 1994.

BLOOM, Harold. *Cabala e crítica*. Rio de Janeiro: Imago, 1991.

BORGES, Jorge Luis. *Prólogos: com um prólogo dos prólogos*. Rio de Janeiro: Rocco, 1985.

BOSSUET, Jacques Bénigne. *Oeuvres complètes de Bossuet, évêque de Meaux, Band 11*. Paris: Lefèvre, 1836.

_____. *Oeuvres complètes de Bossuet, Band 14*. Paris: Outhenin-Chalandre, 1841.

BRETON, André. *Arcano 17*. São Paulo: Brasiliense, 1986.

CAROLLO, Cassiana. *Decadismo e simbolismo no Brasil: crítica e poética*. Rio de Janeiro: Livros Técnicos e Científicos Ed., 1981.

CERTEAU, Michel de. *A fábula mística séculos XVI e XVII*. v.1. Rio de Janeiro: Forense, 2015.

CRUZ E SOUSA, João da. *Missal*. Rio de Janeiro: Magalhães Editores, 1893.

_____. *Evocações*. Rio de Janeiro: Typ. Aldina, 1898.

_____. *Obra completa*. Rio de Janeiro: Editora Nova Aguilar, 1995.

DAVID-MENARD, Monique. *A loucura na razão pura: Kant, leitor de Swedenborg*. São Paulo: Ed. 34, 1996.

DELEUZE, Gilles. *Crítica e clínica*. São Paulo: Ed. 34, 1999.

ECKHART, Johannes. *Meister Eckharts mystische Schriften*. Berlin: Schnabel, 1903.

FOUCAULT, Michel. *As palavras e as coisas. Uma arqueologia das ciências humanas*. São Paulo: Martins Fontes, 2000.

GRUBER, Bettina (org.). *Erfahrung und System: Mystik und Esoterik in der Literatur der Moderne*. Opladen: Westdeutscher, 1997.

HANEGRAAFF, Wouter. *Esotericism and the academy: rejected knowledge in western culture*. Cambridge: Cambridge University Press, 2012.

_____. *Western esotericism: a guide for the perplexed*. Londres: Bloomsbury, 2013.

JAMES, William. *As variedades da experiência religiosa: um estudo sobre a natureza humana*. São Paulo: Cultrix, 1995.

KANT, Immanuel. *Träume eines Geistersehers, erläutert durch Träume der Metaphysik*. Stuttgart: Reclam, 1976.

_____. *Sueños de un visionario explicados mediante los ensueños de la metafísica.* Cádis: Universidad de Cádiz, 1989.

LESCURE, Mick. *Journal et memoires Mathieu Marais.* Paris: Firmin Didot frères, 1863.

LEWIS, Ioan. Êxtase religioso: *um estudo antropológico da possessão por espírito e do xamanismo.* São Paulo: Perspectiva, 1971.

LIMA, Jorge de. *Poesia completa: volume único.* Rio de Janeiro: Nova Aguilar, 1997.

LÖWY, Michael. *Redenção e utopia. O judaísmo libertário na Europa central: um estudo de afinidade eletiva.* São Paulo: Companhia das Letras, 1989.

MANGABEIRA, Francisco. *As visões de Santa Thereza.* Porto: Empreza Literária e Typográphica, 1906.

MERCIER, Alain. *Les sources ésotériques et occultes de la poésie symboliste (1870-1914): v.1, Le symbolisme Francais. (1870-1914).* Paris: A.-G. Nizet, 1969.

_____. *Les sources ésotériques et occultes de la poésie symboliste (1870-1914): v.2, Le symbolisme européen (1870-1914).* Paris: A.-G. Nizet, 1974.

MOISÉS, Massaud. *A literatura brasileira: o simbolismo (1893-1902).* São Paulo: Cultrix, 1966.

MÜLLER, Alois. "Wie laizistisch ist Frankreich wirklich? Von der kämpferischen zur offenen Laizität". In: BROCKER, Manfred; BEHR, Hartmut; HILDEBRANDT, Mathias (orgs.). *Religion - Staat - Politik: zur Rolle der Religion in der nationalen und internationalen Politik.* Wiesbaden: Westdeutscher Verlag, 2003.

PAZ, Octavio. *Os filhos do barro: do romantismo à vanguarda.* Rio de Janeiro: Nova Fronteira, 1984.

PIRES, Ericson. *Cidade ocupada.* Rio de Janeiro: Aeroplano, 2007.

REZENDE, Renato. *Linhas de força do contemporâneo – arte brasileira.* Tese (Doutorado em Artes) – Instituto de Artes, Universidade Estadual do Rio de Janeiro, Rio de Janeiro, 2007.

RIMBAUD, Arthur. *Prosa poética.* Rio de Janeiro: Topbooks, 2007.

ROBERTS, Edward. *A comprehensive etymological dictionary of the Spanish language with families of words based on Indo-European roots.* v.1. Bloomington: Xlibris, 2014.

RUUSBROEC, Jan van. *L'ornement des noces spirituelles de Ruysbroeck l'Admirable.* Bruxelas: P. Lacomblez, 1891.

RUYSBROECK L'ADMIRABLE. *L'ornement des noces spirituelles*. Cortaillod: Arbre d'Or, 2001.

SCHOLEM, Gerschom. *Ursprung und Anfänge der Kabbala*. Berlin: Walter de Gruyter, 1962.

_____. *Zur Kabbala und ihrer Symbolik*. Zurique: Suhrkamp, 1973.

_____. *A cabala e seu simbolismo*. São Paulo: Perspectiva, 1978 [1960].

_____. *Briefe I. 1914-1947*. München: C. H. Beck, 1994.

_____. VALÉRY, Paul. Cantiques Spirituels. In: *Oeuvres*, v.1. Paris: Gallimard, 1957.

WILSON, Edmund. *O castelo de Axel: estudo acerca da literatura imaginativa de 1870-1930*. São Paulo: Cultrix, 1967.

WILLER, Claudio. *Um obscuro encanto: gnose, gnosticismo e poesia moderna*. Rio de Janeiro: Civilização Brasileira, 2010.

YATES, Frances. *Giordano Bruno e a tradição hermética*. São Paulo: Cultrix, 1995.

11 Eutopia, distopia e outros deslocamentos da temporalidade em *Os días contados* de José Tolentino Mendonça

José Rui Teixeira
Universidade Católica Portuguesa

Recordo hoje – com a acuidade das memórias mais nítidas – a tarde de 1997 em que encontrei, numa livraria do Porto, a edição de *Longe não sabia* (1997), o segundo livro de José Tolentino Mendonça. Talvez por uma qualquer superstição anódina, abri-o na página 21 e li o poema "Quando ainda se ignora a morte":

> Se agitares tesouras numa fogueira
> não esqueças que me feres
> um avesso de lume é o meu único
> segredo
> no impreciso avanço das lâminas
> um anjo o descobriria
>
> Tira a faca da gaveta
> mas não esqueças
> se a cravares na água
> com altas vagas o mar me sepultará
> dentro da casa abandonada
>
> Não lamentes serem os versos
> saberes tão frágeis
> as flores mais belas são as que se colhem
> quando ainda se ignora a morte (Mendonça, 1997:21)

Como descrever o estremecimento que então senti? Comprei o livro. Li-o e reli-o.

Como não existe nessa edição qualquer apontamento sobre o autor, Tolentino Mendonça era, então, apenas um nome impresso na capa de um livro sem adornos. Informei-me mais tarde sobre o poeta, mas soube apenas que nascera no Machico, na ilha da Madeira, em 1965, e que era presbítero. Nos anos seguintes, não me escaparam as edições de *A que distância deixaste o coração* (1998), *Baldios* (1999) e *De igual para igual* (2001a). Tolentino Mendonça desobstruíra um lugar central na minha biblioteca e no meu mais solene silêncio.

No dia 2 de junho de 2001, Pedro Mexia assinou um artigo intitulado "O sopro do coração" (2001b:42-43) sobre *De igual para igual*, na revista dominical do *Diário de Notícias*. Aí, uma fotografia de Tolentino Mendonça permitiu-me associar o nome ao rosto. Passado um mês, no dia 1º de julho, na ordenação presbiteral de um amigo, no Mosteiro dos Jerónimos, reconheci o poeta-presbítero e abordei-o no final da celebração, acompanhando-o até ao claustro. Trocamos os contatos e combinamos um encontro.

Foi no dia 17 de setembro que nos encontramos, no Jardim da Estrela. O Tolentino ofereceu-me, então, a edição do seu primeiro livro: *Os dias contados* (1990). Depois de despedirmo-nos, sentei-me num desses bancos de jardim que amparam com a mesma solicitude o desejo dos namorados e a solidão dos velhos, e pude ler, finalmente, o primeiro livro de José Tolentino Mendonça.

Nestes dezessete anos que me separam dessa leitura, a sua poesia desdobrou-se, revelando outras estâncias: em 2005 foram publicados *A estrada branca* (2005a) e *Tábuas de pedra* (2005b); em 2006, a 1ª edição da sua poesia reunida – *A noite abre os meus olhos*[1] (2006); em 2009 foi publicado *O viajante sem sono* (2009) e, em 2010, a 2ª edição da sua poesia

---

1 Nesta edição se reúnem os poemas de *Os dias contados* (1990), *Longe não sabia* (1997), *A que distância deixaste o coração* (1998), *Baldios* (1999), *De igual para igual* (2001a), *A estrada branca* (2005) e *Tábuas de pedra* (2005).

Eutopia, distopia e outros deslocamentos da temporalidade em *Os días contados*

reunida[2] (2010); seguiram-se *Estação central* (2012), *A papoila e o monge* (2013) e a 3ª edição de *A noite abre os meus olhos*[3] (2014); em 2017 foi publicado o seu mais recente livro: *Teoria da fronteira*.

Foi a leitura de *Teoria da fronteira* que suscitou o desejo de reler toda a sua poesia e foi essa releitura que me trouxe a convicção da importância de *Os dias contados* para a legibilidade e inteligibilidade de uma das mais impressivas obras poéticas do nosso tempo. Com efeito: uma das mais impressivas obras poéticas do nosso tempo. Afirmá-lo não resulta apenas de um processo de identificação com uma estética ou de comoção estésica; resulta fundamentalmente de uma experiência contemplativa, nos filamentos da anagogia.

A obra poética de Tolentino Mendonça abre com *A infância de Herberto Helder* (Mendonça, 2010:11-12), essa espécie de cosmogonia que – creio – funciona como um programa da sua poesia. Aí, o poeta diz-nos que "No princípio era a ilha". Conta-nos que, antes de ter aprendido a álgebra, houve um tempo em que se estendia "na terra/ para olhar as estrelas" e marcava a sua latitude "ordenando berlindes/ sobre a erva"; "era quase um anjo/ e escrevia relatórios/ precisos/ acerca do silêncio". Desconhecia ainda duas coisas: que as estrelas pudessem ser perigosos "corpos de fogo" e "que todo o poema/ é um tumulto/ que pode abalar/ a ordem do universo".

Nesse tempo
ainda era possível
encontrar Deus
pelos baldios (Mendonça, 2010:12)

É como se neste poema se condensassem a luz e a matéria primordiais do universo poético de Tolentino Mendonça: a ilha, as águas

---

2 Aos poemas reunidos em 2006, acrescem aqui os de *O viajante sem sono* (2009).

3 Aos poemas reunidos em 2010, acrescem aqui os de *Estação central* (2012) e *A papoila e o monge* (2013).

abraçadas pelo Espírito de Deus, o tempo, a terra de onde se olham as estrelas – esses corpos de fogo – e o poema-tumulto, o anjo e o silêncio, um rumor de infância perdida e de distância, Deus pelos baldios.

E est'*A infância de Herberto Helder* desdobra-se nesse *Olhar sobre a cidade* (Mendonça, 2010:13), onde – por meio de um vago impressionismo imagético – Tolentino Mendonça nos revela o sol que nasce da planície, as casas e os velhos pórticos. Entre as amendoeiras de uma botânica íntima, distende-se o tempo amaciado pela voz que convoca: "vem sentir", "anda atravessar" e "depois fica/ sem saber em que tempo/ estamos/ ou se teremos ainda/ que morrer". Aprendemos que é tarde, apesar de ser manhã.

E é ainda *A infância de Herberto Helder* que se desdobra na *Travessa da infância* (Mendonça, 2010:14), onde – "seguindo o rumor dos autocarros" – o poeta olhou pela primeira vez o mundo. Aqui se adivinham as "grandes viagens", o mundo que havia para lá do "último apeadeiro de todos/ os autocarros". Da casa, sabemos a janela. E o poeta sopesa o tempo: "só mais tarde", "mas isso foi/ muito depois".

A visão, a audição e o olfato colaboram numa espécie de idiossincrática e sinestésica literacia do mundo. Em *A primeira morada* (Mendonça, 2010:15-16), aparece a mãe na extensão da botânica íntima do poeta: orquídeas, hortelã e crisântemos; o florir lento dos antúrios que se vigia, o silêncio que se escuta numa "atenção muito grave". A ilha, a casa, a primeira morada; ou os confins da Grécia, ou o alto do Etna, ou essa felicidade que Adriano pensou que "jamais seria/ turba", sem saber que "são precárias/ as imagens que/ rolam pelas encostas/ difíceis".

José Tolentino Mendonça adentra-nos num sistema elusivo: uma gramática consútil que engendra uma paisagem inconsútil. E convoca – com prudência – os nossos sentidos. Em *Scriptum* (Mendonça, 2010:17), acrescenta a imagem, o rosto, a palavra; regressa às águas, à casa verde. Em *O olhar descoberto* (Mendonça, 2010:18), assoma na superfície do poema um solilóquio brocado de quase interrogações, esse modo tão heurístico de coexistir com o silêncio: a água e "o rumor/ adormecido dos búzios"; o outono, as algas e a incerteza das folhas; o "sentido oculto/ no rodar das estações"; a imagem, o engano e o fogo; e no final – numa toada que lembra esse litânico: *Als das Kind Kind war...* (cf. Wenders, 1987) – debruçamo-nos sobre essa espécie de talude em que se escuta:

> Diz-me se é certo
> que o tempo
> é o único olhar
> prolongado nos dias
> se a vida é o avesso da vida
> e se há morte (Mendonça, 2014:18)

A poesia de Tolentino Mendonça é povoada de referências concretas: pessoas quase pessoas, lugares quase lugares, como se a vida deixasse pegadas nas páginas do livro, um rasto que é um processo orgânico de abstração.

Em *Reconhecimento dos laços* (Mendonça, 2014:19) sentimos a reincidência de alguns semantemas: o lume – esse instrumento do fogo –, o tempo, os anjos e a água, os búzios e as algas. O medo, os nomes e o fulgor inesperado do gesto permitir-nos-iam "falar horas seguidas/ da lucidez assustadora/ deste poema".

Entre *Primavera* (Mendonça, 2014:20) e *Canção* (Mendonça, 2014:21), "a face breve/ enuncia o esplendor" e a noite funda "o obscuro lugar/ dos versos". É neste *chiaroscuro* que a poesia de Tolentino Mendonça se desvela e, simultaneamente, se embuça: entre o corpo pressentido, o gesto ténue e o anjo (ou os anjos que seis vezes visitam *Os dias contados*); entre o dia claro e a noite escura (partilhada com João da Cruz),[4] o esplendor que a face breve enuncia e o obscuro lugar dos versos.

---

4 Evocado no poema "Salmo dos filhos Coré ao senhor das águas altas", (Mendonça, 2014:27-28).

Soubemos que "No princípio era a ilha". A insularidade na poesia de Tolentino Mendonça não é apenas uma consequência expectável de se tratar de um poeta ilhéu. É íntima a relação entre o fogo e a água (ambos também seis vezes grafados em *Os dias contados*): a ilha do princípio é um lugar habitado (eutópico) e, simultaneamente, um lugar desabitado (atópico), ou um *deslugar* (cf. Silva, 2012): a ilha-saudade,[5] que é o mundo distopicamente habitado ao modo de ilha, tal como no princípio fora a ilha disforicamente habitada ao modo de mundo.

Daí o êxodo, a saída: um certo sentido de deriva que se pressente em toda a sua poesia, pontuada por referências a lugares concretos que evocam uma geografia íntima, um certo modo de olhar o mundo antes de voltar a partir. No final de *Brideshead revisited* (Mendonça, 2010:22-23), Tolentino Mendonça esclarece, assentindo com Baudelaire (1992:320): "Os verdadeiros viajantes/ são apenas aqueles que/ partem por partir...".

Em setembro de 2001, quando li pela primeira vez *Os dias contados* (1990), memorizei três poemas: *Inscrição* (Mendonça, 2006:24), *Diálogo para um personagem de Andrei Tarkovskii* (Mendonça, 2006:33) e *Epitáfio para R. M. Rilke* (Mendonça, 2006:36). Intuo nesses três pequenos poemas uma proporção – diria *clássica*, se estivesse certo das consequências da premissa – que avoca numa estética que perdura na poesia de Tolentino Mendonça: uma ampla caixa de ressonância – onde os versos[-braços] do poema se estendem e quase se evaporam – e um apertado ângulo anagógico, sobre o qual o poeta revela um domínio notável, o que lhe permite conter (ou contrair) o poema, antes da extensão que lhe delonga o silêncio. Lê-se em *Inscrição*:

o brilho é o leve
júbilo
que sustenta os versos

---

5 Expressão de Eduardo Lourenço (1999:93-94).

Eutopia, distopia e outros deslocamentos da temporalidade em *Os dias contados*

ainda que sejamos obscuros

e nenhum nome
sirva jamais para dizer
o fogo (Mendonça, 2006:24)

É evidente o fascínio de Tolentino Mendonça pela expressão estética da espiritualidade do cristianismo oriental, herdeira da tradição bizantina. E creio que esse fascínio tem a ver com a imagem – o ícone – e com a visão. Por isso, em *Dos olhos de Rubliev* (Mendonça, 2006:26), se afirma que ver "é habitar/ o espanto de as coisas serem" e "é a assombrosa revelação/ da nossa cumplicidade/ com o lume".

Nesse fascínio se revela uma mística simultaneamente intensa e contida, como se uma interioridade obstinadamente escavada resultasse numa superfície exterior impassível: uma espécie de expressionismo anestésico. E do mesmo modo que a pintura de ícones adquire o estatuto de *arte teológica* – que implica uma intensa preparação técnica e espiritual por parte do artista, na medida em que se considera que é Deus quem opera através da sua mão –, também a poesia e o múnus do poeta, como se lê em *Revelação* (Mendonça, 2006:25): do poeta é "o ofício incerto das palavras", "a evocação do tempo", "o recurso ao fogo"; seu é "o provisório olhar", "o fascínio consentido das margens/ sitiando a distância", "os dedos que em tumulto/ modelam capitéis/ de sombra e arestas"; mas, oculto na brisa, é Deus "quem percorre o poema/ despertando as aves/ e dando nome aos peixes."

Em *Os dias de Job* (Mendonça, 2006:29), percebemos a cumplicidade que aqui se estabelece entre oração e visão: "Às vezes rezo/ sou cego e vejo/ as palavras o reunir/ das sombras". Tolentino Mendonça convoca as mãos, o fogo e os anjos. Entre o tangível e o intangível, o visível e o invisível, assomam os rudimentos semânticos da sua poesia. E se olharmos fixamente a página em que se imprime o poema *Abraam* (Mendonça, 2006:30) até ao momento em que a sua mancha gráfica começa a desfocar, guardamos o rumor do seu campo semântico: morte, medo, boca, mãos, olhos, deserto, fogo, anjo. Esses e outros – poucos – semantemas têm a funcionalidade de um sistema de coordenadas.

É curioso que, não sendo necessariamente sobreponíveis, o campo lexical e o campo semântico da poesia de Tolentino Mendonça não são vastos. Se os tornássemos dimensíveis por meio de uma *agrimensura literária*, perceberíamos que o que distende esta arte poética, o que lhe adiciona uma lonjura rara, é a intimidade entre a imagética e a fonética. A sua imagética dispõe de uma espécie de filtros óticos – com cores vagas e implícitas – e lentes que focam e desfocam, aproximam e distanciam, embaçam e contrastam. E os instrumentos da sua fonética são a cadência da sintaxe, a ressonância dos versos e a melopeia, essa elegia audível na combinação dos grafemas.

Sem paroxismos nem exasperações, a relação do seu *olhar primitivo* com estes instrumentos e estas funcionalidades torna profundamente impressiva a poesia de Tolentino Mendonça. E se a sua leitura não açula necessariamente uma experiência mística, proporciona pelo menos não poucos estados contemplativos.

Se adiante dialogará com um personagem de Andrei Tarkovskii, em *A fala do rosto* (Mendonça, 2006:31-32) o poeta dialoga com Deus. Talvez possamos estabelecer uma relação intertextual com esse extraordinário *Vestigia Dei* (Belo, 2000:35-36) de Ruy Belo, poeta de que Tolentino Mendonça é certamente bem mais do que um leitor atento.[6]

Entre a imanência e a transcendência, nunca assentindo com a "banalidade intranscendente" (cf. Castelão, 2015), Tolentino Mendonça escolhe o caminho da "transimanência" (cf. Nancy, 2008), onde busca o:

> encantamento que religa a palavra ao silêncio, o visível ao invisível, por uma espécie de integridade inseparável que se descobre em nós e nas

---

6 Vale a pena ler "Ruy Belo, clandestino seguidor de Deus", introdução de José Tolentino Mendonça à edição de *Aquele grande Rio Eufrates* (Belo, 1996:7-15).

coisas, como pelo desencanto face ao inaceitável do mundo, à repetição sonâmbula do mal, à violência desmedida da banalidade que contamina tudo (Mendonça, 2001b:10).

Deus – apenas duas vezes grafado em *Os dias contados* (cf. Mendonça, 2006:11-12) – é uma presença implicitamente desdobrada na superfície do poema. Imagino côncava a sua implicitude. Umas vezes o poeta fala-lhe, como em *Revelação* (Mendonça, 2006:25): "És Tu quem percorre o poema/ despertando as aves/ e dando nome aos peixes"; ou em *A fala do rosto* (Mendonça, 2006:31-32): "És Tu quem nos espera/ (...) e ergue lampiões de aviso/ mal o dia se veste de sombra", "Teu é o nome que dizemos/ se o vento nos fere de temor/ e o nosso olhar oscila", "Por Ti é que lançamos as sementes/ e esperamos o fruto das searas", "Por ti a nossa face se descobre/ em alegria"...

É verdade que recolhes nossos dias
quando é outono
mas a Tua palavra
é o fio de prata
que guia as folhas
por entre o vento

E se umas vezes o poeta fala com Deus, outras vezes implicita-o.

E é o encantamento que religa a palavra ao silêncio, o visível ao invisível; é o encantamento o ofício do peregrino, que o próprio Tolentino Mendonça define e encarna: "gente muito tênue, que passa *como um fulgor* e deposita na paisagem nenhuma palavra escancarada, mas um *novo segredo*" (Mendonça, 2002). É isso que se passa em *Os dias contados*, seja "contados" adjetivo ou particípio passado de "contar"; entenda-se "contar" como determinar o número de dias, considerá-los (tê-los em conta) ou narrá-los; ou chegue a ser essa expressão que diz que se abeira do fim aquele ou aquilo que "tem os dias contados".

E se o tempo era para Eckhart o maior obstáculo à união com Deus (cf. Mendonça, 2007:9), Tolentino Mendonça proporciona aqui um deslocamento da temporalidade: concebe um tempo insular (habitado, transimanente): o tempo diacronicamente habitado ao modo de ilha, tal como no princípio fora a ilha disforicamente habitada ao modo de tempo. Assim, contar os dias pode ainda tornar possível "encontrar Deus/ pelos baldios" (Mendonça, 2006:12) ou pode apenas representar a litania – a melopeia – dessa impossibilidade.

Proponho uma leitura da poesia de Tolentino Mendonça em três estâncias. Primeira: a reminiscência vaga, ocasionalmente onírica, proporciona um deslocamento da temporalidade – temos aqui a interação de duas ferramentas: *anamnese* e *analepse*. Segunda estância: a entretecedura dos fios (fissuras) do espaço e do tempo proporciona sedimentos de espanto nas mãos e paisagens nos olhos[-fechados] – temos aqui a interação de outras duas ferramentas: *analogia* e *anagogia*. Terceira estância: a ampla caixa de ressonância e o apertado ângulo anagógico proporcionam um silêncio (sincopado e apneico) que antecipa um pressentimento de infância recuperada e de intimidade, Deus pelos baldios – temos aqui a ação de apenas uma ferramenta: *anagénese*.

Entre a reminiscência e a regeneração, a poesia de Tolentino Mendonça é um sistema catártico e reversivo. E é-o dolorosamente. Dolorosamente, mas sem descomedimento. Recordo as palavras de Unamuno, quando escrevia sobre Espinosa, em *Do sentimento trágico da vida*: "Do mesmo modo que aos outros lhes dói uma mão, ou um pé, ou o coração, ou a cabeça, a Espinosa doía-lhe Deus" (Unamuno, 2001:11). Sem movimentos bruscos, sem paroxismos nem exasperações, também a Tolentino Mendonça lhe dói Deus.

Outro dos três poemas que memorizei, num sopesamento íntimo, foi *Diálogo para um personagem de Andrei Tarkovskii*:

Eutopia, distopia e outros deslocamentos da temporalidade em *Os días contados*

dizer-te é inclinar-me
sobre
o silêncio

faz que eu seja
o choupo
todo dobrado
na face pressentida
das águas (Mendonça, 2006:33)

Os últimos poemas deste livro – *Anunciação* (Mendonça, 2006:34), *Visitação* (Mendonça, 2006:35), *Epitáfio para R. M. Rilke* (Mendonça, 2006:36) e *Final* (Mendonça, 2006:37) – arrastam os sedimentos imateriais do corpo: o ombro do anjo, o rosto e o colo da mulher, a visão e a luz, o mistério e a flor do lírio acesa (Mendonça, 2006:34). Depois o interior, o olhar que vacila, a vastidão; as águas, a sombra e os medos; e é aqui que "a flor se abandona/ à véspera esplendorosa/ do fruto" (Mendonça, 2006:35). E antes do silêncio final – essa "partilha/ do furtivo/ lume" (Mendonça, 2006:37) –, o terceiro poema que há tantos anos guardei na memória, aí onde todo o conhecimento é reconhecimento, esse quase etéreo *Epitáfio para R. M. Rilke*:

quando as palavras
buscarem amparo
em teu secreto canto
serás ainda
o único pastor
do meu silêncio (Mendonça, 2006:36)

José Rui Teixeira

Referências bibliográficas

BAUDELAIRE. *As flores do mal*. Lisboa: Assírio & Alvim, 1992.

BELO, Ruy. *Aquele grande Rio Eufrates*. Lisboa: Editorial Presença, 1996.

_____. *Todos os poemas*. Lisboa: Assírio & Alvim, 2000.

CASTELÃO, Pedro. *La visión de lo invisible: contra la banalidad intranscendente*. Moliaño: Sal Terrae, 2015.

LOURENÇO, Eduardo. *Portugal como destino seguido de mitologia da saudade*. Lisboa: Gradiva, 1999.

MENDONÇA, José Tolentino. *Os dias contados*. Funchal, Secretaria Regional do Turismo, Cultura e Emigração / Direção Regional dos Assuntos Culturais, 1990.

_____. *Longe não sabia*. Lisboa: Presença, 1997.

_____. *A que distância deixaste o coração*. Lisboa: Assírio & Alvim, 1998.

_____. *Baldios*. Lisboa: Assírio & Alvim, 1999.

_____. *De igual para igual*. Lisboa: Assírio & Alvim, 2001a.

_____. A primitiva labareda. In: GASTÃO, Ana Marques; CHAVES, António Rego; CARVALHO, Armando Silva. *Três vezes Deus*. Lisboa: Assírio & Alvim, 2001b.

_____. Dentro de Deus. *Pública*, revista do jornal *Público*. 12 mai. 2002.

_____. *A estrada branca*. Lisboa: Assírio & Alvim, 2005a.

_____. *Tábuas de pedra*. Funchal e Lisboa: Porta 33 e Assírio & Alvim, 2005b.

_____. *A noite abre os meus olhos* [poesia reunida]. Lisboa: Assírio & Alvim, 2006.

_____. A pintura sonora. *Pentateuco – pintura de Ilda David'*. Lisboa: Assírio & Alvim, 2007.

_____. *O viajante sem sono*. Lisboa: Assírio & Alvim, 2009.

_____. *A noite abre os meus olhos* [poesia reunida]. 2ªed. Lisboa: Assírio & Alvim, 2010.

_____. *Estação central*. Porto: Assírio & Alvim, 2012.

_____. *A papoila e o monge*. Porto: Assírio & Alvim, 2013.

_____. *A noite abre os meus olhos* [poesia reunida]. 3ªed. Porto: Assírio & Alvim, 2014.

_____. *Teoria da fronteira*. Porto: Assírio & Alvim, 2017.

MEXIA, Pedro. O sopro do coração. *DNA – Diário de Notícias*. 2 jun. 2001.

NANCY, Jean-Luc. *Las Musas*. Buenos Aires: Amorrortu Editores, 2008.

SILVA, José Nuno Ferreira da. *A morte e o morrer entre o deslugar e o lugar.* Porto: Edições Afrontamento, 2012.

UNAMUNO, Miguel de. *Do sentimento trágico da vida*. Coimbra: Quarteto Editora, 2001.

WENDERS, Wim. *Der Himmel über Berlin*, 1987.

12 | Figuraciones de "Dios" en la poesía de Marcelo Rioseco

Roberto O'Nell
Pontifícia Universidad Católica de Chile

La poesía de Marcelo Rioseco (Concepción, Chile, 1967) es una poesía que pone de manifiesto "el problema de Dios" con ironía, desparpajo y dolor, en el primer plano de importantes poemas. En este estudio, junto con una descripción general de los cuatro poemarios del autor, se presenta una lectura de poemas representativos de esta temática, que se emprende desde la pregunta de trabajo: "¿Cuáles son las figuraciones de 'Dios' en la poesía de Marcelo Rioseco?". Para averiguar la respuesta a esta interrogante, se distinguen dos etapas en la escritura del autor: la primera, marcada por *Ludovicos o la aristocracia del universo*, primer poemario, de 1995; la segunda, por los tres restantes, que exponen una dicción más semejante entre sí, y publicados con más estrecha frecuencia entre 2010 y 2016. Las figuras de "Dios" oscilan entre un *Dios sobre-trascendente* y un *Dios caído*, cuyas marcas se destacan en cada caso. El dinamismo existencial que se verifica entre ambas figuras tiene, en el hablante poético, el correlato de diversas tonalidades en una cierta libertad de expresión, desde la cual plantea distancias, rupturas y anhelos de relaciones humanas renovadas. Durante la lectura, van proponiéndose lazos con otras obras poéticas hispanoamericanas.

Roberto O'Nell

Primera etapa

El primer libro de poemas de Marcelo Rioseco, *Ludovicos o la aristocracia del universo* (1995), está articulado como una rapsodia subdivida en episodios. Se abre con un *Saludo a la leyenda del mañana* (Rioseco, 1995:13-15) y continúa con el *Prólogo a los vuelos fundamentales de Ludovicos/ Primer capitán aéreo del álgebra de un destino* (16-20), tras lo cual siguen catorce cantos cuyos títulos comienzan, todos, con la fórmula "Ludovicos...". Así, por ejemplo: "Ludovicos/ El preceptor del ocio" (21-29), "Ludovicos/ Olímpico vencedor del crepúsculo" (30-33). El ánimo lúdico sugerido por el significante *ludovicos* se combina con el tono grandilocuente sugerido, a su vez, por la reminiscencia de la épica de Ariosto, sin que podamos descartar posibles lazos con la realeza de Ludovicos germanos. Esto será la nota permanente del libro, que además se pone de manifiesto ya en los títulos que hemos apuntado.[1]

Óscar Hahn subraya que este libro "se atreve a pasar por encima del canon dominante en la poesía chilena y se juega agresivamente por valores que parecían haber desaparecido de circulación, como el tono elevado del lenguaje, la fe en la magia de la poesía, el elogio del misterio y de la belleza, y la recuperación de la fantasía". Ana María Larraín señala que "el motor fundamental es la armazón sustantiva del sujeto en un solo y gran movimiento multidimensional en buscar del ser, Ulises para siempre". El canon poético aludido por Hahn, en ese entonces, era el de una poesía de tonalidad coloquial y conversacional, que desdeñaba y hasta cancelaba cualquier tentativa de grandeza existencial y elocutiva. De ahí que Larraín subraye, en Rioseco, ese movimiento único, capaz de unificar lo diverso en una unidad de mayor envergadura.

El libro es, al mismo tiempo, el relato de un viaje sideral y las confesiones del viajero Ludovicos. Relato desaforado, insólito, constante-

---

1 Es interesante informar que este libro fue el ganador del Segundo Concurso de Poesía Premio "Revista de Libros", del diario *El Mercurio*, en Santiago, Chile, en 1995. El jurado estuvo integrado por Óscar Hahn, Ana María Larraín y Nicanor Parra, algunos de cuyos juicios servirán de apoyo enseguida.

Figuraciones de "Dios" en la poesía de Marcelo Rioseco

mente interrumpido por confesiones reflexivas, sentimentales, incluso de talante aforístico. Y, si bien la imaginería celeste, abierta, expansiva, puede recordar a *Altazor*, las fuertes dosis de ironía y de autoironía marcarán diferencia respecto del texto de Vicente Huidobro. Para Ismael Gavilán, *Ludovicos…* emula "una épica cósmica en la estela de *Altazor* [y también] de los *Sea Harrier* de Maquieira" (Rioseco, 2012). Sugerentemente, Gavilán allega el poemario de Diego Maquieira publicado en 1993, que recupera una imaginería desbordante, alucinada, en un contexto, el del Chile que recién salía de la dictadura militar, de poesía de referentes más bien directos, reconocibles a simple vista, de fuerte denuncia sociopolítica.[2] De momento, ya los títulos tanto del libro como de los cantos de *Ludovicos…* parecen zarandear, por la vía de la exageración, de la imitación paródica de los modelos épicos, cualquier rictus de seriedad o solemnidad. Un humor vanguardista, diríamos, pero reforzado, contraproducente, no exento de ternura, y que será, acaso, un modo de síntesis del legado moderno, si contamos desde el Renacimiento italiano y pasamos por el Romanticismo anglosajón y la Vanguardia hispanoamericana. *Ludovicos* parece insertarse en esa tradición de lo moderno, donde el hablante es también, o puede ser, un histrión, un personaje hiperbólico en su gestualidad, claro descendiente de los posvanguardistas Nicanor Parra y Enrique Lihn.

La primera alusión a "Dios" aparece muy pronto en el libro. Señala: "Ludovicos/ toda su vida quiere ser pureza y luz/ un reino perpetuo construido con inmaculados signos// Sed, sed de Dios/ cómo no desear beberlo/ y santificar los labios con un beso sagrado" (Rioseco, 1995:17). Alusión que instala la inquietud de la búsqueda, pero también la relación fuertemente física que el personaje espera, y que, a su modo, recuerda la imagen del cáliz donde el Dios cristiano se da, precisamen-

---

2 En *Los Sea Harrier*, Maquieira se atreve con una discursividad lúdica, pero también enigmática, de referencialidad más bien indirecta, donde la contingencia política, si procede, debe auscultarse en otros niveles del texto. Su filiación con el primer libro de Rioseco es del todo pertinente a la hora de averiguar cauces de poetización, sobre todo por la aparente rareza de una poesía que se aparta así del "canon dominante".

te, a beber. El deseo del beso nos vuelve a esa experiencia mística por momentos tan erótica, a lo Teresa de Ávila, a lo Juan de la Cruz, y que traduce el anhelo unitivo en ardor de fusión carnal, el alma en cada palmo del cuerpo. Enseguida, "Ludovicos se posa en un disco de aguas mansas/ y contempla su espaciosa belleza// *He venido como los pájaros a beber de mi rostro/ Dios quiera que este reflejo no perjudique a la naturaleza//* Que no sea su voluntad de mago/ un intento inútil por embellecer la vida oscura" (1995:37).[3] A la manera de Narciso, nuestro viajero se allega a una fuente circular, imagen de lo perfecto originario, de una belleza natural cuya oscuridad, propia de lo terrestre, no quisiera ver intervenida, ni siquiera por la buena intención de ese Dios con "voluntad de mago". Una imagen del Dios interventor, cuya omnipresencia resulta estorbar al hacer humano.

El tópico de la sed y del beber como experiencias de la búsqueda, como expectativa de unión totalizadora, se repite luego: "*Bebed amigos bebed/ El hombre tiene sed de todo y del todo/ Se tiene sed de vida y amor//* El espíritu del hombre sobrepasa el tiempo/ Ludovicos siempre se sueña maravilloso y audaz" (Rioseco, 1995:39). Asimismo, el tono elogioso retorna al retrato del héroe, que reluce aquí con algo de exceso por parte del narrador, y que propicia, en el lector u oyente, la distancia irónica. Vale la pena agregar aquí el desprecio que leemos en la página siguiente: "*jamás me abrazo al poder o beso un anillo de cardenal/ antes muerto*" (1995:40). Aclaración que perfila aún más, diremos, la opción experiencial del personaje, del buscador, de quien va tras un fin enorme, desmedido: su sed es de "Dios", "de todo y del todo", "de vida y amor". Un afán similar al de *El sediento*, poema de Octavio Paz, donde el hablante está en busca de la poesía y de sí mismo: "Por buscarme, poesía,/ en ti me busqué:/ deshecha estrella de agua,/ se anegó mi ser./ Por buscarte, poesía,/ en mí naufragué [...]// y en el borde esas aguas/ el mismo muerto de sed" (Paz, 2003 [1989]:37). El hablante de Paz se ve como

---

3 Salvo indicación contraria, las cursivas de éste y de otros pasajes corresponden a énfasis del texto original.

envuelto en la dinámica de unión y desunión, de encuentro y separación, donde la palabra, como palabra poética, cobra un rol central en la experiencia de vida. En *Ludovicos o la aristocracia del universo* (1995) también la palabra es crucial.

No extraña, entonces, que el narrador de Rioseco subraye lo excesivo del "espíritu del hombre", que siempre quiere más, va por más, pregunta y pide más. Esto podría constituir un tópico que denomino, al pasar, *la inmensidad del hombre*, y que traduce no un antropocentrismo cerrado sobre sí, como podría ser la autocomprensión moderna y contemporánea de lo humano – digamos, forzando un poco las palabras, un *antropo-exclusivismo* –, sino más bien una humanidad dispuesta a rebasarse a sí misma, sus capacidades, sus límites, para cumplirse como proyecto y destino en este mundo y quizá en otro mundo, según la desmesura del movimiento. Véase también el poema *Alturas de Macchu Picchu* (1995 [1950]), de Pablo Neruda, parte XI: "Déjame olvidar hoy esta dicha, que es más ancha que el mar,/ porque el hombre es más ancho que el mar y que sus islas,/ y hay que caer en él como en un pozo para salir del fondo/ con un ramo de agua secreta y de verdades sumergidas (…)" (1995:37). Es sugerente, en este poema de Neruda, el que la *inmensidad del hombre* verificada en la construcción de la ciudadela incaica pueda constatarse, a su vez, justo ante la inmensidad de un paraje natural cuya majestad no deja de ensalzarse. O sea, aún ante lo maravilloso dado en este mundo, lo propiamente humano que ha podido desplegarse a sus anchas suscita admiración y cuidado preferencial. El narrador de Rioseco está animado por un espíritu muy similar.

Y no extraña que Ludovicos desee "[a]*cogerse a la suavidad femenina/ una comunión cerrada entre dos seres solitarios/ embriagados por el alcohol de la belleza*" (1995:40). "Dos cuerpos enlazados domestican la eternidad./ Y es preciso ponerse de rodillas" (1995:848), dice el hablante de *Temblor de cielo*, de Vicente Huidobro. Otra vez la unión carnal cifra, traduce, un encuentro de mayor escala, una unión superior, donde el tiempo humano se enseñorea de la eternidad. Y Huidobro llama la atención, con el

Roberto O'Nell

gesto de arrodillarse, sobre lo sagrado del acto; mientras Rioseco subraya, con la imagen del elíxir, la belleza como arrebato, como camino de enajenación temporal, momentánea superación y rebasamiento del *yo*. El mismo impulso que conduce al viajero a hablar "de la matemática oculta, del símbolo y sus tesoros/ del verso, ánfora de lo absoluto" (1995:46), y que luego celebra como *"frenesí, facultad de lo eterno/ mil extravíos, imagen del Paraíso"* (1995:48), en una fórmula celebratoria también de la poesía, que le hace verse a sí mismo como "inventor y prócer de una patria celeste" (1995:73) y enseguida constatar que "nada se oculta a la santidad de lo recién nacido" (1995:73). Es toda una reverencia a la sacralidad originaria, a la condición partícipe de lo santo que Ludovicos observa en lo naciente y donde el verbo poético tiene protagonismo, adquiere el carácter de palabra de fundación. "Dios significa lo mismo que semilla o nostalgia/ y poesía cataratas de visiones o llaves sagradas" (1995:74), dirá poco después, como una forma de conclusión que será reforzada enseguida, al aseverar que "Dios no se parece sino al alfabeto de su obra/ poeta primero de un libro anónimo/ el universo,/ habitáculo sombrío y grandioso del espíritu humano" (1995:88). "Dios" resulta ser tan originario en esta comprensión, que es más un repertorio de letras ("alfabeto") que una obra acabada, o incluso una obra de inicio y apertura antes que un mundo concluido ("libro anónimo", "el universo, habitáculo").

Se trata de una conclusión preliminar, en todo caso, porque las alusiones finales a "Dios" parecen desdibujar intencionadamente esta especie de recuperación del ser superior, seminal, originario, *santo*, que venimos siguiendo. "Duerme Ludovicos/ monje guerrero de los peregrinos del porvenir/ necesitas de la pureza como Dios de los hombres" (1995:89). Este "Dios" se muestra con una característica que subraya no ya su capacidad de relación con el ser humano, sino su ser *necesitado* de éste; descripción que lo abaja, que lo hace *caer*. Y enseguida, dice el personaje: *"El verdadero pecado no va contra el hombre/ el mal desea a Dios entre sus generales"* (1995:90). Una aseveración que expone parte de la dinámica del mal: el mal deseoso de "Dios" para acabar con él, con su obra, con sus hijos, según sabemos desde el libro del *Génesis*. Al mismo tiempo, el viajero parece haber ganado una cierta clarividencia, o al menos un conocimiento ampliado de lo real: "Ludovicos ya estaba al tanto de todas las realidades/ su cuerpo era un campo de exploración/ le venía Dios como amores incontenibles" (1995:91). Un estado en que, identificados "Dios" y los "amores incontenibles", este Dios aparece en su condición amorosa y además móvil, *viniente*, esto es, en permanente mostración e invitación al vínculo.

Es así como "Dios" se perfila, en este primer libro de Marcelo Rioseco, como lo absolutamente otro, como la alteridad radical en la que profundiza especulativamente Rudolf Otto en el ya clásico estudio *Lo santo*. Una otredad cuyas manifestaciones a la comprensión humana, esquemáticamente son, por un lado, la *terribilitá*, la grandiosidad que sobrecoge y asusta, el *misterium tremendum et fascinans*; pero también, por otro lado, el "Dios" cercano, tan próximo como otro hombre, como un compañero de viaje algo desmedrado. Esta última imagen es especialmente reveladora de una abierta comprensión cristiana del Dios. En *Ludovicos…* no se explicita conceptualmente como cristiana, desde luego, pero resulta ostensible en la medida en que el "Dios" puede ya aparecer humanizado y, más aun, verse expuesto a una cierta carencia. Asimismo, la figura del *Dios-autor-del-universo* (*Pantocrátor*) recorre todo este libro de Rioseco. El Creador propiamente tal, cuyo estatuto nos lo recuerda Adolphe Gesché en *El cosmos*, al insistir en el acontecimiento de una obra, la Creación misma, que transparenta a su autor tanto como el mandato de continuarla en provecho de la propia felicidad humana. La imagen del Dios-alfabeto es un modo de insistir en la condición incompleta o, mejor, de punto de partida de la Creación hecha por Dios: todo lo demás está encargado a la actividad humana. El *Pantocrátor* es condición de posibilidad del *homo faber*. Y Ludovicos, nuestro personaje, es visiblemente activo en todo el proceso de su aventura: se mueve, se desplaza, viaja, pero también habla, medita, confiesa, anuncia. Está a sus anchas habitando el cosmos.

Segunda etapa

En el libro *Espejo de enemigos*, de 2010, las alusiones a "Dios" o "dioses" son escasas y no constituyen, me atrevo a pensar, una problemática en sí mismas. Por cierto, sí constituyen dimensiones asociadas al tema del libro, que es, a grandes rasgos, el problema de la ética del escritor, y particularmente del escritor de poemas. Sin embargo, la dicción que Rioseco desarrolla aquí es del todo relevante para ingresar de lleno en esta segunda etapa de su escritura poética. Dicción quizá tan desenvuelta como en *Ludovicos…*, pero ahora indudablemente despojada de grandilocuencia, de humor, e incluso de aquellos dejos de alegría que el primer libro entregara en su espíritu lúdico. Al contrario, el desengaño, una leve amargura, un cierto estoicismo, parecen las marcas más acusadas de esta fase que abarca también el libro *2323 Stratford Ave.*, de 2012, que ofrece textos donde la problemática de la extranjería se exterioriza también en la forma de referencias indirectas y hasta interpelaciones levemente hostiles a "Dios" mismo: "la querella siempre a flor de piel para ver si no es del todo inútil invocar a Dios" ("*2323…*" s/p).[4] El habitar en tierra extranjera viene dado en el propio nombre del libro, un sintagma que materializa una dirección postal, ficticia o verídica, pero concreta. Asimismo, *La vida doméstica*, de 2016, es un libro sobre asuntos de la vida puertas adentro, donde las menciones y apelaciones a "Dios" tienen un lugar importante. A continuación, selecciono un poema de uno de estos dos últimos libros:

"Señor, dime que la vida no cansa"

Señor, dime que la vida no cansa   1
y que los agravios no envilecen
ni se ensañan contra mí,
que ni ofendo ni me ensaño y apenas canto.

---

4 Véanse, por ejemplo, los poemas *Unos deseos locos de rezar* (27), *Para qué escribir un poema* (54) y *La fe de los otros* (67).

Dime que el aire no oprime   5
ni es duro el grito en la garganta
ni la muerte, cruel en su agonía.
Señor, ¿para qué otra vez el madero
si yo en verdad no lo puedo?

Dime que la vida en verdad no cansa,   10
que toda dicha es fiel y el amor no quema
ni la pasión cede a su mordida.
Pero yo me canso como quien en verdad
arrastrara un madero y en el amor
no viera una rosa sino una herida.   15

Dime por qué en silencio ya no te llamo,
por qué nadie en el dolor ofrece un descanso.
Dime, Señor, por qué la vida duele tanto.

De *2323 Stratford Ave.*, quisiera ahondar en el poema "Señor, dime que la vida no cansa" (Rioseco, 2012:50), texto cuyo título y primer verso lo hacen especialmente interesante de acuerdo al propósito de este trabajo. En diversos momentos del libro, Rioseco adopta perspectivas cambiantes para abordar, digamos, el tema de "Dios". En este poema, en cambio, el hablante menciona al "Señor" y le habla. "Dios" o el "Señor", ya indagaremos en esta diferencia, no son aquí un referente, el referente poético, el objeto o fenómeno poetizado, sino el receptor de un mensaje, a quien se dirigen las palabras. Este solo hecho es suficiente para pensar que, en la expectativa implícita del hablante, el "Señor" es capaz de escuchar y que, quizá, hasta pueda responder. Que sea un partícipe de la interlocución. El "Señor" queda inscrito, entonces, como el interlocutor del hablante y el poema, a su vez, como una plegaria en tono de coloquio, de conversación íntima.

Cuatro momentos son distinguibles en el poema. El primero (versos 1-7) pide al "Señor" palabras, un mensaje bien preciso que, en general, podemos comprender como negar el dolor y el mal. Lo que hace sufrir en verdad no hace sufrir. Pero observemos todavía otra consecuencia de "Señor". Recordemos que, al aparecer como vocativo, ese otro queda fuera de la sintaxis del lenguaje, pero asimismo, al estar inscrito en la interlocución, resulta ser el *otro-ahí* de la comunicación. Presencia que es condición de posibilidad para la enunciación que escuchamos y leemos. Pues bien, de ese "Señor" se espera que desmienta las consecuencias negativas del vivir, del ser agraviado, del gritar, del morir mismo. Notemos que, al hacerse visible el tradicional tópico de la *falsa modestia* ("apenas canto"), se trata de una limitante producida, en lo inmediato, por el cansancio. "El cansancio del agotamiento es un cansancio de la potencia positiva. Incapacita para hacer *algo*" (73, cursivas del original), aclara Byung-Chul Han en *La sociedad del cansancio*. Potencia positiva: el poder hacer, el imperativo de poder hacer; distinto a la negatividad de la prohibición. Tal como lo declara nuestro hablante.[5] Es él quien pide al "Señor" que *diga* que el mal, a la postre, no hace mal. El mal en las relaciones interpersonales que además se experimenta en el propio cuerpo.

La segunda invocación al "Señor" da origen a una pregunta que inicia el segundo momento del poema (vv. 8-12). La interrogación cuestiona el acontecer de una nueva ocurrencia del "madero"; indaga el "para qué" de una reiteración que tiene visos de ser cíclica y de carecer de finalidad, o al menos de una finalidad que se hurta a la comprensión del hablante. El "madero" es la metáfora de aquello, ciertamente, que además sirve de nudo semántico de todo cuanto el hablante viene de-

---

5 En un fragmento donde discute con el pensamiento de Peter Handke. Probablemente, en el poema se trate de un hablante que pueda identificarse con el hombre de la sociedad del rendimiento, aquella que, según Han, ya no opera por coerción exterior para suscitar obediencia y luego productividad, sino por coerción interior para suscitar directamente rendimiento. Pero me parece que el poema no lo explicita. De momento, recojo nada más la reflexión sobre el tipo de cansancio que está mostrando el hablante.

tallando como pequeño inventario de dolores y males. Como analogía, el "madero" es la unificación, la figura comprensiva de la variedad anterior. Pero es también un vínculo entre el *yo* y el "Señor". La partícula "el" es la señal, puesto que es, morfológicamente, un artículo definido, y por tanto señaliza que ese "madero" es un elemento conocido. Al no mediar explicación ni detalle de "el madero", podemos asumir que se trata de un objeto conocido para ambos: el madero de la cruz.

El *yo*, entonces, habla en un código compartido, como es propio de un coloquio, de una conversación entre íntimos. Puede prescindir de las explicaciones que no sean estrictamente necesarias. Y lo que ese código describe, con "el madero", es la vida misma como secuencia narrativa, seguidilla de versos, cadena enunciativa, signada por el mal en su faceta de dolor plural: la vida como *via dolorosa*. La mención de "el madero", entonces, es el signo de empatía entre el *yo* y su interlocutor, pero inmediatamente cuestionado en su ignorada finalidad. El "para qué" explicita que el *yo* no tiene la expectativa de redimir a nadie ni nada. Puede ser una apertura a ello, a ser respondido en esa dirección; una pregunta que habría de satisfacerse con la respuesta de *muerte y resurrección*, pero el mismo tono de la cuestión, consistente con el tono del coloquio, hace pensar más bien en una pregunta retórica, en una afirmación que deja en evidencia y subraya la vaciedad posible, y al cabo el sinsentido, de ese fin.

Más aun cuando el *yo* declara una impotencia: no es capaz de cargar "el madero". "No me la puedo", "no se la puede", decimos coloquialmente en el español chileno, con el verbo *poder* en forma refleja, para indicar la impotencia o incapacidad ante alguna empresa que excede aparentemente nuestras fuerzas y recursos. ¿Tenemos que pensar, entonces, que si la finalidad del dolor fuera conocida, si estuviera clara, entonces el hablante cobraría nuevas fuerzas y *sí se la podría*? ¿Es que el "Señor" *se la pudo* con su propio "madero" en virtud de conocer de antemano su "para qué"? Es plausible pensarlo así. El *tú* y el *yo* son entidades diferentes, y este fragmento (vv. 8-9) no hace sino subrayarlo. Pero otra pregunta, me parece, late aquí con mayor fuerza existencial: ¿será que nuestro hablante plantea una separación en el mismo terreno de la empatía: la separación de decir, paráfrasis mediante, *tú eres el Mesías; no yo*? El tópico de la *falsa modestia* se troca ahora en reconocimiento dramático de la propia finitud. *Tú eres infinito, yo no.*

El punto no parece irrelevante, en la medida en que no se está pidiendo ayuda para cargar "el madero". El hablante no solicita ser llevado a reposar "en verdes praderas" donde "reparar [mis] fuerzas" (*Sal* 23:2-3). Continúa y continuará lamentando, ante el "Señor" y para el "Señor", el acontecer del mal que lo abate, sin pedir ayuda, sin rogar intervención fáctica en su *via dolorosa*. La relevancia del gesto, conjeturo, es su fuerza ya no sólo existencial sino también existencialista, en la noción del *ser-arrojado*, del hombre botado en el mundo, librado a sus propios recursos y acciones para desenvolverse. *Tú eres el Dios; no yo.* El Sísifo de Albert Camus cobra cercanía aquí, dado ese reiterado cansancio y también el vacío finalista que convierte en absurdo toda acción humana, y que en Camus se expresa como certeza. El "Señor" de Rioseco, en cambio, aparece cuestionado, interrogado, si es que todavía la pregunta no se ha convertido en pura pregunta retórica. Recordemos que en castellano decimos "dejado de la mano de Dios", en la comprensión de un Dios que abandona a sus creaturas. Un Dios que hasta puede verse como adversario del hombre: "Hay golpes en la vida tan fuertes… Yo no sé!/ Golpes como del odio de Dios" (9), dice el célebre inicio de toda la poesía de César Vallejo. Un Dios capaz de descargar su ira contra su propia creatura, capaz de odio aun como hipótesis ("*como* del odio de…", énfasis mío).

Vemos entonces que el *yo* del poema no pide intervención fáctica en su calvario: ni la aparición de un Simón de Cirene que lo sustituya un momento, ni una Verónica que enjugue su rostro, ni un descanso donde repararse y recobrar energías. Pero de todos modos pide algo: un *decir*, que el "Señor" diga y *le* diga, a él, al hablante, que la vida no es como la experimenta… "Basta que digas una palabra y mi muchacho quedará sano" (*Mt* 8,8), dice el Centurión a Jesús; palabras que la liturgia católica recoge como "una palabra tuya bastará para sanarme" y que se ajustan mejor a la situación del hablante. Al cerrarse la pregunta, el *yo* reitera, como una modulación semántica, el mal del cansancio, de la desdicha y de la infidelidad, y donde "amor" y "pasión" ostentan perfiles dañinos, como amenazas de daño físico. Pero no dejemos de subrayar el "amor" y la "pasión" que, a esta altura del camino, son resonancias menos de la poesía romántica y de la música popular – vocablos tan incansablemente usados y abusados – que del *via crucis* mismo. *Amor* es nada menos que, según los evangelios, el significado de la vida del Mesías que carga su propio madero y, todavía más, es él mismo en cuanto que venido al mundo desde el Padre, quien no sólo ama sino que *es* amor: "tanto amó Dios al mundo, que entregó a su Hijo único" (*Jn* 3:16). *Pasión* es un modo de verificación de la encarnación misma: a la inversa de otras divinidades, este Dios es *pasible*, y lo es en cuanto Padre que envía a su Hijo, y en cuanto Hijo que se expone al padecimiento y padece de hecho.

El tercer momento (vv. 13-15) refuerza la semántica del cansancio y la finitud propia, que nos hace recordar, con un "madero" que pudiera también ser *roca*, al castigado Sísifo. Notemos que el hablante toma, sin embargo, una distancia elocutiva. Dice: "como quien *en verdad* arrastrara un madero" (énfasis mío). O sea que no lo arrastra; lo anterior era tan sólo una analogía, nos dice implícitamente ahora, en este momento de autoconsciencia discursiva. ¿Qué puede ser lo arrastrado, entonces, si no un "madero"? ¿Los pies del caminante, el propio cuerpo cansado? Y algo similar ocurre luego con la relación entre "rosa" y "herida", sólo que esta vez se desestima una analogía por otra analogía. El hablante nos dice que él, "en el amor", ve "una rosa" a pesar del cansancio. ¿Qué es esto: esperanza contra toda esperanza, mero optimismo, no más que buena voluntad? Como fuere, la mención de la "herida" es plenamente concordante con el *via crucis*: el calvario es un itinerario de laceración.

Pero la "herida" evidencia también una semántica muy potente, tan antigua como el ser humano. El mismo Han se ha referido al concepto de *experiencia* (*Erfahrung*)[6] como un exponerse a la vulneración, como la posibilidad de ser herido. Está hablando de la experiencia del arte – con referencias a eminentes autores que han jalonado ese pensar – que sobrepasa el mero agrado del espectador, pero su reflexión inscribe dicha experiencia en el itinerario vital. Y lo que caracteriza nuclearmente a esa herida es la irrupción de una otredad que desestabiliza, desarma, desbarata la mismidad del sujeto. "Sin herida no hay poesía ni arte. También el pensamiento se enciende con la negatividad de la herida" (54). Me parece que no es otra la *experiencia* de nuestro hablante. El "amor" no aparece para él como la "rosa", metáfora de la perfección y belleza natural procurada por el amante y también por el poeta, especialmente desde el Romanticismo anglosajón; aparece en su pensamiento como una "herida". Pero no es todavía la bienaventuranza, la *herida gozosa* de los místicos; ni sabemos si lo será. El *yo* constata y lamenta lo mismo que el poema "Desocupado lector", de Gonzalo Rojas: "Cumplo con informar a usted que últimamente todo es herida:/ la muchacha/ es herida, el olor/ a su hermosura es herida, las grandes aves negras, la inmediatez/ de lo real y lo irreal tramados en el fulgor de un mismo espejo gemidor es herida…" (279), y sigue así, como en un loco inventario, enumerado en caos, tan caro a los vanguardistas.

El último momento del poema (vv. 16-18) tiene un primer nivel paradojal: el de pedir al "Señor" que le explique por qué no se dirige a él cuando en realidad lo está haciendo. Pero, en un segundo nivel, la paradoja se resuelve por la diferencia entre *hablar* y *llamar*. La diferencia entre el *decir*, el *proferir*, y el *apelar*, el *invocar*. De un lado, el solo despliegue discursivo; del otro, la palabra en busca del interlocutor. Dos modalidades o dos momentos de la relacionalidad que es toda palabra: relación

---

6 La fenomenología hermenéutica alemana ha distinguido, especialmente en el tránsito desde el siglo XIX al XX, las nociones de *experiencia* (*Erfahrung*) y *vivencia* (*Erlebnis*) en virtud de una mayor objetividad relativa en la primera y una mayor subjetividad relativa en la segunda. La *experiencia* es el fenómeno que explicita su acontecer en relación, más visible o más sutil, con la vida intersubjetiva. El fenómeno de la *vivencia*, en cambio, pone su acento en la huella del acontecer en la interioridad del sujeto.

Figuraciones de "Dios" en la poesía de Marcelo Rioseco

indeterminada y relación personalizada. Puede ser cierto que "quien habla solo espera hablar a Dios un día", según el famoso "Retrato" (11) de Antonio Machado; que aun la palabra del soliloquio está en busca y en espera de alguien; de "Dios", en ese caso. "Alguien me deletrea", confía Octavio Paz.[7] De un modo concordante con estas otras voces, el hablante de Rioseco está simplemente hablando *para* y *ante* el "Señor"; pero no llamándolo. El "Señor" es el interlocutor enfrente, el *otro-ahí*, pero no un padre a cuya casa se aspire a regresar, como sí aspiraba el Hijo Pródigo (*Lc* 15:11-32).

Podríamos acentuar la literalidad del trozo "en silencio ya no te llamo" y pensarlo como declaración de que ahora se lo llama en voz alta, en la voz de quien profiere el poema. No sería descaminado. Pero el tono de lamentación es de tal intensidad y continuidad, que nos lleva a mejor pensarlo como constatación de haber perdido incluso ese resto pequeño, ese llamado tímido o vacilante que se hacía "en silencio". Dejémonos bien llevar: ya no queda siquiera ese vestigio de vínculo. "[A ti] ya no te llamo". Y sin embargo, la solicitud continúa: "Dime [...]/ Dime". Quiere explicarse también el rechazo o abandono por parte de los demás, en quienes no verifica "descanso" ni "verdes praderas", y, en fin, el porqué de la vida como dolor. "Ante la atomización de la sociedad y la erosión de lo social, lo único que queda es el *cuerpo del yo*, que hay que mantener sano a cualquier precio. La pura sobrevivencia hace que desaparezca toda teleología, toda finalidad a causa de la cual una deba estar sano" (101, cursiva del original), escribe Han en recuerdo también de lo que Nietzsche planteara como sacralización de la salud. Nuestro hablante no absolutiza la salud, claramente, pero sí experimenta un doloroso cansancio ligado a la falta de finalidad que apuntamos. En ese dolor, sigue pidiendo algo, no obstante. *Una palabra tuya bastará.*

El hablante acaba por remarcar la distancia que existe entre ambos interlocutores: *te hablo, pero no te llamo*, así como la diferencia entre

---

7 Esta sentencia de cierre del poema "Hermandad" (*El fuego de cada día* 341) es recurrida por el mismo Paz, en una entrevista, al ser indagado acerca de sus creencias.

el pasado y el presente: *te llamaba; ya no te llamo*. Es quizá cuando la denominación de "Señor" adquiere toda su fuerza ambivalente: la del Dios libremente abajado y sometido a la semántica de este mundo, a una modalidad de vínculo social, pero también indicativa de una cierta distancia interpersonal que deja al otro en calidad de *servidor*. La dinámica del coloquio con el "Señor" nos lleva a esperar, por ejemplo, que esa fórmula mude a "Padre", en virtud de un vínculo social que, en la tradición judeocristiana, tiene la filiación como su modelo más significativo.[8] Cuando los discípulos piden a Jesús que les enseñe a dirigirse a Dios, éste les enseña el *Padrenuestro* (*Lc* 11:1-4), en un gesto, uno de tantos, que enseña el cambio de carácter en la relación con Dios: hijos; no sirvientes. Pero el *yo* termina el poema pronunciando un hiato, cavando un foso entre él y el "Señor". Será tal vez que un cansancio de gran proporción le impide reconocer a un padre en el "Señor".[9]

La vida doméstica, de 2016, es un libro sobre asuntos de la vida privada, como dice su título, pero asimismo, en otro giro de sus connotaciones, de una cierta vitalidad domada, aminorada, amaestrada. Al ponderar el rol que la poesía, su lectura y su escritura, juega en este esquema del libro, Carlos Franz apuesta: "en la poesía, tanto como en la existencia humana, la valentía puede consistir en encarar el espanto de la vida doméstica con estoicismo" (s/p). Esta realidad determina un contexto bien específico para las alusiones del "dios": las relaciones interpersonales, los lazos afectivos, el espacio de significaciones mediadas por la memoria íntima. Particularmente significativo por su intensidad es el poema *Una forma siempre ausente* (102), que tematiza a "dios" en este ámbito de los vínculos familiares y levanta una sentida reflexión sobre la figura del ser superior e incluso sobre la iglesia.

---

8 Esta transformación en la modalidad nominativa y apelativa al "Dios" es también comentada y ahondada, en la tradición judeocristiana, por Rudolf Otto, Adolphe Gesché y Maria Clara Bingemer, entre muchos otros.

9 No debiera descartarse la posibilidad de comparar esta temática del poema de Rioseco con aquella de *Lavorare Stanca*, de Cesare Pavese.

En este poema pueden distinguirse cinco momentos. El primero de ellos (versos 1-6) da toda la pauta del texto: quiere imaginar "un gran perdón", "nuevas formas de misericordia", para lograr "entender a dios", "saber qué pasó con mi fe, con la fe de mamá" y "de todos nosotros". Al exteriorizar un deseo de comprensión, el hablante hace algo más que formular un interesante problema especulativo: es el drama del sentido del vivir, más sensible en la medida en que, para su verbalización, acude a la imagen de "mamá" y de ese "nosotros" que constituye el espacio afectivo primario, ahí donde el sujeto despierta precisamente al sentido del vivir. Destaquemos el uso de la expresión "de mamá", que connota un decir infantil, un reposicionamiento del hablante en el lugar de su niñez. Una especie de *ubi sunt* parece oírse aquí: dónde está hoy esa fe, qué se hizo finalmente, qué fue de ella. Una pregunta labrada en una lamentación por un bien perdido, auténtica nostalgia: dolor ante una ausencia.

El segundo momento (vv. 7-9) es muy breve, pero sustancioso: nombra a "Dios", que aparece con mayúscula sólo por abrir la oración, seguido de las frases pronominales "nuestro gran fugitivo, esa forma de amor omitido". Son expresiones elocuentes acerca de una ausencia de "dios" obrada por él mismo, nombrado como aquel que huye, que huyó, pero que de inmediato se describe vinculado a los propios núcleos amorosos, "nuestros podridos corazones", como si fuera un ente afectado de podredumbre, materia corrompida en el centro de la humanidad de cada quien.

El tercer momento (vv. 10-22) es la breve exposición de dos casos concretos, de personas que han experimentado mejoras en sus vidas. "El tío José", que cumplió una condena y salió en libertad, y el "hermano Miguel", que superó su alcoholismo. En ambos casos, el hablante subraya el hecho de que tales mejorías se produjeron por las dinámicas propias de cada realidad: una condena que se cumple, un alcoholismo que lleva al individuo a la desesperación, y no "por los muchos rezos" ni "por un milagro". Es decir, por ningún motivo que pueda asociarse a lo que un creyente llamaría "la acción de Dios". Y lo entendemos: "Dios" es un "fugitivo". Quizá en otro tiempo fuera un actor en el drama humano, quién sabe; lo cierto es que ahora no está presente, no se manifiesta en la historia, en los ciclos vitales, en los nudos de la humana existencia.

El cuarto momento (vv. 18-22) es una breve pero lapidaria conclusión de esta muestra de casos. La vida no es más que "suerte, mala o buena suerte" y, de paso, la "familia", el grupo al que pertenecen, suponemos, el "tío José" y el "hermano Miguel", probablemente parientes del *yo*, es una "tropa de golfos (irresponsables)". Notemos que el "hermano Miguel" es igual, en su denominación, al personaje del poema *A mi hermano Miguel* (vv.103-104), de César Vallejo. El fallecido hermano del poema de Vallejo, y al que ese hablante recuerda en sus correrías infantiles por la casa paterna, ahora se dibuja como un adulto que duramente superara el alcoholismo. Una figura entrañable y de tierna estirpe poética que reaparece, fugazmente, degradada. Llama la atención, también, el paréntesis explicativo que se permite el hablante ("(irresponsables)") que hace visible una cierta consciencia idiomática, puesto que el uso de la palabra "golfos" no se extiende a toda Hispanoamérica, y que opera una especie de autocorrección, en cuanto ofrece un vocablo acaso más formal y de uso más extendido.

En el quinto y último momento (vv. 23-27), el hablante apunta a esa categoría de "gente" que ha descrito en sus cercanos, para remarcar justamente la conducta de concurrir a la iglesia y de ser recibidos por "dios". Es, más que una conclusión lógica, una escena cuyo foco está en esos semblantes que lucen algo de bárbaro, de peligro, de avidez animal, y respecto a los cuales el hablante consuma la apuesta que abrió el poema en forma de hipótesis, de imaginación dramática de un sentido de gran escala. Una vez perfilados "estos rostros feroces" y, por tanto, abominables, se cierra la hipótesis al postular la capacidad de hacer un gesto corporal de adoración y, enseguida, de emitir "una verdadera palabra de amor". La postura corporal y el tipo de palabra imaginada conforman una unidad que, como en el rito, señala la total prioridad de eso otro adorado: prioridad en cuanto a cuidado, a escucha, a contemplación. Son ésos y no otros los rostros que aparecen como signos misteriosos, que cifran, que cifrarían, una fuente de sentido mayor, acaso de verdad.

El poema se cumple, entonces, en una jugada genuinamente dramática. Tras imaginar y proseguir exponiendo y evaluando, el hablante se pregunta y apuesta por el sentido de la fe. Es plausible pensar que se trata de una fe propiamente religiosa, ya que aúna los cuestionamientos sobre la creencia y sobre una cierta confesionalidad: por lo pronto, es una fe que se escenifica en "la iglesia". A la manera de Cristo, por ejemplo, alerta sobre la atención preferencial que debieran tener los seres humanos que viven en peores condiciones. El hablante no releva, sin embargo, el esperable tópico de la pobreza medida en términos socioeconómicos, sino más bien esa otra pobreza, acaso menos evidente pero operativa: la *periferia existencial,* según la noción que podemos recoger del pensamiento del Papa Francisco. "El Señor se involucra e involucra a los suyos, poniéndose de rodillas ante los demás para lavarlos" (22), indica el pontífice.[10] Visto así, no sólo se trata de los seres humanos que viven en peores condiciones, sino también de las peores condiciones que todo ser humano puede experimentar en cuanto se aleja del centro, esto es, del sentido, de una verdad que lo movilice para establecer y cultivar lazos de acogida y cooperación con los demás.

Ese vivir al límite del sentido, al borde de la inhumanidad, y que cristaliza en "rostros feroces", es lo que debiera suscitar, acaso por remisión a "dios" o por ser expectativa de remisión a él, adoración y palabra de amor. No deja de sorprender, subrayo, el recurso al gesto ritual de arrodillarse y, más aun, al amor, y al amor que se profiere. Me parece que esto evidencia que la apuesta del hablante y del poema pretende superar el plano puramente ético del vivir, esa dimensión deseable de una vida correcta, ajustada a normas necesarias, para tocar, al menos con la

---

10 La noción de *periferia existencial* o *humana* es tratada por el Papa Francisco en diversos textos. Recojo acá la formulación que hace en toda la exhortación *Evangelii gaudium.* La cita es también de este documento, del numeral 24.

imaginación, a modo de hipótesis, el exceso mismo: el amor como plena aceptación de lo otro y, sobre todo, de los otros. Que eso, además, es el perdón: un *don-de-más*, un don excesivo. Quizá ese "gran perdón" que el hablante quiere al menos concebir. El amor como adoración a quien parece no haberse fugado del todo, "para ver si no es del todo inútil invocar[lo]", y que se entrevera en las presencias de los cercanos. El amor como palabra que, al acoger al hipócrita, al descreído, al bárbaro, puede salvar, terminaría por salvar.

En esta lectura de la poesía de Marcelo Rioseco que he presentado, las figuras de "Dios" oscilan entre dos polos: 1) un *Dios sobre-trascendente*, cuyas marcas son la autoría alegre del cosmos, verificables en *Ludovicos o la aristocracia del universo*, y una distancia que el hablante exacerba en "Señor, dime que la vida no cansa"; y 2) un *Dios caído*, ausente, "fugitivo", cuyas marcas son la presencia herida, la impotencia y la incapacidad, al cabo, para sostener el mundo y una relación. El dinamismo existencial que se muestra entre ambos extremos tiene, por parte del hablante poético, las marcas del reclamo, del sarcasmo, de la interpelación y donde quizá yace, en estado latente, un anhelo de encuentro con un "dios" garante del amor. Pero también, es manifiesta la libertad de habla del *yo* que se anima a decirse a sí mismo, a plantear una ruptura con un "Señor" y, no en último lugar, a imaginar ardorosamente una mejor, más significativa, relacionalidad de lo humano.

Referências bibliográficas

BIBLIA. *Biblia de Jerusalén*. Bilbao: Desclée de Brouwer, 2009.
_____. *La Biblia de nuestro pueblo – Biblia del peregrino América Latina* [2005]. Macau: Pastoral Bible Foundation, Mensajero, 2010.
PAPA FRANCISCO. *Evangelii gaudium. Exhortación apostólica de S. S. Francisco sobre el anuncio del Evangelio en el mundo actual*. Santiago: Conferência Episcopal do Chile, Pontifícia Universidade Católica do Chile, 2013.
FRANZ, Carlos. Formas de valentía. *La Segunda*. 30 set. 2017.

GAVILÁN, Ismael. *2323 Stratford Ave*, de Marcelo Rioseco. *Letras*. Disponível em: http://www.letras.mysite.com/archivorioseco.htm. Acesso em: 15/05/2018.

GESCHÉ, Adolphe. *Dios para pensar IV: El cosmos* [*Dieu pour penser* IV: *Le cosmos*, 1994]. Salamanca: Sígueme, 2005.

HAHN, Óscar. Sin título. *Ludovicos o la aristocracia del universo*, de Marcelo Rioseco. Segunda solapa.

HAN, Byung-Chul. *La sociedad del cansancio* [*Die Müdigkeitsgesellschaft*, 2010, 2016]. Barcelona: Herder, 2018.

_____. *La salvación de lo bello* [*Die Errettung des Schönen*, 2015]. Barcelona: Herder, 2018.

HUIDOBRO, Vicente. *Temblor de cielo* [1931], en *Obra poética*. Madri: ALLCA XX, 2003.

LARRAÍN, Ana María. Sin título. *Ludovicos o la aristocracia del universo*, de Marcelo   Rioseco. Segunda solapa, 1995.

MACHADO, Antonio. *Campos de Castilla* [1912]. Madri: Espasa Calpe, 2004.

NERUDA, Pablo. *Canto general* [1950]. Buenos Aires: Losada, 1995.

OTTO, Rudolf. *Lo santo. Lo racional y lo irracional en la idea de Dios* [*Das Heilige*, 1917].   Madri: Alianza, 2016.

PAZ, Octavio. *Libertad bajo palabra* [1949]. Buenos Aires: Sol 90, 2003.

_____. *El fuego de cada día* [1989]. Madri: Espasa Calpe, 2004.

RIOSECO, Marcelo. *Ludovicos o la aristocracia del universo*. Santiago: Universitaria, 1995.

_____. *Espejo de enemigos*. Santiago: Uqbar, 2010.

_____. *2323 Stratford Ave*. Santiago: Uqbar, 2012.

_____. *La vida doméstica*. Santiago: Cuarto Propio, 2016.

ROJAS, Gonzalo. *Antología de aire* [1991]. Santiago: Fondo de Cultura Económica, 1996.

VALLEJO, César. *Los heraldos negros* [1918]. Buenos Aires: Losada, 1976.

13 | Teopoética e imaginación a la luz de Paul Ricoeur

Cristina Bustamante
Pontifícia Universidad Católica de Chile

En este trabajo voy a intentar relevar el lugar de la teopoética a la luz de Paul Ricoeur, más específicamente, su noción de poética íntimamente ligada a la imaginación. Creo que este aporte de nuestro filósofo puede contribuir a seguir pensando las bases epistemológicas de la teopoética, pues me parece que entre nosotros podemos caer en el equívoco de que la teopoética no goza del estatuto epistemológico de la Teología académica porque se ocupa de cuestiones poco racionales, simbólicas o pre-conceptuales. Aunque parezca evidente, al menos para nosotros, al hablar de teopoética no queremos expresar un tipo de discurso teológico meramente estético, es decir, la teopoética sería una Teología que se deja seducir por la literatura y, por lo tanto, abandona su labor reflexiva y conceptual en pos de la búsqueda de un metalenguaje más puro y vivencial.

Me parece que a la luz de la Filosofía hermenéutica de Ricoeur podemos otorgar una carta de ciudadanía a este giro teológico. Este opera, a mi entender, no como un desafío a la racionalidad en sí misma, sino a un cierto tipo de razón, que podríamos llamar racionalidad meramente especulativa y totalizante. Frente a una especulación desconectada de la vida y la belleza, este giro teopoético tiene el mérito de devolvernos a la realidad mediada por los relatos y la literatura. Una de sus armas es su conexión con la imaginación, como bien lo reconoce Heather Walton

263

en un texto reciente: "La teopoética se remonta y recurre a la rica herencia del pensamiento imaginativo de nuestras antiguas tradiciones y responde también a las diferentes necesidades culturales y espirituales de nuestra época" (Walton, 2017:677).

Sin embargo, se trata de una imaginación situada en el ámbito del lenguaje, del concepto y de la razón, se trata una razón poética o, mejor dicho, teopoética. Tal vez, el equívoco aludido al comienzo se nutre de la mala reputación que tiene la imaginación en el ámbito de la Filosofía y la Teología. Por ello he visto necesario comenzar este trabajo mencionando estas dificultades en torno al estatuto académico de la imaginación. En segundo lugar, mostraremos cómo la noción de poética e imaginación en Ricoeur son dos cuestiones inseparables y que ellas abran paso a una razón narrativa.

Finalmente, digo una palabra sobre la fecundidad de estos aportes ricoeurianos para la Teología a partir del aporte de dos autores que se ejercitan en la reflexión teológica desde un logos teológico poético.

Rehabilitar la imaginación en la Teología hoy

Hoy en día algunos autores hablan de rehabilitar la imaginación en la Teología. No se trata de que la imaginación estuviera ausente de la reflexión teológica. Ella ha sido trabajada en análisis bíblicos, en el estudio de santos y místicos de diversas épocas, desde la estética teológica, las reflexiones feministas y otros estudios.[1]

Sin embargo, nuestro intento es situar esta problemática en el contexto de la pregunta por la Teología hermenéutica actual, tal como lo entiende Geffré, es decir, se trata de una Teología cruzada por los aportes de la Filosofía hermenéutica que nos ubica "bajo el signo del primado del sujeto" (Geffré, 1984:55).

---

1 Ver como ejemplo: Dailey, 1993:169-188; Spadaro, 1994:687- 712; Macintyre, 1987; Vanhoozer, 1987:25-56; Pui-lan, 2005; Gallagher, 2006:83-96; Proulx, 2010:143-162; Azcuy, 2005:537-556.

De algún modo, los autores que menciono a continuación se ubican en esta línea, se trata de la cuestión del sujeto más allá del famoso giro antropológico hacia el giro poético imaginativo.

En efecto, según Dermot Lane, pareciera que la Teología comienza a vivir un nuevo giro, pero ahora hacia la imaginación (Lane, 2009-2010:119). Luego del famoso giro antropológico y lingüístico del pensamiento occidental (y de la misma Teología), la imaginación es redescubierta y su papel puesto nuevamente en el horizonte de la reflexión teológica.

Lane sostiene que el desprestigio de la imaginación en el pensamiento occidental tendría sus bases en la Filosofía y desde allí impregnaría esta mala reputación del rol de la imaginación a la misma Teología. En ambos casos, ya sea desde la Filosofía o la Teología, se trataría de un "perfil ambiguo de la imaginación" (Lane, 2009-2010:124) que comienza en el contexto de la Filosofía griega pues ella la desprestigia acusándola de ser poco confiable desde el punto de vista epistemológico. En tal sentido, la Filosofía platónica, por ejemplo, sembraría la sospecha sobre todo conocimiento basado en las imágenes que surgen del mundo sensible.

A pesar de ello, Lane constata que Agustín y Sto. Tomás, más allá de la herencia griega, dan algún lugar a la imaginación en el conocimiento propio y el de Dios (Lane, 2009-2010:124).

Sin embargo, según el mismo autor, el salto más significativo de la Filosofía vendría de la mano de Kant gracias al papel que le otorga a la imaginación (*Einbildungskraft*) en la *Crítica de la Razón Pura*. En ella, Kant realiza una distinción fundamental que, como veremos más adelante, es retomada por Ricœur, entre la imaginación reproductiva y la imaginación productiva. La primera es la que "ordena y sintetiza los objetos de la experiencia sensible y luego ofrece estos objetos al entendimiento" (Lane, 2009-2010:125). A su vez, la imaginación productiva integra el dato sensible de la imaginación con las categorías del entendimiento para "la creación del conocimiento" (Lane, 2009-2010:125).

Por lo tanto, pese a esta historia ambigua de la imaginación en el pensamiento occidental, en parte gracias al pensamiento griego y tam-

Cristina Bustamante

bién al prejuicio racionalista e ilustrado, Lane constata que este floreci-
miento de la imaginación en la Filosofía en el último tiempo ha tenido,
y sigue teniendo, consecuencias para la Teología:

> Es en este contexto que un número de teólogos de la mitad del siglo XX en
> adelante comenzó a hablar de la posibilidad de recuperar la importancia
> de la imaginación dentro de la teología como correctivo a la influencia
> corrosiva de la Ilustración en la razón (Lane, 2009-2010:130).

Por otro lado, Matthias Neuman, aborda el tema del redescubri-
miento de la imaginación en Teología desde la Teología Fundamental.
Hoy en día han surgido diversas propuestas teológicas que tienen en
común el redescubrimiento de las estructuras humanas que nos abren al
acontecimiento del cristianismo. En dicho marco expone la renovación
de la reflexión teológica de la mano de la imaginación.

Luego de ofrecer un elenco de las principales obras que se enfocan
en tal esfuerzo Neuman señala:

> Un aspecto particularmente cautivante de estos nuevos esfuerzos teológi-
> cos aparece en la importancia que se da al papel de la imaginación o de
> las habilidades imaginativas generales. Si no expresan un tratamiento o
> desarrollo específico de la imaginación, prácticamente todas estas teolo-
> gías incorporan algunos de los principales productos de la imaginación,
> tales como imágenes, símbolos o metáforas expresivas complejas como
> componentes integrales de su investigación (Neuman, 1981:308).

Se trataría, según Neuman, de una tarea propia de la Teología Fun-
damental en diálogo con la Antropología Filosófica. Sin esta última, el
riesgo de extravío es no menor (Neuman, 1981:309-310).

Se trata por lo tanto de estructurar la Teología Fundamental en el
marco de las tareas de la imaginación y todas las posibilidades que ello
puede brindar. Tales posibilidades dicen relación con una nueva puesta

266

es escena de la temática de la acogida de la revelación por parte del ser humano, la conversión y la acción, la apertura a la trascendencia, entre otras dimensiones, sin descuidar la temática del "sujeto teológico" (Neuman, 1981:313). Respecto de esto último, este autor le concede una gran importancia a la imaginación respecto de la formación del "sí mismo" y a la construcción de la identidad (Neuman, 1981:322), cuestiones que son posibles de trabajar provechosamente desde la perspectiva hermenéutica ricœuriana.

Estos autores constituyen una pequeña muestra del hecho de la rehabilitación de la imaginación en la Teología hoy. Se trata de una imaginación que va de la mano de las teorías sobre el sujeto en la Filosofía contemporánea, en la edad hermenéutica de la razón y desde el ámbito del lenguaje.

A continuación expongo la noción de imaginación en Ricoeur desde el ámbito de su concepto de poética.

La poética y la imaginación en Paul Ricoeur

¿Cuál es el concepto de poética en Ricoeur y cuál es su relación con la imaginación?

La noción de poética en nuestro autor es una noción compleja y dicha complejidad queda reflejada en un texto de Eduardo Silva:

> Sabemos que fue concebida en los inicios como tercera parte del proyecto temprano de una filosofía de la voluntad: *la poética de la voluntad* aparecería cuando realizada ya la eidética de la voluntad, se levantara el paréntesis de la trascendencia tal como había sido levantado el paréntesis del mal, con la empírica de la voluntad. Segundo, sabemos que el término clave de poética aparecerá en sus estudios sobre la metáfora y el relato. Tercero, sabemos que aparecerá también al calificar al discurso religioso y bíblico como un discurso poético (Silva, 2012:57-58).

Quisiera revisar brevemente la segunda y tercera acepción mencionada por el párrafo anterior, es decir, la poética en el plano semántico, dicho de otro modo, lo concerniente a la metáfora y el relato, además de la poética bíblica.

En primer lugar, ya sea en el plano de la metáfora o en el plano de la narración, la poética es la capacidad del lenguaje de producir, pero no se trata de la producción de artefactos (techné) sino la producción de sentido y el develamiento del mundo frente a mi ojos.

Para dar nombre a estos dos aspectos, Ricoeur utiliza los conceptos de "innovación semántica" y función "heurística" (Ricoeur, 1986:246).

La innovación semántica significa encontrar sentido en el sinsentido inicial de términos que no están relacionados. Es el ámbito de la metáfora. Lo central en ella es que nos permite "ver" súbitamente la pertinencia de estos dos términos en cuestión, antes discordantes. Pero además, esta explosión súbita de sentido, nos permite descubrir aspectos insospechados de la realidad. Esta sería la función heurística.

Vemos, por lo tanto, cómo la poética tiene la función de reunir lo disperso, lo que permite poder "ver". En el ámbito metafórico es un "ver como". Este "ver como" metafórico será aplicado desde el ámbito de la metáfora al ámbito de la narración. Este proyecto está contenido en la extensa obra *"Temps et récit"*. Por tal motivo Ricoeur ve en *La métaphore vive* y *Temps et récit* "dos obras gemelas":

> En la narración, la innovación semántica consiste en la invención de la trama, que también es una obra de la síntesis: en virtud de la trama, fines, causas y azares se reúnen en la unidad temporal de una acción total y completa. Y es precisamente esta *síntesis de lo heterogéneo* la que acerca la narración a la metáfora (Ricoeur, 1983:11).

Nuevamente lo discordante, lo que no está unido, a través de la configuración de la trama es puesto en un conjunto coherente y lleno de sentido: personajes, tiempos lugares, acontecimientos, etc. Se unen en el relato de ficción.

En cada caso, ya sea en la metáfora o en relato, estamos frente a la redescripción de la realidad, es decir, frente a un "aumento icónico" de algún aspecto de la vida, del mundo o de nosotros mismos en tanto abiertos a la dimensión poética del lenguaje.

Además, en ambas, metáfora y relato, la capacidad que permite realizar "nuevas síntesis" es la imaginación. Pero entiéndase bien, no la imaginación meramente reproductiva, que según Ricoeur es la permite "dar una imagen presente a cosas ausentes" (Ricoeur, 1984:56) sino la imaginación poiética o productiva. Tal como dice nuestro autor: "'Ver como' es un método (y no un contenido)" (Ricoeur, 1984:56).

¿Pero cómo es posible, según Ricoeur, que la función poética del lenguaje como síntesis de lo discordante o heterogéneo, pueda configurar una vida a través de la imaginación? Dicho en sus palabras:

> Es función de la poesía, bajo su forma narrativa y dramática, la de proponer a la imaginación y a la meditación situaciones que constituyen *experimentos mentales* a través de los cuales aprendemos a unir aspectos éticos de la conducta humana con la felicidad y la infelicidad, la fortuna y el infortunio. Aprendemos por medio de la poesía como los cambios de fortuna son consecuencia de tal o cual conducta, tal y como es construida por la trama en el relato. Es gracias a la familiaridad que tenemos contraída con los tipos de trama recibidos de nuestra cultura, como aprendemos a vincular las virtudes, o mejor dicho las excelencias, con la felicidad y la infelicidad (Ricoeur, 2006:12).

A este tipo de saber Ricoeur le llama "inteligencia narrativa" (Ricoeur, 2006:13).

Esta inteligencia narrativa presupone, de parte del lector, la capacidad de reconfigurar su existencia gracias a los relatos de que dispone gracias a "la intersección del mundo del texto con el mundo del lector" (Ricoeur, 2006:15) y desde allí el reenvío del lector a una poética de la acción.

Por otro lado, respecto al lenguaje religioso, este sería otro caso en el que la metáfora y la narración ponen de manifiesto la unidad intrínseca entre la poética y la imaginación. En efecto, según nuestro autor, los textos que nombran a Dios tienen que recurrir a ciertas estrategias para dar cuenta de una realidad que excede los límites del pensamiento humano. Se trata de un lenguaje particular que pretende dar cuenta de aquello que excede a nuestra razón.

Si bien, la experiencia religiosa y lenguaje son dos términos que se requieren, sin embargo, existe en el ámbito religioso una experiencia pre-lingüística que aluden a una "inquietud última", un "sentimiento de dependencia absoluta" o "confianza incondicionada" (Ricoeur, 1990:70). La puesta por escrito de esta experiencia hace que ella sea comunicable a las futuras generaciones. Dicho en palabras del autor:

> La "inquietud última" permanecería muda si no estuviera sostenida por una palabra renovada sin cesar por la interpretación de los signos y símbolos que, por así decirlo, transmiten esa inquietud a través de los siglos (Ricoeur, 1990:70).

A pesar de ello, la experiencia de lo innombrable que acompaña a la experiencia religiosa, Ricoeur manifiesta que dicha experiencia tiende siempre a comunicarse, a ser expansiva, a pesar de los límites de la palabra en que dicha experiencia se expresa. Por ello, nuestro autor nos llama la atención sobre ciertas particularidades de este lenguaje sobre Dios. De hecho, para nombrar a Dios la Biblia recurre a "expresiones límite", es decir, lenguajes que marcan un cierto límite más allá del cual no podemos ir. Se trata de formulaciones extravagantes, paradójicas, hipérbolicas, etc. El paradigma de estas expresiones está contenido en el A. T. en el episodio de la revelación del nombre de Dios:

> Si ahora aproximamos lo dicho sobre el Nombre Innombrable significado en el episodio de la Zarza Ardiente y esta especie de transgresión

de las formas usuales de la paradoja, del proverbio, de la proclamación escatológica por el uso concertado de la extravagancia, de la hipérbole, de la paradoja, se perfila una nueva categoría que podríamos llamar las expresiones-límite (Ricoeur, 1994:297).

Más allá de la Biblia Hebrea, en el Nuevo Testamento también encontramos formulaciones que apuntan a "punto de fuga" (Ricoeur, 1984(1):35). Es el caso de las parábolas. En ellas, además, se da un caso especial de condensación de narración, metáfora y lenguaje límite:

> Si el caso de la parábola es ejemplar, es porque ella acumula estructura narrativa, proceso metafórico y expresión-límite. Por eso constituye un resumen de la nominación de Dios. Por su estructura narrativa retoma el arraigo totalmente primero del lenguaje de la fe en el relato. Por su proceso metafórico, hace manifiesto el carácter poético (en el sentido arriba mencionado) del lenguaje de la fe en su conjunto. Por fin, uniendo metáfora y expresión-límite, suministra la matriz misma del lenguaje teológico, en tanto este último conjuga la analogía y la negación en la vía de la eminencia (Dios es como…, Dios no es…) (Ricoeur, 1994:297).

Gracias a un desplazamiento metafórico, en las parábolas ocurre una "extravagancia del desenlace" (Ricoeur, 1994:297), es decir, el auditor o lector de la parábola es llevado a un más allá sorprendente. Tal como nos recuerda Walton: "La refiguración específica de las parábolas difiere de la que caracteriza en general al lenguaje poético porque se realiza en dirección a lo extremo, esto es, en función de 'algo más'" (Walton, 2012:262).

Ricoeur ha estudiado también el enlace entre parábolas, metáfora e imaginación Esta última, en tanto imaginación productiva (no meramente reproductiva) es de suma importancia en todo el proceso de "dar forma a la experiencia humana" o "redescribir la realidad" (Ricoeur, 1982:340). El carácter heurístico de las parábolas permite tal redescripción porque en su misma estructura nos conducen "del relato al paradigma" (en clave de símbolo) y desde allí "a la vida" del lector (Ricoeur, 1982:341).

Las parábolas son narraciones que ponen en juego la "expresión-enigma" de "Reino de Dios" y cuya lectura desde la intertextualidad puede proporcionar una clave de interpretación, en el sentido de que ella permitirá desplegar el sentido en clave de lectura dinámica. Ellas están allí para transformar la vida de la lector que desembocan en un "Ven y haz tú lo mismo" y, de este modo, convertir "la historia narrada en paradigma de la acción" (Ricoeur, 1967:114).

En síntesis, el lenguaje sobre Dios contenido en la Biblia constituye un despliegue poético en tanto ubica al lector en la polaridad llamado-respuesta configurando su acción a través de la invitación a recibir el Reino de Dios.

Nuestra pregunta ahora será ¿cómo podemos dar cuenta de esta inteligencia poético narrativa en Teología?

Poética y Teología: Teo-poética

Quisiera finalmente ejemplificar a partir de dos autores, Heather Walton y Alain Thomasset, cómo es posible recepcionar los aportes de Ricoeur en torno a las nociones poética y la imaginación en la Teología.

La primera, H. Walton, realiza una reflexión teológica basada en los relatos de vida o escritos autobiográficos, también llamada "una teopoética del relato de vida" y el segundo, Thomasset, pretende pensar una Teología Moral en los términos de una "poética de la moral".

Comienzo presentando brevemente a Heather Walton, para quien, los relatos de vida no son una novedad de nuestro cristianismo actual, sino que ellos son la vía "arquetípica" en que se ha expresado y desarrollado el cristianismo, desde los evangelios, el gran relato agustiniano de las confesiones y los relatos de maestros espirituales o vidas de santos (Walton, 2017:678-679).

Se trata, desde la perspectiva de esta autora, de relatos que ponen en tensión:

Las luchas de fuerzas en conflicto que les impulsan hacia la coherencia y también despliegan elementos que retan una fácil resolución en el conjunto del relato. Estas tensiones forman parte del código genético del propio género biográfico, que continúan siendo evidentes en el relato de vida actual (Walton, 2017:680).

Además, esta autora se refiere a la teopoética del relato de vida como un camino que:

Se remonta y recurre a la rica herencia del pensamiento imaginativo de nuestras antiguas tradiciones y responde también a las diferentes necesidades culturales y espirituales de nuestra época (Walton, 2017:677).

Sin embargo, Walton constata, dentro de este mismo género del relato de vida, diferencias significativas entre un autor y otro. En algunos hay un cierto tono de idealización, en cambio otros optan por mostrar la ambigüedad del proceso espiritual, sin abandonar la "ambivalencia", "los conflictos" y "el trauma" (Walton, 2017:683). Dando lugar a la imaginación en el proceso de autopoiesis, Walton rescata los relatos que ocurren en los márgenes, más allá de la Teología oficial.

Desde nuestra mirada, lo que quisiera enfatizar en su pensamiento es aquello que ella llama el pensamiento imaginativo, ya que ilustra bien lo que desde Ricoeur llamamos identidad narrativa. Ya hemos visto más arriba como la metáfora y el relato se caracterizan por juntar lo discordante, es decir, realizan síntesis de lo heterogéneo a partir de la elaboración de la trama (en el caso del relato). Pero la corriente imaginativa aquí no sólo se despliega desde quien escribe el relato, sino también desde el lector que construye su identidad a partir de un yo que se pierde en la trama de los personajes para luego encontrarse con un yo más vasto.

De este modo, el relato proporciona un verdadero laboratorio en el que, gracias a la imaginación, puedo experimentar los posibles yo "que flotan ante mí" (Ricoeur, 1950:133). Mi identidad no está dada de una vez para siempre, sino que se construye, abierta frente a las posibilidades que el otro me muestra y que me puedo apropiar.

En el caso de la teopoética del relato de vida, lo que está en juego es una inteligencia práctica de la fe desde una racionalidad teopoética o, para decirlo en términos de Ricoeur, se trata de una "inteligencia narrativa" (Ricoeur, 2006:12) que surge de una "imaginación creadora" (Ricoeur, 2006:13) y agrega: "Por ello aprendemos a convertirnos en el *narrador de nuestra propia historia* sin que nos convirtamos por entero en el actor de nuestra vida" (Ricoeur, 2006:21).

Resulta interesante además pensar en los diversos cruces entre los relatos de vida y los relatos bíblicos, tal como ha puesto de manifiesto, por ejemplo, Etienne Grieu (Grieu, 2009:20). Lo que Walton llama más arriba "lucha de fuerzas en conflicto" es llamado por Grieu un "combate espiritual" y por lo tanto requiere de un método que ayude a lograr un "discernimiento" a través de relatos que "pudieran vibrar de la misma manera. Entonces, significa buscar resonancias entre los relatos de hoy y los relatos bíblicos" (Grieu, 2009:24).

Otro ejemplo pertinente a nuestro tema es la Teología de Alain Thomasset, quien pretende repensar los temas de la Teología moral desde las exigencias de la cultura y las disputas internas de esta rama de la teología.

Una de las cuestiones intradisciplinarias que Thomasset intentará responder es el desafío de dar cabida a una ética verdaderamente crisa, inspirada en Jesucristo, pero sin que por ello sea sectaria. Dicho en otros términos ¿cómo hacer de la ética cristiana una ética universal que posibilite el diálogo con otras religiones en un contexto plural?

Para Thomasset será clave recurrir a los conceptos de la Filosofía hermenéutica, puesto que en ella encontrará las categorías fundamentales que le permitirán responder a esta y otras cuestiones. De hecho, pone de relieve el "giro" hermenéutico de la Filosofía inaugurado a partir de Heidegger y que en Ricœur adopta las variantes textuales, es decir, la comprensión está mediatizada por la interpretación de los textos y símbolos de la cultura (Thomasset, 2011:102).

De este modo, retomando el concepto de sujeto de Ricœur, este autor recoge el concepto de sujeto poético y propone una moral que integra la dimensión poética bíblica en el seno de las convicciones. Dicha antropología tiene la ventaja de hacer dialogar la perspectiva universal con lo particular de las tradiciones que, en este caso, es el aporte específico del mundo bíblico. Por otro lado, es capaz de resolver las críticas de la modernidad gracias a que puede integrar en su reflexión las exigencias de autonomía, de una moral adulta, opuesta a la heteronomía de una ley meramente externa.

Veamos con más detalle cómo retoma estas categorías filosóficas en el seno de su reflexión teológica, en especial las categorías de poética, identidad narrativa e imaginación.

Desde el concepto de identidad narrativa, tal como es presentado por Ricœur en *Temps et récit*, Thomasset desarrolla la íntima imbricación entre el relato y la acción a partir del concepto de mímesis. Si el relato es la configuración de la trama, tal como lo desarrolla Ricœur desde el concepto aristotélico de *mimesis praxeos*, la puesta en intriga es imitación de la realidad realizando operaciones de síntesis a partir de personajes, tiempos, circunstancias, etc. En las que una acción es llevada a cabo. Pero, al mismo tiempo, la acción de los personajes implicados en dicha trama provocan en el lector una apropiación a través de la recepción creativa del texto. La vida del lector es reconfigurada, es decir, su identidad no permanece estática sino abierta, queda expuesta frente al texto que impregna los motivos de su actuar. La identidad narrativa del lector, gracias a la apropiación mimética, es transformada de manera privilegiada en lo concerniente a su acción (Thomasset, 2011:104).

Thomasset se detiene en el tema de la imaginación y dirá que para Ricoeur "la imaginación es la clave de la función poética del lenguaje"

Cristina Bustamante

(Thomasset, 2011:106). Nuestro teólogo enfatiza dos modos de comprender el acto creador que implica la poética, es decir, en tanto produce un sentido nuevo en el plano de la innovación semántica y en tanto nos hace descubrir aspectos insospechados de la realidad, es decir, poniendo de relieve la función heurística. Ambos elementos están presentes tanto en la metáfora como en el relato. En ambos se trata de la unión o síntesis de elementos heterogéneos, dos términos que no guardan ninguna relación (metáfora) o elementos que se encuentran dispersos pero que luego son unidos gracias a una narración (relato).

El relato media entre la descripción de la acción y el juicio moral a través de la "imaginación productiva" (Thomasset, 2011:111); es vehículo de las tradiciones culturales que nos transmiten una visión de mundo, en el caso del cristianismo, esta tradición comporta su visión específica de la realidad que inspira nuestro actuar y forma nuestra imaginación desde las categorías que le son propias al cristianismo y que son "propedéuticas" de la acción ética porque mediante ellas se crea un "laboratorio del juicio moral" a través de un "espacio imaginario" (Thomasset, 2011:112).

Las convicciones, antes señaladas, se forman a partir del encuentro con el texto bíblico. Se trata de una moral que asume la tarea hermenéutica de la interpretación en el marco de una propuesta "poética" de la moral. El mundo nuevo abierto por el texto bíblico interpela a la imaginación para posibilitar la "transformación existencial" del sujeto desde el "corazón" y mediante la educación de las "virtudes" (Thomasset, 2011:110). Gracias a ello la moral no se impone desde fuera, heterónomamente, sino desde las opciones del sujeto ético transformado.

Finalmente, Thomasset enfatiza el impacto de las parábolas y el llamado a la compasión desplegado en ellas. La imaginación es clave además en todo este proceso, tal como ha sido puesto de manifiesto por la tradición ignaciana, que este autor recoge, subrayando el papel central de los afectos en esta conversión o reinvención de la subjetividad en tanto poética. De hecho, propone una moral del discernimiento, atendiendo al desafío de recuperar la conexión entre vida moral y espiritualidad.

Si la vida moral del sujeto no tiene que ver con normas a seguir sino con una nueva visión de la existencia, la moral va unida a la espiritualidad y en ella la imaginación tiene un rol fundamental en el sentido de que ella posibilita la conversión del sujeto al despertar en él posibilidades dormidas. Thomasset defiende la primacía de la imaginación a pesar de la falta de interés, incluso "desprecio" en palabras del autor, que de la Filosofía y la Teología han mostrado hacia ella (Thomasset, 2005:525-526).

Conclusión

En primer lugar, en este texto, hemos aludido a la necesidad de la teopoética de indagar en su estatuto epistemológico propio. Pensamos que dicho estatuto puede encontrar una base bastante sólida en la filosofía hermenéutica contemporánea, en especial en los aportes de Paul Ricoeur, para quien la poética es parte de una nueva comprensión de la razón que se abre paso por las vías de los relatos y narraciones y se constituye en una racionalidad poético imaginativa.

Hemos aludido también a la mala reputación académica de la imaginación y a su actual redescubrimiento tanto en la Filosofía como en la misma Teología. Las perspectivas epistemológicas de la imaginación se han desplegado en especial desde Kant hasta hoy. Si bien no hemos podido realizar, en el espacio de este trabajo, un estado de la cuestión de la imaginación en Teología hoy (y hemos dejado un gran número de autores fuera), hemos querido presentar la perspectiva de dos autores (Lane y Neuman) que llaman la atención sobre este acontecimiento actual en la Teología: la rehabilitación de la imaginación en nuestra disciplina hoy.

En un segundo momento hemos descrito brevemente el pensamiento de Ricoeur respecto a la poética. Fundamentalmente, su esfuerzo ha consistido en mostrar como, tanto en la metáfora como en el relato, se despliega la función poética del lenguaje, es decir, se realiza la producción de un sentido nuevo que surge mediante la unión súbita de elementos dispersos. En ese proceso es la imaginación la que permite esa emergencia de lo nuevo, nuevos sentidos desplegados frente al sujeto que redescubre aspectos insospechados de la realidad y de sí mismo.

Hemos visto como además, en la poética bíblica, esa función poética ha permitido desplegar un sentido que se orienta hacia un más allá del lenguaje, hacia una realidad límite que nos excede y nos sobrepasa y, al mismo tiempo, descubre nuevas posibilidades de realización.

Finalmente, hemos visto como hoy en día es posible realizar este giro poético de la Teología gracias a la ayuda de dos autores que despliegan los recursos de las narraciones en la constitución del sí mismo (Walton) y que renuevan disciplinas como la Teología Moral (Thomasset) a partir de un pensamiento que recoge la noción de identidad narrativa para construir una poética de la moral.

En síntesis, el giro poético parece ser una de las vertientes más fecundas de la Teología para los próximos años. Dejando atrás un pensamiento teológico de conceptos abstractos, la Teología actual, en muchos de su desarrollos, parece percibir que el discurso sobre Dios hoy, si quiere ser pertinente, trasformador y significativo, debe retomar el camino del *"pulchrum"* tal como expresa en papa Francisco en la encíclica *Laudato Si'* (*LS* 215).

De la mano de la Filosofía contemporánea en la edad hermenéutica de la razón, estos desarrollos implicarán una nueva forma de pensar al sujeto y una reformulación de la razón.

Una de las claves de este pensar poético es su centramiento en la imaginación. La Teología, en tanto teopoética del relato o en tanto poética de la moral, tal como hemos visto a partir de nuestros dos ejemplos citados más arriba, encuentra una base hermenéutica bastante coherente y nos permite inscribir sus esfuerzos en la tarea de una Teología académica, pero que no por ello deja de ser una Teología profundamente vital. De este modo, tanto la imaginación y la teopoética podrán reclamar para sí todos los derechos y cartas de ciudadanía en pensamiento teológico hoy.

Referências bibliográficas

AZCUY, Virginia. Hacia una nueva imaginación sobre el laicado y las mujeres en la Iglesia. *Revista Teología*, tomo XLII, n.88, p.537-556, dez. 2005.

DAILEY, Thomas F. Playful Prayer: Imagination and the Task of Theology in a Salesian Perspective. In: RUHL, William. *Salesian Spirituality: Catalyst to Collaboration*. Washington: De Sales School of Theology, 1993.

GALLAGHER, Michael Paul. Theology and Imagination. From Theory to practice. *Christian Higher Education*, v.5, 1ªed., p.83-96, 2006.

GEFFRÉ, Claude. *El cristianismo ante el riesgo de la interpretación. Ensayos de hermenéutica teológica*. Madri: Ed. Cristiandad, 1984.

GRIEU, Etienne. Una teología práctica a partir de los relatos de vida. *Mensaje*, 58, n.583, p.20-25, 2009.

LANE, Dermot A. Imagination and Theology: The Status Quaestionis. *Louvain Studies*, 34, p.119-145, 2009-2010.

MACINTYRE, John. *Faith, Theology and Imagination*. Edimburgo: The Handsel Press, 1987.

NEUMAN, Matthias. The role of Imagination in the tasks of Fundamental Theology. *Encounter* 42.4, p.307-327, 1981.

PROULX, Daniel. Art visuel, imagination et spiritualité: pour une topographie spirituelle guidée par l'imagination. *Théologiques*, v.18, n.2, p.143-162, 2010.

PUI-LAN, Kwok. *Postcolonial Imagination and Feminist Theology*. Kentucky: Westminster John Knox Press, 2005.

RICOEUR, Paul. *Philosophie de la volonté I. Le volontaire et l'Involontaire*. Paris: Aubier, 1950.

_____. *Histoire et Vérité*. Seuil, Paris: 1967.

_____. La Bible et l'imagination. *Revue d'histoire et de philosophie religieuse*, 62, n.4, 1982.

_____. *Temps et récit I*. Seuil, Paris: 1983.

_____. *Herméneutique de l'idée de Révélation*. AAVV *La Révélation*, publications des Facultés Universitaires Saint-Louis. 2ªed. Bruxelas, 1984.

_____. Poética y simbólica. In: LAURET, Bernard; REFOULÉ, François. *Iniciación a la práctica de la teología*. Madri: Ed. Cristiandad, 1984.

_____. *Du texte à l'action. Essais d'herméneutique II*. Seuil, Paris: 1986.

_____. La filosofía y la especificidad del lenguaje religioso (1975). In: *Fe y Filosofía. Problemas el lenguaje religioso*. Buenos Aires: Ed. Almagesto, 1990.

_____. *Lectures 3. Aux frontières de la philosophie*. Seuil, Paris: 1994.

_____. La vida: un relato en busca de narrador. Ágora, *papeles de Filosofía*, 25.2, p.9-22, 2006. SILVA, Eduardo. Poética y atestación en Ricoeur: clave de las relaciones entre el texto y el lector, la alteridad y la ipseidad, el llamado y la respuesta. *Taller de letras*, 2, p.55-71, 2012.

SPADARO, Antonio. Los "ojos de la imaginación" en los Esercizi di Ignazio di Loyola. *Rassegna di Teologia*, 35, p.687-712, 1994.

THOMASSET, Alain. L'imagination dans la pensée de Paul Ricoeur Fonction poétique du langage et transformations du sujet. *Études Théologiques et Religieuses*, 80, p.525-526, 2005.

_____. La poétique biblique comme meta-éthique théologique. La parabole et la vertu. In: VERHEYDEN, J.; HETTEMA, T.L.; VANDECASTEELE, P. (eds.). *Paul Ricoeur. Poetics and Religion*. Leuven: Uitgeverij Peeters, BETL 240, 2011.

VANHOOZER, Kevin. A lamp in the labyrinth: the hermeneutics of «Aesthetic» Theology. *Trinity Journal*, 8, p.25-56, 1987.

WALTON, Heather. La teología y nuestra forma de vivir hoy: una teopoética del relato de vida. *Concilium*, n.373, p.675-687, 2017.

WALTON, Roberto. Las parábolas según Paul Ricoeur y Michel Henry. *Cuestiones Teológicas*, v.39, n.92, p.259-282, 2012.

14

La hospitalidad de la mirada que recrea. Giro estético y escritura mística en Juan de la Cruz y Christophe Lebreton

Cecília Avenatti
Universidad Católica Argentina

El mirar de Dios es amar y hacer mercedes.
Juan de la Cruz
Bienamado, cuando despiertes, ¡mírame hacia Ti!
Christophe Lebreton

Vivimos inmersos en una era crepuscular. Ciertamente, hay crepúsculos de atardecer que sumergen en la noche, pero también hay crepúsculos aurorales que conducen hacia el día que adviene transfigurando la oscuridad en luz. La emergencia de la hospitalidad en nuestro tiempo pertenece a este segundo tipo. El lenguaje de los místicos no ha cesado de atestiguar la experiencia de la unión con lo divino como la del mutuo hospedarse del Amado y de la amada en el Amor recíproco. Sin embargo, en el horizonte del pensamiento posmoderno la puesta en primer plano de la hospitalidad no ha sido iniciativa de teólogos ni de místicos. Presente en la historia de las culturas desde sus orígenes nómades, con el paso del tiempo la hospitalidad fue perdiendo fuerza en la configuración social y política de occidente.

Creemos que ha sido el desamparo y la desolación existencial, la violencia y la intolerancia hacia el otro, lo que ha llevado al filósofo Jacques Derrida a rescatar la hospitalidad del olvido y considerarla como uno de los ejes del pensamiento de finales del siglo veinte y comienzos del actual, tarea en la que se reconoce deudor de Emmanuel Levinas (Derrida, 1998;2014).

Por su parte, la recepción teológica de la hospitalidad, realizada por Christoph Theobald, abrió el camino para pensar el cristianismo como un estilo, un modo de habitar en el mundo sobre la base de la concordancia estética de forma y contenido, sin que para ello fuera necesario volver atrás desprendiéndose de las conquistas modernas de autonomía, libertad y creatividad (2008:59-69;150-151). En este contexto del debate filosófico y teológico, enmarcaremos nuestra propuesta de actualización de la hospitalidad en el horizonte del diálogo entre teopoética y mística.[1] Comenzaremos por referirnos brevemente a la paradójica situación de la hospitalidad en la posmodernidad; luego, presentaremos la hospitalidad de la mirada que recrea en el itinerario de un clásico, Juan de la Cruz, y de un contemporáneo, el poeta y mártir Christophe Lebreton;[2] finalmente, sobre la base del vínculo entre la mirada, la hermosura y la escritura, ponderaremos el aporte de la hospitalidad poético mística al giro estético de la teología.

La hospitalidad como paradoja en el contexto de la posmodernidad

Las huellas culturales de la hospitalidad acompañan la historia humana desde muy antiguo, configurando modos de establecer un tipo de vínculo específico que se da cuando el otro es visto como extraño porque extranjero: sea que se trate del Dios que ingresa en la historia del mundo, como sucede aunque de modo diverso, en los relatos homéricos y en los bíblicos, sea que se trate de un habitante de otro pueblo, ciudad o cultura. En todos los casos estamos ante alguien cuya presencia y acción sobreviene de modo inesperado: un visitante que llega sin haber sido invitado y que, por ello, nos altera.

---

1 Para un panorama epistemológico actualizado del diálogo entre literatura y teología, cf. Jossua, 2011; Ballarini, 2015; Sequeri, 2016; Avenatti de Palumbo, 2002; 2007; 2017.

2 Para la legitimación de Christophe Lebreton como poeta posmoderno, me permito sugerir: Avenatti de Palumbo, 2018a:145-160.

La hospitalidad de la mirada que recrea

Ha sido el lingüista francés Émile Benveniste quien subrayó la situación paradójica que presenta la etimología del concepto de hospitalidad en la evolución de las lenguas indoeuropeas (1968:87-101). En griego, la palabra *xénos* designa al extranjero que se beneficia con las leyes de la hospitalidad: de origen sagrado, la hospitalidad deviene pacto humano hasta plasmarse en una verdadera institución política. En latín, la proximidad fonética de *hospes* (huésped) con *hostis* (enemigo) expresa una problematicidad semántica que el griego no tenía: el "extranjero" que vive más allá de la frontera ("hospes") es considerado como "enemigo" ("hostis"), concepto que luego se extiende al dominio interno de la república romana cuando se designa como "enemigo público" al ciudadano traidor (Albanel, 2017:15-40).

Sobre esta base, Derrida distingue entre el extranjero en sentido antiguo, que tiene nombre y cuya recepción está condicionada por leyes jurídicas de origen sagrado, y el extranjero en sentido posmoderno, que "adviene" como anónimo y desconocido clamando por una hospitalidad incondicional. Esto plantea una antinomia insoluble entre el carácter ilimitado de la hospitalidad absoluta y las leyes que condicionan necesariamente su ejercicio, de donde el autor postula su imposibilidad. Y, sin embargo, aún reconociendo su situación aporética, Derrida reconoce que la hospitalidad puede acontecer cuando se ejerce presión contra el límite que paraliza y el miedo que rechaza al otro para ser llevada más allá de su propio umbral, lo cual sucede precisamente allí donde donante y don se identifican y la entrega es absoluta. Si algo así existe, concluye Derrida, no está presente, siempre está por venir (Derrida, 2014:31;81-85).

Tal hospitalidad no pertenece al orden de lo conceptual sino al orden de la experiencia, la cual consiste en ser partiendo hacia lo extraño, hacia el otro, hacia lo desconocido adonde no puedo ir. El punto de llegada de la fenomenología es punto de partida para la teología: la aporía no se resuelve desde lo conceptual sino performativamente en el don, de ahí que sólo la experimentan los que se abren a la entrega total de sí, quienes viven en estado de espera de quien ha de llegar, cualquiera sea su rostro: "todo el que llega" sin más, sin exclusión alguna, aquél a quien Christoph Theobald llama *le tout venant*, expresión cuya fuerza es imposible traducir al español (2008:187). Es justamente aquí donde la teología pronuncia su palabra: el santo, que se deja transfigurar desde la mirada del Amor, donándose porque se sabe donado en tensión hacia la consumación escatológica, es quien puede vivir la dimensión absoluta de la hospitalidad (Derrida, 1997:130-135). Los místicos siempre supieron de esta relación entre hospitalidad y santidad. En la hospitalidad del Nazareno, que *kenóticamente* calla para que hable y obre cada creyente según su propio modo de habitar el mundo, se encuentra para C. Theobald la fuente del estilo posmoderno de teologizar (2008:66-69;191).

La hospitalidad de la mirada silente

Jean-Louis Chrétien afirma que la primera hospitalidad es la de escucha y que la última será la de la muerte, cuando suceda el dejarnos caer vertiginosamente en la acogida del Verbo luminoso, en ese espacio de escucha palpitante que coincide con el silencio (1998a:13). El autor distingue entre un silencio originario de donde brotan las palabras, un silencio que es el acto de callar, y finalmente un silencio místico, lugar de la transformación pasiva donde es Dios propiamente quien actúa. Este silencio, que no nos hunde si no para elevarnos más allá de nosotros mismos, es en sí un acontecimiento hospitalario (1998b:67). Para el fenomenólogo francés, el silencio no es solamente condición de la escucha sino también de la visión: el hombre de mirada es silencioso (1998b:56). La escucha comienza por el vacío y el desasimiento. Para el orante y para el místico, en el silencio se produce el desvelamiento por la Palabra en dos sentidos: uno negativo, en tanto desenmascara y quita el velo de lo falso, y otro positivo, en cuanto despierta a la verdad por el conocimiento amoroso del sí extático que se abre al tú en el espacio del "entre", del nosotros (Herraiz, 2007:121-126). La escucha es respuesta que exige en la desnudez de sí, la liberación del egocentrismo para abrirse al llamado de la recreación, de la configuración del yo relacional (Herraiz, 2007:63-68).

La unión mística exige ese silencio en el que sólo las miradas hablan. De este modo, ver y escuchar se entrelazan, porque "sólo escucha un ser de mirada y solo mira un ser que escucha" (1998b:101). Es en el silencio nupcial donde las voces y las miradas de los amantes no se oponen, no se funden, sino que son plenamente ellas mismas en la recepción y donación recíprocas que acontece en el abrazo del tercero: circularidad danzante del Amor que une a los diversos, en correspondencia con la reciprocidad del mirarse trinitario de las personas entre sí, que es dinámica y efusiva (Coda, 2018:48-49). Es precisamente aquí, en el silencio de la mirada donde el místico experimenta la unión con lo divino. De esta hospitalidad de la mirada tratan los dos textos poéticos que hemos elegido para considerar en esta conferencia.

La recreación "en" la mirada: clave del itinerario místico de Juan de la Cruz

"El mirar de Dios es amar y hacer mercedes", dice Juan de la Cruz en su comentario en prosa al *Cántico* 19:6 (2007:665). Dos cuestiones se siguen de esta afirmación: una, que el sujeto de la acción de mirar es Dios; la otra, que el contenido de la mirada es el amor mismo y que, en tanto es pura donación, opera la transformación, es decir, recrea haciendo "mercedes" al entregarse a sí mismo como don.

Colin Thompson ha demostrado que es posible trazar el itinerario místico del *Cántico* sanjuanista a través de la evolución de la mirada, a la que considera como el símbolo más importante del poema y el menos comentado (2017:37-57). Tres etapas reconoce en la representación simbólica de esta experiencia inefable: la primera, es la de la "mirada creadora" del Dios escondido en las huellas de la hermosura; la segunda, es la "mirada deseante" de Dios que provoca la "mirada extática"

Cecília Avenatti

de la amada; la tercera, es la "mirada recreadora" de Dios que limpia, agracia, enriquece e ilumina (Herraiz, 2007:15-20).

La primera etapa se inicia en la estrofa 5, en la que aparece la "mirada creadora" del Amado que hermosea con su figura y luego se esconde para ser buscado:

> Mil gracias derramando
>
> pasó por estos sotos con presura,
>
> y, yéndolos mirando
>
> con sola su figura
>
> vestidos los dejó de hermosura.(2007:53).

Es un Dios personal el que ha dejado los vestigios de su presencia en la creación, también y sobre todo en la humana, y por ello desde el origen somos seres en relación. Es la mirada de Su belleza la que ha obrado la herida ontológica, revelándose en salida de sí, abierto Él y abiertos nosotros desde el comienzo a una reciprocidad inclusiva: el encuentro nupcial se da desde el comienzo. Dios se nos comunica y deja su huella de una vez por todas desde el seno materno. La unión de amor con Dios es el primer núcleo personal, que es constitutivamente relacional, y, por ello, la mística consiste en desarrollar el misterio de lo que el hombre es desde el principio de su existencia, por pura gracia. Luego, esta presencia se esconde y sólo quedan huellas de su paso. Por eso el hombre ha de salir en su búsqueda, siguiendo el rastro.

En la segunda etapa del recorrido esto lo expresa el poeta a través del cruce de miradas: por un lado, es la mirada del Amado que sale a buscar, llamando y ofreciendo silenciosa hospitalidad y, por otro lado, es la mirada de la Amada que purificada de su ego y oscuridades sale de sí y responde. Aquí resulta teológicamente decisivo el cristocentrismo sanjuanista. La encarnación del Hijo es la que permite lo que estaba prohibido: antes, "ver" a Dios significaba morir, ahora, "no ver" el rostro de Cristo es morir de dolor. Así, en las estrofas 11 y 12:

La hospitalidad de la mirada que recrea

Descubre tu presencia,
y máteme tu vista y hermosura;
mira que la dolencia
de amor , que no se cura
sino con la presencia y la figura.

¡Oh cristalina fuente,
si en esos tus semblantes plateados
formases de repente
los ojos deseados
que tengo en mis entrañas dibujados! (2007:63).

La huella adquirió un rostro que mira y que al herir desvela la verdad ontológica del origen, a saber, que la mirada de Dios habita la estancia íntima y primordial. El encuentro primero ha dejado grabado el dibujo de amor del Huésped, cuya presencia se descubre en el juego de miradas, en silencio (López-Baralt, 2017:35-47). El camino de la unión es noche oscura, la noche oscura de la fe: la vocación de la persona es vocación de unión y de relación, no vamos "hacia" la unión, sino que estamos "en" la unión desde el principio. Si bien las dos dimensiones son simultáneas, en la mística sanjuanista la preminencia del "en" resulta decisiva, pues implica la precedencia de la vía mística sobre la vía ascética.

En la tercera etapa, la simbólica de la mirada es llevada a su máxima posibilidad de expresión, en la medida en que da cuenta de la consumación del desarrollo de lo que ya somos: seres creados en relación de unión amorosa. Las estrofas 32 y 33 son por ello un canto a la "recreación por la mirada":

Cuando tú me mirabas
su gracia en mí tus ojos imprimían:
por eso me adamabas,

y en eso merecían
los míos adorar lo que en ti vían.

No quieras despreciarme
que, si color moreno en mí hallaste,
Ya bien puedes mirarme
Después que me miraste,
Que gracia y hermosura en mí dejaste (2007:63).

La desproporción ontológica y la desfigura del pecado ha sido transfigurada a través de la dolorosa experiencia de la purificación por el despojamiento y la pobreza de sí por la mirada del Amado "que re-crea". Es la hospitalidad mística: mirada directa, íntima, intensiva, del "adamar", que es amar mucho. Se ha invertido el mito de Narciso: la mirada no vuelve sobre sí, sino que sale hacia fuera de sí, hacia el tú en el nosotros de la unión de amor. La teología implícita es aquí trinitaria como se desprende de la intertextualidad del primero de los romances sanjuanistas sobre el evangelio "In principio erat Verbum":

Como amado en el amante
uno en otro residía,
y aquese amor que los une
en lo mismo convenía
con el uno y con el otro
en igualdad y valía.
Tres personas y un amado
entre todos tres había,
y un amor en todas ellas
y un amante las hacía;
y el amante es el amado
en que cada cual vivía;
que el ser que los tres poseen

cada cual le poseía,
y cada cual de ellos ama
a la que este ser tenía.
Este ser es cada una,
y éste solo las unía
en un inefable nudo
que decir no se sabía;
por lo cual era infinito
el amor que las unía,
porque un solo amor tres tienen,
que su esencia se decía:
que el amor cuanto más uno,
tanto más amor hacía (2007:41).

La nupcialidad intratrinitaria se presenta como clave de la interpretación de la unión de amor originaria de Dios y el hombre. Como acierta en señalar C. Thompson, siguiendo a Ian Matthew y a Xavier Pikaza, estos romances son un "auténtico prólogo de todos los escritos de san Juan", el "Evangelio de san Juan de la Cruz" (2002:93-94). En el *Cántico* el juego de amor es juego de miradas: el Padre mira al Hijo y el Hijo al Padre en el amor mirante del Espíritu. Parafraseando el lenguaje de la ontología trinitaria de Piero Coda, podemos afirmar que la mirada es el símbolo en el que se consuma el amor como reciprocidad "reciprocante", es decir, reciprocidad abierta a una prodigalidad y multiplicación infinita del dinamismo del ágape, que es el dinamismo propio de la reciprocidad. Señala el teólogo al respecto:

La dinámica/categoría de la reciprocidad no hay que confundirla en el sentido de una lógica simplemente dialógica y binaria. De hecho, trinitariamente, la reciprocidad presupone y propicia siempre un *tertium*: no sólo como un "en medio" o "entre" (*zwischen*) de la relación o como fruto de ella, sino (integrando estos dos significados, ambos válidos) como tér-

Cecília Avenatti

mino intencional intrínseco a la misma relación de reciprocidad. (…) La reciprocidad es verdadera cuando es abierta y efusiva. La *reciprocidad* es tal cuando es efusivamente *reciprocante*, es decir, cuando tiende a multiplicar al infinito el dinamismo mismo por el que es reciprocidad (Coda, 2014:657).

Esto suscita una "hermenéutica innovadora de la diversidad" como posibilidad de una unidad que no es la del Uno, de lo idéntico, sino la unidad que se expresa en la convergencia de la diversidad (Coda, 2018:49). En este suelo ontológico trinitario, donde mirada, figura y hermosura se entrelazan, arraiga la condición estética de Dios y de lo humano, pues como afirma Hans Urs von Balthasar: "Jesucristo es aquello que expresa, es decir, Dios, pero no aquél a quien expresa, esto es, el Padre. Paradoja incomparable que constituye la fuente originaria de la estética cristiana y, por consiguiente, de toda estética. ¡Qué capacidad de visión exige y presupone captar este punto originario!" (1985:32).[3] Así remata Juan de la Cruz esta tercera etapa en la estrofa 36:

Gocémonos, Amado,
Y vámonos a ver en tu hermosura
Al monte y al collado
Do mana el agua pura
Entremos más adentro en la espesura (2007:63).

Gozar en el mirarse transformador de la mirada del Amado es verse en su belleza. Es la hospitalidad del silencio mirante la que habla. La fuerza semántica está en la preposición que refiere a la acción de morar: "en" es permanecer, quedarse, ser ahí, en la intimidad del Amor que hospeda al Amado y a la amada en recíproca transformación "reciprocante".

_____

3 Para una ponderación de la paradoja estética trinitaria, me permito remitir a: Avenatti de Palumbo, 2018b.

La mirada "hacia" la hospitalidad del Amado en Christophe Lebreton

En la poética posmoderna de Christophe Lebreton se produce un giro. Como un deseo, apenas una dirección quebrada y fragmentaria, presenta la mirada de Dios en el poemario *Ama hasta el fin del fuego* (2017:44):

> Bienamado, cuando despiertes,
>
> ¡mírame hacia Ti!

En contraste con Juan de la Cruz, el mirar no acontece "en" el morar sino en el "hacia". La clave del cambio de perspectiva está en la preposición de la cual pende todo el juego de amor entre la mirada de Dios y la fragilidad humana. Pero no se trata ya del "hacia" de la ascética, sino de la acentuación de la relacionalidad mística en la cual la acción del amor unitivo precede a toda tentativa humana de alcanzar la unión con lo divino desde sí.

La respuesta de su escritura poética va en la misma dirección de la superación del sueño narcisista: "Lo que me ocurre es que escribo sin mirarme (demasiado)… es que escribo hacia Ti" (2017:48). Para salvar la distancia de la desproporción ontológica se requiere dar el salto de la mirada humana vulnerable hacia la mirada silenciosa de Dios: sólo allí es posible ser hospedado. Así en el poema "Tu presencia" (2017:106):

> mira
>
> hay lágrimas en mi rostro
>
> y tu presencia que me habla
>
> en respuesta me gustaría
>
> con toda mi vida
>
> abrazarte

El mirar de Dios es aquí un hospedar. Ya no hay aguas transparentes donde mirarse y encontrar la imagen, sino sólo falibilidad y fragilidad. El silencio de la página está atravesado por la cruz doliente del hombre y el corazón derramado en deseo de ser albergado a sus pies. El abrazo es aquí símbolo de relación de amor nupcial, constitutivo y trinitario.

La poesía patentiza la debilidad humana. Las palabras se quiebran en los versos y el dibujo las suple: "El signo grabado en mi vida / toma vida de tu mirada que lo dibuja" (2017:61). Es en la visualidad de la mirada donde Dios adviene de modo incesante: el milagro de la hospitalidad como presencia en la ausencia. Así en "Alzarme en vuelo" (2017:23):

> y tu mirada
>
> es el cielo
>
> > todo azul
> >
> > tu amor

Ya no es posible trazar un itinerario místico como en Juan de la Cruz pues no hay ya una ontología que sostenga como presupuesto. Sólo quedan fragmentos que la mirada del Amado recoge y lleva más allá hacia lo inesperado, hacia lo no sospechable: "¡Tu mirada, amigo mío, va lejos!" (2017:34). Estamos ante un modo nuevo de ser, de creer, de decir poetizando. La mirada abre a un rostro cuya identidad es configurada desde el Tú: "Creer que Te complace mirar en mí a Aquel en quien me estoy convirtiendo. Creerle a tus ojos: desnudez de tu *Te amo* que me desnuda" (2017:34). La fragmentariedad es la forma posmoderna de la pobreza y la desnudez.

Escribir es hacer pasar las palabras de un silencio a otro: del silencio meditativo del que nacen las palabras al silencio visible de la página, que las recibe sin que el blanco desaparezca: "Escribir es una Pascua del silencio" (Chrétien, 1998b:57-58). Esta escritura relacional es extática porque está ontológicamente abierta al Tú: "Que tus pasos me conduzcan hasta la fuente / que está dentro, que está también delante, / y que no espera más que deslumbrarte" (Lebreton, 2017:61). Se ha producido una inversión, otro giro: en el encuentro hospitalario de la muerte, seremos una sorpresa para Dios. El texto se vuelve "cuerpo del Logos" (Sequeri, 2009:7-28), carnal en el supremo despojo de sí como Cristo en la Cruz, tal como se presenta en el poema *El grito del corazón* (Lebreton, 2017:64):

> no hay más verbo para hacer ir la frase
>
> hacia   el silencio   más alto
>
> todo   se detiene
>
> la escritura   no   se sostiene   más
>
> el texto se   desgarra
>
> y   deja   al   cuerpo
>
> desnudo
>
> el corazón pide ver.

La escritura se quiebra y calla: la finitud de la forma poética encuentra en la finitud del cuerpo humano otro lenguaje, el del don de sí hasta la muerte: "en silencio / da tu sangre − AMA hasta el fin del fuego" (2017:135). En este verso, del que ha sido tomado el título del poemario, se halla la tercera clave de nuestra lectura. E el camino hacia la hospitalidad de la última mirada, la de la muerte: "¿Imagen de Dios, aquí, ahora? Un deseo de ver, / y la vida como una purificación de la mirada. / En mi carne, VERTE." (2017:166)

En la palabra estética confluyen dos raíces: la auditiva, que proviene del griego oír, indica la pasividad del recibir, y la visual, que proviene del latín percibir, indica la acción de ver. Oír y ver son dos dimensiones complementarias del ser afectado y conmovido por la irrupción de la belleza del otro cuya presencia interpela. La pérdida del *pathos* estético ha arrojado el mundo de lo sensible y de los afectos a la perisferia de lo irracional y reducido al "logos" a una racionalidad anestésica y dominadora, sacrificando la alteridad. P. Sequeri ha propuesto a la teología realizar un giro hacia un logos estético en el que el *pathos* afectivo recupere su lugar asumiendo un *ethos* relacional. En vista de lo cual, para salir de la anestesia, el logos debe volverse hospitalario y buscar el sentido en la relación con la carne, los afectos, las relaciones justas (2009:16).

La hospitalidad de la mirada que hemos descripto como clave de la escritura mística significa un aporte al "giro estético" de la teología, en tanto integra la acción del mirar de Dios, que ama, con la pasión del oír del hombre, que responde conmovido. De este modo, la experiencia mística expresada en el lenguaje de la escritura poética contribuye al desarrollo de una tercera "región hospitalaria" (Coda, 2018:20-21): la que suscita el mirarse del amado y la amada en el amor recíproco. El lenguaje estético simbólico de la poesía mística se encuentra en el centro de esta nueva región del pensamiento ontológico trinitario, en la que el ser infinito, emergiendo del abismo de su Silencio se dice en su Palabra, habitado por una alteridad real, en la gratuita y recíproca relación de libertad y comunicación en la cual se da a Sí mismo, y más allá de sí mismo, en una forma de naturaleza *erótico-agápica*. Esta forma es medida de la sin-medida del amor. En sintonía con el contexto posmoderno, teología y poesía se abren así a una nueva dimensión estético-trinitaria: la de la hospitalidad que puede restablecer los vínculos quebrados por odios e intolerancias, y renovar el pensamiento y su lenguaje.

La hospitalidad de la mirada que recrea

Referências bibliográficas

ALBANEL, Véronique. Hospitalité, hostilité: un dualité toujours d´actualité. In: GRIEU, Étienne (dir.). *Session de rentrée, Centre Sèvres*. Paris: Mediasèvres, 2017.

AVENATTI DE PALUMBO, Cecilia. *La literatura en la estética de Hans Urs von Balthasar. Figura, drama y verdad.* Salamanca: Secretariado Trinitario, 2002.

_____. *Lenguajes de Dios para el siglo XXI. Estética, teatro y literatura como imaginarios teológicos.* Juiz de Fora/Buenos Aires: Edições Subiaco/Ediciones de la Facultad de Teología de la UCA, 2007.

_____. La literatura, una importante mediación hermenéutica para la teología. *Concilium 373, Teología y Literatura,* 5, p.25-34, 2017.

_____. Hospitalidad nupcial y escritura posmoderna: la poesía mística de Christophe Lebreton. *Veritas,* 40, p.145-160, 2018a.

_____. L'estetica di Hans Urs von Balthasar tra la mistica trinitaria e la singolarità della letteratura. *Sophia,* 2018b.

BALLARINI, Marco, *Teologia e letteratura.* Brescia: Morcelliana, 2015.

BALTHASAR, Hans Urs von. *Gloria. Una estética teológica. La percepción de la forma.* Madrid: Encuentro, 1985.

BENVENISTE, Émile. L´hospitalité. In: *Le vocabulaire des institutions indo--européennes.* Paris: Éditions de Minuit, 1968.

CHRÉTIEN, Jean-Louis. La hospitalidad del silencio. In: *L´arche de la parole.* Paris: Presses Universitaires de France, 1998b.

_____. Lo inaudito. In: *L´arche de la parole.* Paris: Presses Universitaires de France, 1998a.

CODA, Piero. *Desde la Trinidad. El advenimiento de Dios entre historia y profecía.* Salamanca: Secretariado Trinitario, 2014.

_____. *Para una ontología trinitaria. Si la forma es relación.* Buenos Aires: Agape Libros, 2018.

DERRIDA, Jacques. *Adiós a Emmanuel Lévinas. Palabra de acogida.* Madri: Trotta, 1998.

_____. *et al. La deconstrucción en una cáscara de nuez.* Buenos Aires: Prometeo, 1997.

295

_____. *et al. La hospitalidad.* Buenos Aires: Ediciones de la Flor, 2014.

HERRAIZ, Maximiliano. *Orar con los místicos.* Madri: PPC, 2007.

JOSSUA, Jean–Pierre. *La passion de l'infini. Littérature et théologie. Nouvelles recherches.* Paris: Cerf, 2011.

JUAN DE LA CRUZ, San. *Obras completas.* Salamanca: Sígueme, 2007.

LEBRETON, Christophe. *Ama hasta el fin del fuego. Cien poemas de verdad y de vida.* Buenos Aires: Agape Libros, 2017.

LÓPEZ-BARALT, Luce. La poética del silencio en el *Cántico espiritual* de san Juan de la Cruz. *Concilium 373, Teología y literatura*, p.35-47, 2017.

MONTANDON, Alain. (dir.). *Le livre de l'hospitalité. Accueil de l'étranger dans l'histoire et les cultures.* Paris: Bayard, 2004.

SEQUERI, Pierangelo. Il Corpo del Logos. Prospettive teologiche dell' estetico. In: *Il Corpo del Logos. Pensiero estetico e teologia cristiana.* Milano: Glosa, 2009.

_____. *Parole e Parola. Letteratura e teología* (ed.). Milano: Glossa, 2016.

THEOBALD, Christoph. *Le christianisme comme style. Une manière de faire de la théologie en postmodernité.* Tomo I. Paris: Cerf, 2008.

THOMPSON, Colin P. *Canciones en la noche. Estudios sobre san Juan de la Cruz.* Madri: Trotta, 2002.

_____. Ya bien puedes mirarme. Después que me miraste. La mirada del Amado en el *Cántico Espiritual* San Juan de la Cruz. In: Suárez, Caridad Álvarez (ed.). *Actas del II Congreso Internacional de Mística. En los 500 años de Santa Teresa de Jesús.* Ponce, Pontificia Universidad Católica de Puerto Rico, 2017.

15 Ferramentas para negociar o racismo de fronteiras próximas: Migrações e a música de Selena

Neomi De Anda
University of Dayton

Este capítulo apresenta minha primeira entrada oficial em Teopoética, embora eu tenha um diploma de graduação em inglês e não apenas já publiquei Teologia, mas também poesia. Ao longo deste trabalho, percebo que grande parte do trabalho que faço teologicamente pode realmente ser uma mistura de Teologia acadêmica e outras formas literárias.

Como a maioria, se não todas as outras disciplinas nos estudos da religião, a disciplina da Teologia sistemática ou a Teologia construtiva mais contemporânea tem um cânone histórico definitivo a partir do qual recorrem para seus esforços disciplinares. O cânone baseia-se amplamente em pensadores europeus e em alguns pensadores selecionados dos EUA, que escreveram principalmente durante o período intitulado "modernidade". Além disso, tanto os cânones quanto os estudos contemporâneos baseados nesses cânones supõem criar com precisão um significado religioso que é universal para o mundo inteiro e toda a experiência humana. Além desses cânones estreitos, certas suposições disciplinares são feitas em relação à metodologia. Essas premissas metodológicas de uma noção de que a partir do cânone há um fator universal inerente; portanto, a Teologia como disciplina mantém o *status quo* tanto através do cânone quanto da metodologia. Sendo uma latina da fronteira México/EUA, no Texas, que aprendeu histórias mistas, experimentou limites políticos diferentes daqueles mostrados na maioria dos mapas e que não encontra as vozes de minhas próprias comunidades nesses cânones, minha pesquisa cai automaticamente fora dos estreitos limites da disciplina da Teologia construtiva. Como sabemos, essas disciplinas foram criadas de maneira sistemática e intencional. Essa história não é apenas plural, mas também não inocente e violenta. Esses sistemas e suas fronteiras criadas marcam o racismo encontrado na dominância branca dos EUA.

Esse racismo funciona em muitos níveis. Existe a triste realidade de que muitas de nossas histórias e tradições como latino-americanas nos EUA foram despojadas, modificadas, espiritualizadas e/ou usurpadas. A amnésia cultural que Nanko-Fernández afirma sobre (i)migrantes, acredito que também se aplica para latinos com histórias complexas dominadas pelos EUA. Para aqueles de nós que conhecem bem o suficiente de nossas várias histórias religiosas para saber que as histórias religiosas que foram ensinadas por nosso sistema educacional formal nos EUA, da pré-escola até o nível superior, não são apenas limitadas, mas foram compartilhadas para promover a nossa própria marginalização, silenciamento, exclusão, racismo de omissão, otrocídio que executam culturecídio e perpetuam a colonização.

Essas histórias e omissões violentas de tantas outras histórias e perspectivas provavelmente também têm algo a ver com o motivo pelo qual os jovens latinos têm uma taxa de suicídio significativamente maior do que os adolescentes negros ou brancos nos EUA (Center for Disease Control, 2016). Uma das razões principais pelas quais esses adolescentes parecem se inclinar para a tristeza, depressão e até suicídio é reconhecida como a distinção entre mudanças de valores de uma geração para a seguinte, especialmente entre as populações migrantes. Mas, as estatísticas levantam a questão de saber se o sistema de dizer constantemente às latinas, do berço ao caixão, que elas são inferiores e que suas próprias histórias não importam, especialmente nas grandes histórias de religião, na verdade desintegram as histórias. Em outras palavras, as histórias foram propositalmente, sistematicamente e até violentamente mal configuradas para socializar as latinas e se sentirem inferiores e até desnecessárias.

Voltando aos migrantes, as mesmas lógicas de dominância branca nos EUA, juntamente com as lógicas do complexo industrial prisional, têm impactado diretamente diferentes comunidades de imigrantes ao longo da história dos EUA. Recentemente, imigrantes do México, América Central e países amplamente muçulmanos foram alvo dessas lógicas. Como formas de resistência, em 2015, cerca de 500 mulheres no Centro de Detenção T. Don Hutto em Liberty, Texas, entraram em greve de fome para chamar a atenção para suas más condições de vida e violações dos direitos humanos (WNYC, 2015). Muito recentemente, Marco Antonio Muñoz tirou a própria vida enquanto estava detido, após ser separado de sua família. Muñoz, sua esposa e filho de três anos haviam atravessado a fronteira México/EUA em Granjeno, Texas, e solicitaram asilo em McAllen, Texas (Miroff, 2018). Infelizmente, as lógicas de dominância não apenas habitam discursos na academia, mas também levam à perda de vidas.[1]

Possibilidades para reintegrar nossas histórias

A lógica da dominância dos brancos precisará mudar à medida que a população dos EUA continua a mudar. Caso contrário, grandes quantidades de pessoas serão removidas ou enviadas para a morte para manter essas lógicas. Segundo o Departamento de Educação dos EUA, cerca de 30% ou quase um terço das mulheres nos EUA serão latinas até 2060. Além disso, cerca de 80% dos latinos se identificam com

---

1 Essas lógicas de dominância não são particulares ao tecido sociopolítico-econômico dos EUA. Estão muito embutidas em nossas teologias católicas. Estão conectadas às lógicas que levaram à colonização em todo o mundo. Para os latino-americanos, as lógicas católicas de império e dominância chegaram a essas terras que agora chamamos de Américas com espanhóis e portugueses. Portanto, essas histórias complicadas e não inocentes requerem muito mais espaço do que as que foram atribuídas para este artigo delinear claramente. Ver Medina, 2018.

uma tradição religiosa. Espero que alcancemos esses grandes números. O trabalho teológico acadêmico que envolve latinas e imigrantes se torna mais importante como forma de pensarmos em nosso futuro.

Uma questão em que desejo focar essa pesquisa é através do engajamento crítico com noções de reintegrar histórias como uma maneira de nos situar em um espaço muito maior que o nosso contexto imediato, porque fazer conexões entre nossas próprias vidas e o mundo mais amplamente entrelaça nossa história com as do passado e os possíveis sonhos do futuro.[2] No entanto, a refração de nossas histórias se torna nosso próprio quebra-cabeça complicado e uma batalha avassaladora. Então, o que fazemos? Quais caminhos e quais ferramentas usamos para reintegrar as histórias quando prevalecem as histórias erradas? Convido você a sonhar comigo por alguns minutos algumas maneiras possíveis para que as latinas continuem quebrando barreiras e descolonizando projetos imperiais através de noções de nostalgia, momento e luto.

Ferramenta Um: Nostalgia

Selena, a icônica cantora falecida, do estilo musical tejano, que receberá uma Estrela da Calçada da Fama de Hollywood em 2017, gravou *Fotos y Recuerdos* como parte do álbum *Amor Prohibido*. Este single se tornou o segundo single latino de maior sucesso de 1995, e a cantora não viveu para ver seu sucesso. Essa música foi baseada em uma menos popular *Back in the Chain Gang* do início dos anos 1980. *Fotos y Recuerdos* não menciona nada sobre religião, mas o sentimento nostalgicamente amoroso do que parece ser um amante perdido se encaixa muito no sentimento de um desejo de reconfigurar histórias que foram roubadas e destruídas e cujos detalhes compartilhados oralmente parecem estar desaparecendo mais rapidamente do que a história pode se tornar permanente.

A letra da primeira estrofe diz:

---

2 Para mais informações sobre "sonhos do futuro", ver Hidalgo, 2016.

Ferramentas para negociar o racismo de fronteiras próximas

> Fotos y recuerdos
> Tengo una foto de ti
> Que beso cada noche antes
> de dormir
> Ya esta media rota ya se
> esta borrando
> por tantas lagrimas que estoy
> derramando
>
> Y es todo lo que me queda de
> tu amor
> Solo fotos y recuerdos

Na música, o desejo de um amor perdido, que inicialmente parecia temporário, torna-se cada vez mais permanente com o rasgar e desaparecer da imagem. Esses primeiros abalos e enfraquecimento acabam por findar com os sonhos de possibilidades e esperanças de possibilidades do futuro. Através de nossas fortes tradições orais, recordamos – nós reintegramos – e, às vezes, também desintegramos histórias com a capacidade de olhar para trás e imaginar possibilidades de um futuro. A letra é baseada em uma música gravada pela primeira vez por The Pretenders, uma banda anglo-americana que começa a apontar para a complexidade das tendências da vida latina. A música de *Fotos y Recuerdos* com suas batidas e ritmos tejanos, mas com alusões a *Back on the Chain Gang*, implicitamente carrega a mistura de musicalidade mexicana, espanhola, alemã e inglesa. A foto rasgada e desbotada simboliza as histórias contadas nos momentos de reunião; os fragmentos de letras; as pequenas quantidades de publicações; e até fotos reais as quais temos que usar para recordar. Esses *recuerdos* também incluem o que se impõe à imagem de possibilidades, sentimentos e até memórias. Todas essas peças de *Fotos y Recuerdos* oferecem as palavras e os sentimentos necessários para criar a nostalgia. Essa nostalgia pode ser usada como uma ferramenta de reintegração para até mesmo um vislumbre de esperança. Para lembrar nossas histórias de maneira significativa para as latinas, proponho a nostalgia e não a precisão como uma ferramenta importante para a pesquisa.

Ferramenta Dois: Momentos

Uma mulher não nomeada em um jantar durante uma conferência de profissionais médicos latinos na Cidade do México sobre o tema da medicina indígena compartilhou como ela tem "momentos astecas" quando se lembra de que sua identidade está ligada às histórias, nomes e lugares do México (Carrasco, 2012). Eu posso me identificar com essa mulher por causa dos meus próprios laços mexicanos. No entanto, grande parte da história da maioria das latinas não está vinculada aos limites políticos de hoje do país que chamamos de México. Embora eu ache a frase "Momentos astecas" problemática de várias maneiras que ficaria feliz em explanar em outro momento, reconheço a conexão que essa mulher faz com sua própria história e com histórias muito complicadas e mistas, muitas vezes desintegradas, assim como sua própria história é desintegrada porque David Carrasco não se lembrou ou talvez não se deu o trabalho de mencionar o nome dela ao incorporar seu conceito no trabalho dele. A noção dela de relembrar os laços entre partes de si mesma e algo além das histórias desintegradas relatadas caracteriza o recurso central que desejo usar como uma ferramenta para pensar em reintegrar nossas histórias religiosas.

O que há de tão significativo no uso desses momentos para reintegrar? A vida cotidiana é marcada por momentos, não por argumentos lineares. Quando as histórias são mal integradas por tanto tempo, a vida cotidiana é o local central para reintegrá-las. Os momentos da vida cotidiana constroem as bases para a pesquisa latina, especialmente a religiosa. Por uma questão de espaço, não posso entrar em detalhes para dar um exemplo de como essa ferramenta se dá em ação, mas tenho várias maneiras de fazer conexões com os programas de televisão *Cristela* e *Jane the Virgin*.

Ferramenta Três: Luto Mestiço

Como uma mulher mexicana-americana cujo tio-avô Manuel Ortiz fez genealogia familiar suficiente para saber que seu pai, meu bisavô, era órfão e da Missão Indígena da Califórnia, eu desejava há anos conhecer os caminhos de sua tribo. A história complicada de tio Manuel incluía meu bisavô e o irmão fugindo da missão, alguém sendo morto e uma migração para o México. Essa história era clara: quando meu bisavô retornou aos EUA e seus dois filhos nasceram, ele não informou as crianças sobre seu status como parte da Missão Indígena da Califórnia. Ele e seu irmão também mudaram seus nomes nesse processo, para que seus filhos não soubessem a conexão de suas raízes com as missões da Califórnia e os índios dessa área. Somente através da pesquisa de tio Manuel conheço essa parte da minha própria história familiar, mas não tenho como reivindicar o "ser povo" indígena neste país. Também posso documentar várias migrações de meus parentes através da fronteira criada entre os EUA e o México. Porém, de maior importância em relação às lógicas racializadas, a maior parte do idioma e dos hábitos dos costumes nativos foi aniquilada da minha avó e, portanto, da minha geração. Alguns pequenos resíduos continuam no uso de remédios à base de plantas para várias doenças, mas não muito além disso. As políticas da Espanha em relação à dominância e à unidade cristã levam à necessidade de existência e ainda subserviência das mestiças (Cotera e Saldaña-Portillo, 2012:556). As fronteiras e as políticas dos EUA criaram conflitos sobre as identidades indígenas e sobre quem tem maior direito à terra, à cultura e aos costumes. Como afirmam Cotera e Saldaña-Portillo:

> Essa ruptura das categorias de mestiço e identidade indígena que antes eram intimamente conectadas produziu uma condição que estamos chamando de luto mestiço, luto pela perda de um relacionamento historicamente *filial* com os povos indígenas forjados ao longo de séculos de interação, casamento, colaboração e aliança (Cotera e Saldaña-Portillo, 2012:562).

Para as latinas, além dessas políticas e da aniquilação forçada de histórias indígenas para desintegrar uma narrativa universal mais ampla, os longos escritos do início do período colonial que existem foram escritos por homens e a maioria das histórias retrata os homens como protagonistas.

Usar o luto mestiço como uma ferramenta para reintegrar permite a capacidade de mover-se pelas estruturas políticas dominantes delineadas para reestruturar e recriar as histórias sabendo que elas não estão completas e podendo lamentar aquilo que foi aniquilado de nós.

Espero que esses *pequeñitos* modos de sonhar, construir e criar através da nostalgia, momentos e luto mestiço, indiretamente, possam oferecer uma pequena maneira de pensar em um futuro além da lógica da dominância dos brancos.

Referências bibliográficas

CARRASCO, David. *Latino Leadership Initiative*. fev. 2012. Disponível em: https://www.youtube.com/watch?v=AvzvFvltRg4

CENTER FOR DISEASE CONTROL. Youth Risk Behavior Surveillance — Estados Unidos, 2015. *Surveillance Summaries*, 65(6), p.1-174, jun. 2016. Disponível em: https://www.cdc.gov/mmwr/volumes/65/ss/ss6506a1.htm?s_cid=ss6506_w

COTERA, María Eugenia; Saldaña-Portillo, María Josefina. Indigenous but not Indian? Chicana/os and the Politics of Indigeneity. In: WARRIOR, Robert (ed.). *The World of Indigenous North America*. Hoboken: Taylor and Francis, 2012.

HIDALGO, Jacqueline M. *Revelation in Aztlán: Scriptures, Utopias, and the Chicano Movement*. Reino Unido: Palgrave Macmillan, 2016.

MEDINA, Néstor. *Christianity, império e o espírito: (re) configurando a fé e o cultural*. Leiden: Brill, 2018.

MIROFF, Nick. Uma família foi separada na fronteira e esse pai dilacerado fez a revisão de sua própria vida. *Washington Post*. jun. 2018. Disponível em: https://www.washingtonpost.com/world/national-security/a-

-family-was-separated-at-the-border-and-this-distraught-father-took--his-own-life/2018/06/08/24e40b70-6b5d-11e8-9e38-24e693b386-37_story.html?noredirect=on&utm_term=.444c71f28ee9

WNYC. *Immigrant Women Protest Detention with Hunger Strike*, 2 nov. 2015. Disponível em: https://www.wnyc.org/story/immigrant-women-protest-detention-hunger-strike/ Acesso em: 08/11/2019

16 A salvação que habita a Palavra: Um diálogo entre Teólogos e Poetas

Alex Villas Boas

Centro de Investigação em Teologia e Estudos de Religião da Universidade Católica Portuguesa

Em *As palavras e as coisas*, Michael Foucault se propõe a analisar o pensamento que repousa na linguagem como uma forma de extensão das estruturas de funcionamento da mente humana e dos processos de subjetivação que acontecem na relação entre palavras e coisas. O filósofo francês, entretanto, identifica "rupturas epistemológicas" através do mapeamento arqueológico das descontinuidades entre os modos de configurar o saber até o Renascimento (século XVI), e a transição para o Iluminismo, chamada por ele de Idade Clássica (séculos XVII e XVIII) e a mudança entre este período e a Idade Moderna (século XIX). Deste modo, o discurso teológico, enquanto discurso "de" e "sobre Deus", participa do mesmo contexto de outros discursos e práticas de acordo com "as condições do saber em diferentes épocas", de acordo com as "condições para a formação das *epistémês*" (Senra e Pinto, 2011:49-50). Na medida em que o discurso soteriológico é um desdobramento do discurso teológico, ele está submetido às mesmas condições de possibilidade epistemológicas, a fim de que possa ser entendido como um discurso legítimo.

Salvar da salvação

Na *epistémê* anterior ao Iluminismo, Deus ou as divindades falam através do mundo, de modo que é necessário "saber lê-lo nas coisas do mundo", através do qual se manifesta na semelhança entre palavras e coisas, seja porque Zeus e os deuses se manifestam nesse código semiótico através do *maravilhoso*, seja porque Deus teria colocado no mundo suas marcas, a fim de serem lidas e reconhecidas, e assim compreendê-lo através de Sua criação. Em todo caso, o *maravilhoso* e a *admiração* ou o *espanto* [*thaumazein*] são considerados o início do desejo de pensar, sendo o mito a resposta ao maravilhoso, uma narrativa fantástica sobre a origem das coisas. A demitologização bultmaniana buscava exatamente esse sentido originário do mito que não reside na invenção ingênua, mas "expressão de verdade" e "revelação do sentido das coisas". A própria ideia de mito indica a concepção de "anúncio" diante da realidade (Jellamo, 2005:3). Também Aristóteles dizia que "aquele que ama o mito, é de certo modo filósofo", por causa da maravilha (*dia to thaumazein*) que o mito desperta. Aquele que tem seu olhar alterado, vendo para além da imanência concreta das coisas, é alguém "cheio de maravilha" tal qual Íris, mensageira dos deuses entre os homens e filha de Taumante (Villas Boas, 2015:80).

A sabedoria homérica é entendida com um senso de soteriologia medida pela sua capacidade de erudição em saber ler as marcas e os signos que permitem salvar da *hamartia*, enquanto caminho confuso da percepção do desejo que conduz à tragédia. Neste contexto, o egoísmo é dilatado pela ignorância, e a iluminação o efeito de dilatação da busca do conhecimento. Já a sabedoria filosófica, especialmente platônica, desdobra a concepção de *thamazein* para *iluminação* e esta é o modo por excelência de salvação que supõe agora, não mais, somente compreender a cultura em que se vive para melhor viver, como na Teologia homérica, mas compreender o que está para além da cultura, dilatando a abrangência do conhecimento para alcançar a iluminação do *organon*, que está para além da realidade e estabece as correlações de causa e efeito dentro do sistema de conhecimento.

Tal *epistémê*, enquanto formulação das condições de validação do saber, se dá dentro de uma gramática geral e um método comparativo entre as *palavras e as coisas*, de modo que na soteriologia homérica há um senso de imaginação de concretude, e na soteriologia platônica há um senso de imaginação do abstrato, porém, em ambos, o exercício de imaginação advém do senso de semelhança entre um e outro, entre as palavras e as coisas. A *divinatio* captada pelo maravilhamento dos olhos, ou pela iluminação do pensamento supõe a *eruditio* e se constitue uma mesma estrutura da tarefa hermenêutica, porém desde a soteriologia metafísica platônica, a *eruditio* confirma o Mesmo, que condiciona as palavras e as coisas a uma autorreferencialidade da percepção, sendo tarefa de uma ortodoxia do pensamento a defesa do Mesmo do outro (Foucault, 1966:47-55).

Contudo, no século XVI, Cervantes denuncia uma miopia, pensa Foucault, sendo Dom Quixote um "peregrino" das "marcas de similitude", que "lê o mundo para demonstrar os livros", se depara com o fato de que "não concede a si outras provas senão o espelhamento das semelhanças", e assim "desenha o negativo do mundo do Renascimento; a escrita cessou de ser a prosa do mundo", a escrita e as coisas já não se assemelham, "as similitudes decepcionam", conduzem ao "delírio" (Foucault, 1966:59-60).

Assim, a reticência platônica que expulsara os poetas, esses sacerdotes entre as palavras e as coisas da Antiguidade, volta sob a forma de suspeita da realidade no *cogito* cartesiano, abandonando as coisas para elaborar uma ordenação racional do mundo, além das coisas, de modo que razão e racionalidade passam a ser a única forma de explicar o mundo, inaugurando uma *epistémê* da representação e assim salvá-lo da dissimilitude de um imaginário narrativo insuficiente. Nesse sistema de abstração racional, o Deus cartesiano é um Deus de razão, e se impunha para a Teologia o "problema de conceituar racionalmente Deus e demarcar os espaços de sua manifestação", enquanto *regra para orientação do espírito* (Senra e Pinto, 2011:53).

A tarefa cartesiana foi assumida pela Teodiceia leibniziana de conceber o melhor dos mundos, e a pretensão de conceber o universal como ordenação do infinito, ou das infinitas possibilidades de manifestações da vida, delimitando tudo o que excedesse a capacidade de compreensão humana à vontade divina, em substituição das causas históricas. A reflexão agora não mais necessitaria de maravilhamento, mas de rigor lógico e imaginação matemática para idealizar um mundo racional, em que suas desrazões residiriam em uma razão divina. A salvação, então, não mais era uma retomada da lucidez para evitar a tragédia, mas a aceitação de um conjunto de normas, ideias e ritos, que por mais irracionais que pudessem parecer, eram expressões de uma razão, dita superior, e que, por assim ser, deveria conduzir a resignação, tal qual o *Candido* de Voltaire.

Na *epistémê* clássica, já presente em Descartes, há a tarefa de explicar a:

ideia de Deus "pela "razão" dentro de uma "*epistémê* da representação" que possibilitaria representar uma ordenação racional das coisas, demarcando os espaços de sua manifestação, de modo que "o discurso de Deus nas coisas e a possibilidade de acesso a ele, através das coisas do mundo, são substituídos pela ideia e pela representação, deixando Deus de habitar o "mundo das coisas" para "habitar o mundo dos conceitos puros (Senra e Pinto, 2011:55).

A salvação resultou em aceitar a vontade de Deus, uma fé que dispensa as suspeitas da razão em relação à compreensão das coisas, em nome de um Deus, que supostamente tinha suas razões para punir os portugueses com o Terremoto de Lisboa. Nesse poema de Voltaire (1756), se elucida o axioma cristão da época: *Poema sobre o Terremoto de Lisboa, ou sobre um certo axioma: Tudo bem!* (pois Deus sabe o que faz!).

A salvação nesse momento tornou-se uma quimera, pois se a salvação já havia se tornado uma abstração distante da vida, naquele momento não era possível nem mesmo se salvar da vontade de Deus. Em face à afirmação dostoievskiana de que "se Deus não existir, então tudo é permitido", evocando uma suposta ordenação metafísica do mundo e dos indivíduos, ainda que crítica e alternativa leibniziana, Slavoj Žižek

A salvação que habita a Palavra: Um diálogo entre Teólogos e Poetas

retoma a postura leibniziana de mundo e aplica ao jihadismo e aos devaneios ideológicos de grupos religiosos que advogam uma supremacia branca norte-americana: "Se Deus existe, tudo é permitido" (Žižek, 2006:114). A salvação acabou por se deslocar na necessidade da morte desse Deus para que sejamos salvos Dele!

Ademais, somado à teodiceia reside também um pessimismo antropológico advindo de um imaginário de intransponibilidade da corrupção humana, como narra Nietzsche em *Assim falava Zaratustra* em face à resposta do santo que cruza com o profeta no meio do monte: "Pois por que – disse o santo – vim eu para a solidão? Não foi por amar demasiadamente os homens? Agora amo a Deus; não amo os homens. O homem é, para mim, coisa sobremaneira incompleta. O amor pelo homem matar-me-ia" (Nietzsche, 2009:6). A salvação na segunda escolástica visava não mais ajudar a salvar homens e mulheres, mas salvar alguns homens e mulheres dos demais homens e mulheres, que não fizessem parte da própria autorreferencialidade de mundo.

Na compreensão do filósofo francês, a *epistémê* moderna, com a morte de Deus, e a possibilidade de uma reflexão metafísica são substituídas por uma analítica da finitude no pensamento moderno, de modo a se superar a pretensão de uma "vontade de se estabelecer uma verdade absoluta", pois o "conhecimento é limitado" e "já não se pode conhecer tudo: Deus, alma e a totalidade do mundo" (Senra e Pinto, 2011:48-57). Tal limitação do conhecimento visava salvar a vida dos devaneios metafísicos de salvação. Citando o próprio Foucault, sobre o fim da metafísica, se delineiam os desafios para o discurso teológico:

A filosofia da vida denuncia a metafísica como véu da ilusão, a do trabalho a denuncia como pensamento alienado e ideologia, a da linguagem, como episódio cultural. Mas o fim da metafísica não é senão a face negativa de um acontecimento muito mais complexo que se produziu no pensamento ocidental. Esse acontecimento foi o aparecimento do homem (Foucault, 1966:321-322).

311

O discurso sobre Deus não é negado, contudo, já não lhe é referendado pela *epistémê* da representação, havendo, portanto, um espaço vazio do absoluto e o ideal da verdade é colocado em xeque. Deus habita em um silêncio epistemológico, porém também o homem não serve como critério da verdade, incapaz de ocupar o espaço de absoluto deixado. É o último homem que anuncia a morte de Deus em Nietzsche, e se impõe uma analítica da finitude, como tarefa para o *übermensch*, a busca pelo para além-do-homem, ou como Viktor Frankl explora a semântica nietzschiana, se impõe a tarefa do humano e sua vontade de sentido, sendo o ser humano inapto a viver de seus sentidos como os animais, e desacreditado das verdades absolutas das tradições, só lhe resta a busca por sentido (Villas Boas, 2016a:10;17-18).

Nessas condições, a possibilidade de um discurso soteriológico aparentemente é conduzida ao mundo da crença e da opinião pessoal, ou mais precisamente acompanha o indivíduo religioso desavisado dos desafios que se impõem à produção de um saber científico, desde os desafios de suas rupturas epistemológicos da comunidade acadêmica, de modo que "distintos momentos" ainda "acabam por conviver, sob múltiplos aspectos, nos dias atuais", e, uma vez que se os métodos tradicionais sobre o discurso de Deus são colocados em xeque, o fenômeno religioso permanece, e não sabendo reconduzir suficientemente o desafio, se insiste, e não raro de modo irresponsável por parte de alguns discursos teológicos, e em uma insistência anacrônica de afirmações insustentáveis, ao menos do ponto de vista da epistemologia contemporânea.

Porém, ainda caberia a pergunta de que mesmo precisamos ser salvos, se a soteriologia excessivamente metafísica é relegada ao silêncio? Teria a soteriologia um respaldo epistemológico em nossos dias? Não seria melhor reservá-la ao mundo das crenças individuais? Não seria melhor sermos salvos da salvação? Entretanto, em face aos usos falaciosos do discurso soteriológico, seja da manutenção de uma mentalidade honorífica de um *sharid* a quem é prometida a salvação para se oferecer como homem-bomba, seja como manutenção de um grupo eleito que se coloca acima do bem e do mal, imune à autocrítica e vulnerável a manobras políticas, se impõe, ao menos, uma tarefa de *soteriologia negativa*, em dizer o que não é salvação, para talvez identificar algo que nos salve da confusão.

Há no anacronismo do discurso soteriológico a "emergência no cenário recente de discursos de natureza fundamentalista em certos segmentos religiosos", na "pseudo secularização do Estado, cristão, ali onde o domínio religioso grassa travestido de ações políticas e de controle da pesquisa científica", assim como o "domínio religioso exercido nas sociedades teocráticas", marcadas desde "alguns elementos de radicalismo e belicosidade" até "às vias de fato do terrorismo". Com isso, se retroalimenta, de modo explícito nas razões do neoateísmo, o que deveria também ser de responsabilidade por parte daqueles que pretendem produzir discursos teológicos, analisando as estruturas epistêmicas adequadas do tempo presente, bem como procurar entender o fenômeno das formas anacrônicas de epistemologia teológica, para que não incorram na crítica nietzschiana de serem identificados como "teólogos mal instruídos que querem brincar de filósofos" na tentativa de "imposição do ideal sobre a verdade do mundo", simplificando a complexidade do real. Impõe-se a percepção daquilo que há de demasiadamente humano no religioso, como tarefa contemporânea comum da Teologia e do cientista da religião:

> o inimigo a ser combatido é aquele da superstição paralisante e o do domínio religioso que escraviza pelo dogmatismo, pelo transcendentalismo e pela negação das condições humanas e sociais para a construção do mundo ético e justo no aquém do transcendental e extramundano mundo divino (Senra e Pinto, 2011:49;126-132).

A salvação que vem do discernimento

Curiosamente, porém, a questão da salvação e sua recolocação para a cultura contemporânea são feitas de modo insuspeito pelo filósofo e ex-ministro da Educação na França, Luc Ferry, como forma de produção de sabedoria e interação com a realidade, resgatando exatamente na soteriologia grega a origem da ciência ocidental, inaugurando uma compreensão da realidade por meio da busca de correlação entre causa e efeito, como exercício de salvar do caos por um *logos*, tarefa nunca acabada. Luc Ferry compreende a salvação como dinâmica sapiencial (Ferry, 2006:28).

Enquanto dinâmica sapiencial, cabe o enfrentamento de desvinculação com uma epistemologia de similitude, no qual se projeta uma semelhança aperfeiçoada da vida ao *post mortem*, para uma dessemelhança teológica negativa da esperança, um caminho inverso da escatologização da soteriologia para resgatar seu potencial de sapiência, enquanto transcendência da analítica da finitude. O próprio Foucault aponta um caminho que não é estranho às tradições religiosas, entendidas não sem suas pretensões de hegemonia sustentadas por estruturas metafísicas, mas em sua capacidade sapiencial, como indica Luc Ferry, pois a *epístémê* moderna recebe como herança de Francis Bacon ao método do sujeito epistêmico cartesiano a tarefa da análise, separando as partes do todo. Passa-se, portanto, da mentalidade da similitude para a mentalidade da diferença, e se impõe uma nova tarefa. Nas palavras do próprio Foucault:

> A atividade do espírito (...) não mais consistirá, pois, em aproximar as coisas entre si, em partir em busca de tudo o que nelas possa revelar como que um parentesco, uma atração ou uma natureza secretamente partilhada, mas ao contrário, em discernir (...). Nesse sentido, o discernimento impõe à comparação a busca primeira e fundamental da diferença: obter pela intuição uma representação distinta das coisas e apreender claramente a passagem necessária de um elemento da série àquele que se lhe sucede imediatamente (...) conhecer é discernir (Foucault, 1966:68).

Ademais, apesar de apresentar o desafio de pensar a finitude após as rupturas epistemológicas do Ocidente, um fio condutor atravessa a obra do filósofo francês, ao confessar, no prefácio, ser a literatura que o inspira a escrever *As palavras e as coisas*, após a leitura "de um texto de Borges" e do "riso" que provocou, perturbando "todas as familiaridades do pensamento", ao se deparar com a descrição de uma certa "enciclopédia chinesa" em que apresenta uma "série alfabética" que transgride as regras da imaginação ocidental, baseadas na ordenação lógica, racional e conceitual, presentes, por exemplo, em qualquer enciclopédia de inspiração iluminista, quando diz que:

> os animais se dividem em: a) pertencentes ao imperador, b) embalsamados, c) domesticados, d) leitões, e) sereias, f) fabulosos, g) cães em liberdade, h) incluídos na presente classificação, i) que se agitam como loucos, j) inumeráveis, k) desenhados com um pincel muito fino de pelo de camelo, l) et cetera, m) que acabam de quebrar a bilha [o vaso], n) que de longe parecem moscas (Borges apud Foucault, 1966:9).

O texto borgeano em questão diz respeito a "El Idioma analítico de John Wilkins" do livro *Otras inquisiciones*, que retrata de modo ridicularizado o aspecto político da intolerância e os limites da *epistémê* empirista ao suprimir o artigo de John Wilkins da *Encyclopedia Britannica*. Esse "primeiro secretario de la Real Sociedad de Londres", instituição destinada à promoção do conhecimento científico, e ao mesmo tempo, "capellán de Carlos Luís", interessado em muitas coisas, como em "teología", "la posibilidad de un viaje a la luna," e na "la posibilidad y los principios de un lenguaje mundial", que pudesse "nombrar todas las cantidades hasta el infinito", assim como propunha um "idioma analítico", em que "cada una de las letras que las integran es significativa, como lo fueron las de la Sagrada Escritura para los cabalistas" , "una clave universal y una enciclopedia secreta". A razão da supressão do artigo do teólogo e cientista britânico foi a "arbitrariedad" com que classificou o universo. Ao passo que Borges, evocando David Hume, afirma que "no hay clasificación del universo que no sea arbitraria y conjetural" e "La razón es

315

muy simple: no sabemos qué cosa es el universo" (Borges, 1952:2964-2965). Ademais, o mundo que se defendia leibnizianamente como *melhor dos mundos* por sua coerência lógica, sendo a enciclopedia seu símbolo por excelência, era na verdade, a expressão de um empirismo vulgar, pois para Hume, como cita Borges:

> el mundo (…) es tal vez el bosquejo rudimentario de algún dios infantil, que lo abandonó a medio hacer, avergonzado de su ejecución deficiente; es obra de un dios subalterno, de quien los dioses superiores se burlan; es la confusa producción de una divinidad decrépita y jubilada, que ya se ha muerto (Borges, 1952:2965)

O *riso* foucaultiano talvez nos parece sugerir ir mais além da pretensão metafísica tradicional de impor uma limitação de ordem ao infinito, sendo o *melhor dos mundos* nada mais que uma das possibilidades de perspectiva do mundo, que passada a distância dos anos, se verificou como *obra infantil* de um *deus inferior*, do tamanho de nossa limitação, um *deus morto* por já não comunicar possibilidades de ler a vida.

O filósofo francês, leitor do escritor argentino, encontra na perspectiva do conto, que o "encanto exótico de um outro pensamento, é o limite do nosso", e se manifesta na "impossibilidade patente de pensar" esse outro. As *utopias* que nos salvavam da falta de esperança necessitam agora ser salvas por meio do reconhecimento das *heterotopias* que nos "inquietam", e arruínam a "sintaxe", a pretensa ordem de submeter a vida a um esquema definitivo. As heterotopias se instalam nos "códigos fundamentais de uma cultura", entre as "ordens empíricas" que *regem* linguagens, esquemas perceptivos, trocas, técnicas e valores, em uma extremidade e, em outra, as "teorias científicas ou interpretações de filósofos [que] explicam por que há em geral uma ordem, a que lei geral obedece, que princípio pode justificá-la, por que razão é esta a ordem estabelecida e não outra". Tal encontro com a heterotopia não nega a existência de uma ordem, mas abre novos mundos provocando

A salvação que habita a Palavra: Um diálogo entre Teólogos e Poetas

lentamente distâncias que parcialmente invalidam certezas que, como rachaduras de um antigo edifício, vão cedendo ao desgaste do tempo, batizando tais posicionamentos de anacrônicos. A "experiência nua da ordem" (Foucault, 1966:13) é captada pela empatia com a heterotopia, que suscitando desconfianças aos paradigmas que se tornam decrépitos, e portanto estéreis em face aos novos desafios, suscita um desejo de profundidade que pede outra inteligência da percepção, com exercício de discernimento de um novo *pathos* de época, a fim de se aproximar de um hipodigma, o que há de mais profundo na dobra histórica dos paradigmas em transição, para engendrar outra forma de imaginar a vida em seu devir, e seus inerentes desafios .

Esse processo que dinamiza a história por meio da mudança de um imaginário cultural que integra o outro, até então excluído de diversas maneiras em nome de uma estabilidade estéril de antigas utopias, pode ser entendido tal qual fora dito por outro argentino, não menos importante, que a "graça supõe a cultura, e o dom de Deus se encarna na cultura que o recebe" (*Evangelii Gaudium*, 11), e o discernimento da graça dinamizadora da cultura visa promover uma "cultura de encontro" que possibilite uma "diversidade reconciliada" capaz de construir o "bem comum" (*Evangelii Gaudium*, 95-96, 228, 230, 236).

Deste modo, o filósofo se mostrou ateu de uma divindade inferior e decrépita, retrotópica, que se negava a oferecer a possibilidade de imaginar outra possibilidade de mundo e de ordem, mas aconselha ao teólogo(a) a escutar os poetas, que nas palavras de Nikos Kazantzákis, são "salvadores de Deus" (1927), procuram salvar Deus dos reducionismos que de tempos em tempos procuram o aprisionar. Especialmente, parece ser uma missão contemporânea salvar Deus da hegemonia para enxergar, como disse Emmanuel Lévinas, que só é possível a poesia num movimento de pensar o Infinito, e daí para pensar a Deus na realidade "é preciso que o outro esteja mais perto de Deus do que eu" e pensar diatopicamente, um Deus que oferece pistas de itinerários de reconhecimento, quando então "a poesia passa por oração" (Levinas, 1972:27-31).

317

O filósofo francês que *ri* com o escritor argentino não nega a possibilidade do discurso de Deus, mas lança o desafio da morte de Deus como ponto de partida para uma Teologia negativa e suas formas de relação entre política, cultura e Teologia, e assim desconstruir o que Deus não pode ser para a sensibilidade do indivíduo contemporâneo (Bernauer; Carrette, 2004:1-9; 76-138), que segundo o outro argentino, é o chamado a anunciar *mais além* de nossa autorreferencialidade, nas fronteiras e periferias geográficas e existências, pois:

> o Evangelho nos convida sempre a correr o risco do encontro com o rosto do outro, com sua presença física que interpela, com sua dor e seus protestos, com sua alegria que contagia um constante corpo a corpo" (*Evangelii Gaudium* [=EG], 88)

O discernimento a serviço da diversidade reconciliada do outro argentino

Para Francisco, o outro argentino, o discernimento é graça e ao mesmo tempo acolhida da graça que conduz à reconciliação das diferenças, ou ainda, a uma "diversidade reconciliada" e esta é identificada como uma "cultura inédita" que "palpita e está em elaboração" na cidade, com suas linguagens, símbolos, paradigmas (EG, 73). Se a Teologia da graça inaciana supõe o discernimento, em Francisco, na medida em que a "graça supõe a cultura, e o dom de Deus se encarna na cultura que o recebe" (EG, 115), a tarefa de uma *Teologia da Cultura* após Francisco implica reconhecer os sinais da presença da graça, como presença do Reino no mundo globalizado, lido em chave cristológica. Impõe-se a tarefa do discernimento da cultura, que assume a questão do desafio da alteridade em forma de disposição para o encontro, e assim *cruzar as fronteiras* que separam do outro. Deste modo, no discernimento da cultura, a questão de Deus se apresenta como procura do que ajuda a alcançar o "ser mais verdadeiro"; a sabedoria que pode ser pene-

A salvação que habita a Palavra: Um diálogo entre Teólogos e Poetas

trada "mais profundamente"; a discernir os "sinais mais eloquentes" da silenciosa presença de Deus; o que nos "introduz cada vez mais na Páscoa"; a caminhar "sempre mais além"; a ser "mais missionários"; a ver a Igreja mais dedicada "à evangelização do mundo atual que à auto-preservação"; a fazer que a pastoral "seja mais comunicativa e aberta", a anunciar o Evangelho não a partir do que é periférico, mas naquilo que é "mais belo, mais importante, mais atraente e, ao mesmo tempo, mais necessário", a partir das verdades do Evangelho que "são mais importantes por exprimir mais diretamente o coração do Evangelho" (EG, 8, 11, 13, 21, 27, 34, 36). Esse *magis* de Francisco se relaciona diretamente com a antropologia teológica da misericórdia que em Deus é como "se manifesta a sua onipotência", e se desdobra no humano como "obras de amor ao próximo", como manifestação externa mais perfeita da graça interior do Espírito" (EG, 37).

O discernimento franciscano aqui opera com ênfase no diálogo social como contribuição para a paz (EG, 238-258), supõe a graça de acolher a unidade, e portanto, o desejo "de", e o esforço cooperativo de insistência consciente para uma cultura do encontro que permite o alargamento de perspectivas da realidade, desprovida de subterfúgios. O diálogo social é um instrumento de transformação e deve acontecer entre: 1) Estado e a sociedade; 2) com as cosmovisões das culturas e das ciências; e 3) com outros crentes como "caminhos de paz para um mundo ferido". Nesse sentido, se pode melhor entender a relação entre linguagem e práxis em Francisco dentro de sua consciência imagética e a tradição contemplativa na ação da espiritualidade inaciana, enquanto seus gestos possuem uma densidade teológica que visam promover uma cultura do encontro para o diálogo social e para a paz, sem negar os conflitos, mas antes dar visibilidade aos mesmos.

Na perspectiva da Teologia da cultura após Francisco, ou seja, de uma forma de Teologia política a partir da hermenêutica teológica da cultura, podem-se então elencar "sinais da presença da ação do Espírito" na cultura contemporânea que podem constituir a agenda teológica na era franciscana, e suas consequências políticas de resistência contracultural: 1) A compreensão de Deus como fonte de bondade e misericórdia, superando assim visões religiosas legitimadoras de dominação e formas de violência; 2) A fraternidade universal e o respeito às alteridades como forma de cooperação religiosa, a constituição de uma cultura global a ser reconciliada; 3) O protagonismo dos movimentos sociais que procuram novas formas de participação política; 4) A consciência ecológica integral e os males de um hegemonismo econômico na cultura; 5) A consciência missiológica como cuidado para com o Mundo, e disposição para a missão do diálogo, como forma de superação de mentalidades totalitárias.

Sendo assim, onde há um conflito, há uma perturbação da imagem da realidade fixa e um desafio a superar mentalidades superficiais, fazendo do encontro com a alteridade, (outras religiões, grupos não reconhecidos e/ou perseguidos pela sociedade e pelos nichos religiosos...) e ali se manifesta a disposição de amar e servir, por vezes com longa paciência na fronteira para acolher a ação do Espírito em reconciliar culturas e pessoas em prol do bem comum, e isso exige uma cultura e uma *Teologia da Cultura* que conceba a identidade com abertura à alteridade. Ao invés do reforço na ideia de Jesus Cristo como "o mesmo ontem, hoje e sempre" que fora recebido como imobilismo monolítico fechado ao diálogo, em Francisco se fala de Jesus como "sempre atual", como aquele que tem sempre uma palavra de esperança a dizer à humanidade (Francisco, 2016c).

Nesse sentido, Francisco parece encampar aquilo que Paul Ricoeur chamou de "mediador social", que se recusa a tentação da "conciliação a qualquer preço" de modo a negar a realidade do conflito, incorrendo em um irenismo cristão, e com isso não leva a sério o grito "do que dói" na história. Ao mesmo tempo, recusa a tentação do "conflito a todo preço", acentuando a dialética hegeliana a um estágio de não comunicação na sociedade, promovendo um teatro de guerrilha marxista, mas "é aquele que explica ao homem do poder as motivações profundas

A salvação que habita a Palavra: Um diálogo entre Teólogos e Poetas

da contestação" e ao mesmo o que explica ao povo "a necessidade e o sentido do ingresso na instituição", a saber nas instituições que podem mediar a participação nos espaços de decisão política (Ricoeur, 2008:168-177) e assim promove uma consciência do Evangelho no qual o povo tenha uma real inserção nas necessidades concretas da história, caminho de construção da paz pela busca da reconciliação social e fraternidade universal.

Dentro da proposta de um discernimento cultural como caminho de encontrar a Deus afirmando a liberdade humana, típico de um cristianismo pós-carolíngio, se impõe a tarefa de alterar o imaginário cristão, deixar de ser um instrumento de paz pela via da dominação para ser protagonista de uma fraternidade universal, pela cultura da misericórdia em que a paz e o bem comum só são possíveis por algumas mudanças de mentalidade, como "forma comum de pensar, de sentir, de agir e de reagir que domina um grupo estável, e sobretudo, uma sociedade" (Josaphat, 2006:36). Tais tarefas passam necessariamente pela integração da questão das heterotopias na identidade cristã: (1) pelo reconhecimento da dignidade das alteridades; (2) pela recusa das odiosas generalizações; (3) por uma diversidade reconciliada; (4) por uma postura de paciência mistagógica; (5) romper o círculo de violência alimentado por uma cultura de litígio; (6) promover uma cultura de reconciliação; (7) esperança lúcida e corajosa; (8) a serenidade da alegria que vem do encontro com o Ressuscitado; (9) lançar luz sobre situações e momentos obscuros; (10) sabendo escutar muito mais o Mestre da vida que da doutrina; (11) e sua capacidade de acolher e compreender a dor humana; (12) renunciando a ser uma comunidade autorreferencial; (13) mas em saída; (14) sabendo-se também pecadora, mas muito mais anunciadora da Misericórdia de Deus, como parte da condição humana; (15) e assim morrendo para formas de poder que escondem as patologias sociais desta época, da qual não está imune. Tarefas essas que demandam um conhecimento que produza disposições para o discernimento, fator antropológico que corrobora e é alimentado pela ação do Espírito, o único que consegue promover *diversidades reconciliadas* como caminho de construção da paz, discernindo as contradições da cultura atual.

Nesse cenário, a literatura tem um papel fundamental, por gerar um imaginário das heterotopias e despertar a empatia às mesmas implicadas no discernimento, pois a "poesia é um complexo de imagens e um sentimento que o anima", em que a intuição e a emoção se fundem em toda autêntica literatura, diferenciando dos discursos em que prevalecem razões e argumentos lógicos. Tal exercício fora já feito por outro Francisco, o de Assis (1182-1226), quando assume no *Cantico delle Creature* o imaginário de Joergensen, da "vida humilde dos trabalhos aborrecidos e fáceis" (Joergensen, 1910:196), em que a imagética de seus cantos procura dialeticamente "barrar as falsas e intérminas trilhas da cobiça", como uma resposta radical ao "culto da Riqueza", como um itinerário da mente e da alma que descobre a fraternidade universal: "A poesia é um conhecimento primeiro, 'auroral', como o chamava Croce, e pode preparar o espírito para um outro tipo de conhecimento, filosófico, histórico, e, no caso do Cântico das Criaturas, teológico" (Bosi, 2012:28).

Isto posto, com certa licença poética, a *Oração pela Paz* se torna um itinerário da tarefa do discernimento em que a imagem poética abre portas para a reflexão crítica, revisitada pelo outro Francisco (Villas Boas, 2016b):

Oração de São Francisco de Assis	Oração pela Paz com o Papa Francisco
1. Senhor, fazei de mim um instrumento de vossa paz;	1. Senhor, "infundi em nós a coragem" para "trabalhar pela paz" de modo que o "estilo da nossa vida se torne: *shalom*, paz, *salam!*" (2014k; 2016j).
2. Onde houver ódio, que eu leve o amor;	2. Onde houver "níveis alarmantes de ódio e violência" e "odiosas generalizações", que possamos levar o "nome de Deus que é misericórdia" (EG, 61, 253).
3. Onde houver discórdia, que eu leve a união;	3. Onde houver "feridos por antigas divisões", que possamos mostrar que "não ignoramos a sua dor ou pretendemos fazer-lhes perder a memória", mas que possamos ser testemunhas do "Espírito que harmoniza todas as diversidades" e deseja selar um "pacto cultural" e assim fazer surgir uma "diversidade reconciliada" e uma "ecologia cultural" (EG, 230; LS, 143).
4. Onde houver dúvidas, que eu leve a fé;	4. Onde houver "dúvidas" ou "fases de aridez, até de um certo cansaço", que saibamos oferecer "uma pedagogia que introduza a pessoa passo a passo até chegar à plena apropriação do mistério" (EG, 54, 171).

Oração de São Francisco de Assis	Oração pela Paz com o Papa Francisco
5. Onde houver erros, que eu leve a verdade;	5. Onde houver "erros", que saibamos ensinar que "não se aprende apenas das virtudes dos santos, mas também das faltas e dos erros e não nos preocupemos só com não cair em erros doutrinais, mas também com ser fiéis a este caminho luminoso de vida e sabedoria e assim ajudar as pessoas a chegar a um estado de maturidade, isto é, para que as pessoas sejam capazes de decisões verdadeiramente livres e responsáveis porque é frequente dirigir aos defensores da "ortodoxia" a acusação de passividade, de indulgência ou de cumplicidade culpáveis frente a situações intoleráveis de injustiça e de regimes políticos que mantêm estas situações" (2014d; EG, 194, 171).
6. Onde houver ofensa, que eu leve o perdão;	6. Onde houver "ofensas" e "violação da dignidade pessoal" que saibamos reconhecer que "a bondade não é fraqueza, mas verdadeira força capaz de renunciar à vingança", e assim romper o "círculo" de "violência" (EG, 213; 2014e).
7. Onde houver desespero, que eu leve a esperança;	7. Onde houver "vidas ceifadas por falta de possibilidades", que saibamos ensinar a "pedir a graça da esperança que não é otimismo, mas uma força que ressuscita e infunde a coragem para olhar o futuro" (EG, 54; 2014p; MV, 10).

Oração de São Francisco de Assis	Oração pela Paz com o Papa Francisco
8. Onde houver tristeza, que eu leve a alegria;	8. Onde houver uma "tristeza individualista que brota do coração comodista e mesquinho, da busca desordenada de prazeres superficiais, da consciência isolada" ou "pessoas que se vergam à tristeza por causa das graves dificuldades que têm de suportar [...] especialmente das populações das periferias urbanas e das zonas rurais – sem terra, sem teto, sem pão, sem saúde – lesadas em seus direitos" que saibamos ajudar a compreender que a "alegria não se vive da mesma maneira em todas as etapas e circunstâncias da vida, por vezes muito duras" porém, "adapta-se e transforma-se, e sempre permanece pelo menos como um feixe de luz" que torna "possível desenvolver uma nova capacidade de sair de si mesmo rumo ao outro" (EG, 191, 6; LS, 208).
9. Onde houver trevas, que eu leve a luz.	9. Onde houver "tantos anos e tantos momentos de hostilidade e escuridão, abri os nossos olhos e os nossos corações", que possamos ajudar a compreender que "encontra-se o amor de Deus dentro de nós, inclusive nos momentos obscuros, e assim caminhemos rumo à luz" (2014k; 2014l).
10. Ó Mestre, fazei com que eu procure mais consolar, que ser consolado;	10. Ó "Mestre de vida, mais do que um mestre de doutrina", fazei que procuremos apenas encontrar "a consolação de uma Igreja-mãe que sai de si mesma" e renunciar as "consolações feitas por nós" mesmos que "não servem" porque assim o coração "não se torna humilde" (2014j; 2014b).

Oração de São Francisco de Assis	Oração pela Paz com o Papa Francisco
11. Compreender, que ser compreendido;	11. Que a "centralidade da misericórdia" reflita no "discernimento" que "significa não fugir, mas ler a realidade seriamente, sem preconceito" para melhor "compreender até onde chega a sua misericórdia", "melhor nos conhecermos e compreendermos" e assim "elimine todas as formas de fechamento e desprezo e expulse todas as formas de violência e discriminação", pois "realidade é mais importante do que a ideia" (2013d, MV, 23; EG, 231).
12. Amar, que ser amado;	12. Que "toquemos a miséria humana, que toquemos a carne sofredora dos outros e renunciemos a procurar aqueles abrigos pessoais ou comunitários que permitem manter-nos à distância do nó do drama humano, a fim de aceitarmos verdadeiramente entrar em contato com a vida concreta dos outros e conhecermos a força da ternura" (EG, 270).
13. Pois é dando que se recebe;	13. Pois é renunciando a ser uma Igreja "autorreferencial" que se redescobrem o "sacrificar--se com alegria" e a "alegria de crer", para melhor sermos uma *Igreja pobre e para os pobres"*, que aprende com a "sabedoria dos bairros populares", capaz de "tecer laços de pertença e convivência que transformam a superlotação numa experiência comunitária, onde se derrubam os muros do eu e superam as barreiras do egoísmo" (2015dc; EG, 95, 86; LS, 112).

Oração de São Francisco de Assis	Oração pela Paz com o Papa Francisco
14. É perdoando, que se é perdoado;	14. É "reconhecendo, em primeiro lugar, que somos pecadores e depois alargar o coração até esquecer as ofensas recebidas", pois "para sermos misericordiosos" é necessário o "conhecimento de si mesmos e alargar o coração" (2014q).
15. E é morrendo que se vive para a vida eterna.	15. É morrendo para tudo que leva à "despersonalização da pastoral" que por sua vez "leva a prestar mais atenção à organização do que às pessoas" vivendo "num estado de absoluta dependência dos seus pontos de vista frequentemente imaginários" que podemos viver para "tornar o Reino de Deus presente no mundo" e crescermos na consciência do cuidado pela casa comum de que são "inseparáveis a preocupação pela natureza, a justiça para com os pobres, o empenhamento na sociedade e a paz interior" (EG, 82, 176; 2014a; LS, 10).

A salvação que vem dos poetas pode ser entendida como uma ajuda ao filósofo(a)s e teólogo(a)s não somente a descrer de um "deus infantil", mas a descobrir o mundo como um "secreto diccionario de Dios" que só capta sua beleza aquele que está disposto a "ir más lejos", quando nos deparamos com nossa impossibilidade de compreender o outro. Deste modo, a Teologia latino-americana entendeu que a heterotopia fundamental a ser assimilada era a dos pobres. Isso não significa que a Teologia Latino-Americana substituiu "Deus" pelos "pobres", mas sim que salvou Deus de ser entendido como um deus sádico, injusto e que oferecia um verniz legitimado a um narcisismo cultural e a uma hegemonia institucional. Porém, também há algo mais a se considerar. Se, como pensa Kanzatzákis, o poeta busca salvar Deus das formas reducionistas da Teologia, Manzatto é quem inaugurou essa tarefa de salvar Deus desde uma analítica da finitude, mas oferece um caminho de não incorrer no reducionismo do Mistério ao oferecer a beleza da tensão dialética entre a infinitude da graça e a finitude humana, desde a perspectiva e a sensibilidade de um escritor ateu, Jorge Amado, e nos ensinou que o ateu que se inquieta com as contradições da vida é também nosso companheiro de caminhada. Arriscaria dizer, ainda que sob o risco de ser entendido como exagerado, mas é próprio da admiração de amigos serem generosos com seus mestres, que Manzatto é nosso Apóstolo da Teopoética, ao lançar o primeiro livro sobre Teopoética (1994). E como apóstolo anunciou que a Teologia latino-americana tinha que avançar um pouco mais para compreender que o Mistério passa pelo desafio da linguagem. Parece também sugerir o poeta portenho que ir mais além é a condição de entender Babel como prefácio de Pentecostes, alvo da fraternidade universal do outro argentino:

> Cabe ir más lejos; cabe sospechar que no hay universo en el sentido orgánico, unificador, que tiene esa ambiciosa palabra. Si lo hay, falta conjeturar su propósito; falta conjeturar las palabras, las definiciones, las etimologías, las sinonimias, del secreto diccionario de Dios (...) La imposibilidad de penetrar el esquema divino del universo no puede, sin embargo, disuadimos de planear esquemas humanos, aunque nos conste que éstos son provisorios (Borges, 1952:2965).

Referências bibliográficas

BERNAUER, James William.; CARRETTE, Jeremy. *Michel Foucault and Theology: The Politics of Religion Experience*. Routledge: London/New York, 2004.

BOSI, Alfredo. A poesia pode ser uma forma intuitiva de pensamento teológico. *Teoliterária*, v. 2, n.4, p.11-28, 2012.

BORGES, Jorge Luis. (1925/1952). *Inquisiciones/Otras inquisciones*. Valencia: Debolsillo, 2012.

FERRY, Luc. *Aprender a viver: filosofia para os novos tempos*. Rio de Janeiro: Objetiva, 2006.

FOUCAULT, Michel. (1966). *As palavras e as coisas: uma arqueologia das ciências humanas*. São Paulo: Martins Fontes, 2000.

PAPA FRANCISCO. *Exortação Apostólica Evangelii gaudium – sobre o anúncio do Evangelho no mundo atual*. Roma: Editrice Vaticana, 2013.

_____. *Aula Magna na Pontifícia Faculdade de Teologia de Sardenha*. 22 de setembro de 2013.

_____. *Meditações matutinas. Cristãos disfarçados*. 20 de março de 2014.

_____. *Meditações matutinas. Entre memória e esperança*. 15 de maio de 2014.

_____. *Palavras às Crianças num encontro promovido pelo Pontifício Conselho para a Cultura*. 31 de maio de 2014.

_____. *Invocação pela Paz. Palavras do Papa Francisco nos Jardins do Vaticano, por ocasião do histórico encontro entre o Presidente do Estado de Israel, Shimon Peres, e o Presidente do Estado da Palestina*, Mahmoud Abbas. 8 de junho de 2014.

_____. *Santa Missa na Solenidade de Pentecostes*. 8 de junho de 2014.

_____. *Encontro com as Crianças do Centro de Assistência Betânia e Crianças Assistidas por outros institutos de caridade da Albânia*. 21 de setembro de 2014.

_____. *Discurso à Associação Internacional de Direito Penal*. 23 de outubro de 2014.

_____. *Meditações Matutinas*. *Sair para dar a vida*. 09 de dezembro de 2014.

_____. Encontro com os Cardeais e Colaboradores da Cúria Romana para a troca de Bons Votos de Natal. *A Cúria Romana e o Corpo de Cristo*. 22 de dezembro de 2014.

_____. *Misericordiae Vultus*. Bula de Proclamação do Jubileu Extraordinário Da Misericórdia. 11 de abril de 2015.

_____. *Carta Encíclica Laudato Si – sobre o cuidado da casa comum*. 24 de maio de 2015.

_____. *Visita ao bairro pobre de Kangemi*. 27 de novembro de 2015.

_____. *Mensagem do Santo Padre Francisco para a Celebração do XLIX Dia Mundial Da Paz: Vence a indiferença e conquista a Paz*. 1º de janeiro de 2016.

_____. *Audiência geral* de 7/09/2016. Roma: Libreria Editrice, 2016.

JELLAMO, Anna. *Il Cammino di Diké – L'idea di giustizia da Omero a Eschilo*. Roma: Donzelli Editore, 2005.

JOERGENSEN, Johannes. *Vita de Francesco d'Assisi*. Libreria Internazionale Alberto Reber, 1910.

JOSAPHAT, Carlos. *Ética e mídia: liberdade, responsabilidade e sistema*. São Paulo: Paulinas, 2006.

KAZANTZÁKIS, Nikos. (1927). *Ascese: os salvadores de Deus*. São Paulo: Editora Ática, 1997.

LEVINAS, Emmanuel. (1972). *Humanismo do Outro Homem*. Petrópolis: Editora Vozes, 2012.

MANZATTO, Antonio. *Teologia e literatura: reflexão teológica a partir da antropologia contida nos romances de Jorge Amado*. São Paulo: Editora Loyola, 1994.

NIETZSCHE, Friedrich. *Also Sprach Zaratustra: Ein Buch für Alle und Keinen*. Norderstedt: GRIN Verlag, 2009.

RICOEUR, Paul. *Hermenêuticas e ideologias*. Petrópolis: Editora Vozes, 2008.

SENRA, Flávio Augusto; PINTO, Helder de Souza Silva. Rupturas epistemológicas e o discurso sobre Deus. Uma leitura a partir de Michel Foucault. *Horizonte*, Belo Horizonte, v. 8, n.18, p.27-64, 2010.

VILLAS BOAS, Alex. Identidade e alteridade a partir da concepção de personagem em Emmanuel Levinas. *Forma Breve*, Aveiro, n.12, (2015), p. 79-92.

_____. *Teologia em diálogo com a Literatura*: origem e tarefa poética da teologia. São Paulo: Paulus, 2016a

_____. *Orar com Francisco In IHU – Instituto Humanitas Unisinos*. 16/03/2016b. Disponível em: <http://www.ihu.unisinos.br/?catid =0&id=552651>. Acesso em: 30/11/2018.

VOLTAIRE. (1756). Préface du Poème sur Le désastre de Lisbonne. In: *Ouvres Complètes, v. IX*. Paris: Garnier/Nendel; Kraus Reprint, 1967.

ŽIŽEK, Slavoj. *Como ler Lacan*. Rio de Janeiro: Zahar, 2006.

KLIMEK, Daniel Maria. *Monastic and Scholastic thought: reconciling theological traditions of medieval culture in Glossolalia. Yale University*, v.2, n.1, p.65-81, 2010.

17 A mística dos pobres em canções das CEBs

Antônio Manzatto
Pontifícia Universidade Católica de São Paulo

A Assembleia do Celam acontecida em Medellín, cujo cinquentenário estamos celebrando, engajou a Igreja latino-americana e caribenha em um caminho de compromisso com os pobres, entendendo dessa forma a historicização de sua fidelidade ao Evangelho de Jesus. A própria Assembleia recomendava o incentivo à formação e organização das Comunidades Eclesiais de Base por entender que elas eram a forma mais apropriada de configuração eclesial para a vivência desse compromisso naquela realidade histórica. As Cebs tornaram-se o modelo eclesial hegemônico na América Latina e deram um rosto próprio à Igreja do continente. Sua vivência e sua atuação foram animadas e teologizadas em canções que acompanhavam sua caminhada, canções que reuniam melodias populares e poemas que manifestavam o compromisso social e a consciência de fé que formavam a identidade das Cebs. Sobretudo, em suas letras, elas manifestavam uma mística própria na consciência de uma Igreja que se entendia fraterna, comunitária e a serviço da libertação dos pobres. Esta mística, vivida e afirmada pelos pobres que se tornaram sujeitos de Igreja, tem características próprias e indica a espiritualidade, identidade e a forma de as Cebs se posicionarem na Igreja e na sociedade. A proposta aqui é destacar as características essenciais da espiritualidade e da mística das Cebs presentes em canções através dos procedimentos de estudo próprios da relação entre Teologia e literatura. Perspectiva comunitária, partilha de vida e construção do mundo novo são algumas dessas características, assim como a afirmação do Reino de Deus, a esperança e a confiança no Deus que liberta os pobres.

Nossa Igreja latino-americana, nestes anos, celebra suas raízes e rememora sua história reconhecendo e afirmando sua identidade eclesial e sua contribuição específica para o conjunto da Igreja universal. O Papa Francisco é portador de muitas dessas características e traz no seu modo de ser, na maneira de entender a Igreja e no desenvolvimento de seu ministério, marcas de sua origem eclesial latino-americana. Ele demonstra pertencer a este continente não apenas porque aqui nasceu ou possui cidadania, mas porque sua Teologia é profundamente marcada pelas características, pela espiritualidade e, por que não dizer, pela mística da Igreja latino-americana. No ano passado, celebramos uma década da realização da Conferência de Aparecida; neste ano de 2018, celebramos cinquenta anos da Conferência de Medellín, aquela que deu origem ao tipo de pensamento teológico e prática pastoral especificamente latino-americanos; no próximo ano, celebraremos quarenta anos da Conferência de Puebla, aquela que confirmou nossa Igreja em seu caminho de compromisso com os mais pobres através do engajamento social como forma de viver, na época atual, a fidelidade ao Evangelho de Jesus. Pensar nossa teologia neste tempo deve, indiscutivelmente, situar-nos em relação a estes eventos que marcam nossa eclesiologia.

Depois de Medellín e como sua consequência, nossa Igreja assumiu decididamente um rosto latino-americano. As transformações vividas no continente na época ajudaram-na a também se transformar na linha do que havia sido proposto, anos antes, pelo Concílio Vaticano II. Em fidelidade ao Concílio e em sintonia com a realidade circundante, a Igreja assumiu características que a marcaram indelevelmente e que permitiram que fosse reconhecida pelas Igrejas de outros continentes.

Algumas dessas características são bem conhecidas: a opção preferencial pelos pobres, cuja formulação lapidar será feita em Puebla; a

A mística dos pobres em canções das CEBs

aplicação do método ver-julgar-agir na reflexão teológica e na prática pastoral; a ação comprometida com a real situação dos pobres e, por isso, buscando a transformação da sociedade para que reconheça o direito daqueles que se encontram oprimidos e empobrecidos; a capacidade de reconhecer os pobres como sujeitos de Igreja, não meramente destinatários de uma ação caritativa, e assim sucessivamente. O que embasa essa perspectiva eclesial é uma profunda fé no Deus de Jesus Cristo, aquele que não apenas se coloca ao lado dos pobres, mas os liberta. Por isso, a proclamação evangélica da pessoa e da ação de Jesus de Nazaré passa pela encarnação na realidade concreta dos povos latino-americanos. Os agentes de Igreja são reconhecidos a partir dessa experiência eclesial concreta, o que faz com que a Boa-Nova ecoe na proliferação de comunidades pelo continente afora que, com simplicidade e entusiasmo, vivem sua fé e atuam para a transformação do mundo.

Desde Medellín, tomou corpo na realidade latino-americana a conhecida Teologia da Libertação. Se a Conferência aconteceu em 1968, já em 1972 os primeiros textos fundadores desta Teologia apareceram, sobretudo o de Gustavo Gutierrez. Desde então, ela será identificadora da prática eclesial latino-americana e, mesmo combatida, permanecerá atuante com desdobramentos perceptíveis também em nossos dias. Não nos cabe aqui um histórico ou mesmo uma caracterização da Teologia da Libertação, inclusive porque isso foi feito muitas vezes em vários cenários e por diversos autores. Cabe lembrar que, mesmo combatida e caluniada, esta Teologia nunca foi formalmente condenada pelas instâncias romanas, embora a imprensa e outros de seus opositores insistam em afirmar tal inverdade. Ainda podemos recordar que, mesmo não sendo a Teologia hegemônica atualmente no continente e tendo passado por transformações importantes já que a própria realidade se transformou, ela nunca desapareceu do horizonte e continua perceptível nos tempos atuais não apenas nos livros acadêmicos, mas na realidade da vida do povo simples e na prática de alguns de seus pastores. Por fatores que não nos cabem analisar, a nomenclatura dessa Teologia sofreu alterações e hoje a caracterizamos como Teologia latino-americana, reconhecendo que a Teologia que se elabora atualmente no continente, se não é idêntica, ao menos é sucessora da Teologia da Libertação, pois guarda não apenas seus procedimentos metodológicos, mas seu compromisso com os mais pobres da sociedade.

CEBs

Depois de Medellín, a Igreja latino-americana assumiu, instada por aquela Conferência, a organização de Comunidades Eclesiais de Base como sua forma própria de organização estrutural. Os bispos não apenas passaram a viver mais próximo e da maneira do povo simples, mas também investiram em uma pastoral que responsabilizasse os mais pobres como verdadeiros sujeitos eclesiais, proporcionando que vivenciassem, de maneira adulta e responsável, sua vocação cristã derivada do sacramento do batismo. As Cebs se tornaram uma das maiores características da Igreja do continente.

Elas assumem uma identidade eclesial específica a partir de sua maneira de organizarem-se e vivenciar seu novo modo de ser Igreja. São, efetivamente, comunidades eclesiais, ou seja, comunidades que vivenciam sua fé. Não se trata de simples grupo de amigos ou estrutura partidária, mas uma efetiva comunidade entendida como o jeito de ser discípulo de Jesus Cristo. Vivem intensamente o protagonismo dos leigos, valorizam múltiplos ministérios partilhados em comunhão e são capazes de articular fé e vida, ou seja, aquilo que se crê com aquilo que é o comportamento cotidiano de quem crê. Por isso, são capazes de apontar para outro jeito de a Igreja ser: menos preocupada com a institucionalização e o poder, e mais inserida na realidade de vida do povo simples. Por isso, ela é mais comunional e menos hierárquica, embora nunca separada da atuação de seus pastores; mais próxima da vida das pessoas, torna-se maneira concreta de possibilitar a prática da fé a partir das condições reais de vida.

A mística dos pobres em canções das CEBs

No campo e nas cidades, as pequenas comunidades se formam pela disposição de partilha de vida de tantos leigos e leigas, sob todos os aspectos da existência. Articulam fé e vida de maneira criativa, responsável e dinâmica, e seus membros vivem sua vocação cristã em relação direta com o ambiente social. Realizam assim o que o documento conciliar *Gaudium et Spes* ensina e, mais ainda, tornam-se efetiva historicização de uma Igreja dos Pobres. São comunidades eclesiais a partir da base, isto é, a partir dos mais simples e humildes, a partir dos últimos da sociedade e daqueles que com eles se aliam e passam a ler a realidade a partir de seu horizonte. Tornam-se a estrutura através da qual a Igreja se identifica com os mais pobres, e se isso se concretiza para além da realidade das Cebs, nem por isso deixam de ser uma maneira bem efetiva e característica de afirmar tal dinâmica eclesial.

Inseridas em sua realidade sócio-histórica, as Cebs assumem importância no que se refere à organização política do lugar. É conhecido o papel que desempenharam na política nacional e mesmo continental, e se hoje vivemos uma realidade social diferente daquela de trinta anos atrás, isso se deve também à sua atuação. A convicção é que a transformação da realidade, em superação da injustiça e da dominação, se faz através da ação política efetiva. A conversão do coração de quem crê não é suficiente para a transformação da realidade porque muitas estruturas sociais não dependem do indivíduo. Afinal, não se pode esquecer que o ser humano não apenas forma a sociedade, ele também é formado por ela, pelos modelos que cria e pelos valores que afirma. A atuação política será, então, forma de estabelecer a coerência com aquilo que se crê, uma vez que a simples repetição de princípios doutrinais ou o simples cumprimento de rituais não bastam para caracterizar a prática cristã dos discípulos de Jesus de Nazaré.

Se hoje as Cebs não são a estrutura eclesial hegemônica no continente, nem por isso desapareceram, como bem o mostrou a recente celebração do Intereclesial de Londrina. Mais que isso, seu legado permanece vivo na afirmação da importância da vivência comunitária da fé,

337

na aproximação entre fé e vida, nos modos de leitura popular da Bíblia, na valorização da religiosidade popular, na valorização dos ministérios e da atuação política de leigos e leigas. O compromisso eclesial com os pobres caracteriza, ainda, de um lado a continuidade de existência das Cebs e, de outro lado, seu legado para a forma de vivência do cristianismo no continente. Puebla e Aparecida confirmam sua importância.

Canções

A mentalidade eclesial que formou as Comunidades Eclesiais de Base não nasceu do nada, mas de uma perspectiva que quis envolver leigos e leigas na construção de um modelo de Igreja que não apenas permitisse sua atuação, mas que fosse de sua responsabilidade e de seu modo próprio de ser cristão. Tal mentalidade necessitou de desenvolvimento para que pudesse crescer e frutificar. As Cebs desempenharam, no cenário eclesial e nacional, importante foco de formação de consciências. Sua disposição para refletir a realidade à luz da fé (e vice-versa) exigiu constante capacidade de percepção e leitura da realidade, além de conhecimentos multidisciplinares que lhes permitissem um discernimento responsável sobre a forma de agir segundo as diferentes realidades. Também no campo especificamente religioso e teológico, uma formação constante se fez premente para que o essencial da fé não fosse deixado de lado e, ao mesmo tempo, possibilitasse o engajamento necessário para a transformação do mundo e a conversão da sociedade.

Surgiram múltiplos cursos de formação e foram organizados diversos caminhos formativos para possibilitar aos membros das Cebs maior consciência social e teológica. Oportunidades de formação foram oferecidas não apenas aos coordenadores de comunidades, mas a todos os seus membros. Ao lado disso, espaços celebrativos foram criados, possibilitando a construção da comunhão entre seus membros e entre as diferentes comunidades. Criaram-se, também, oportunidades de vivência de modelos diversos de espiritualidade com a realização de retiros,

A mística dos pobres em canções das CEBs

dias de formação, dias de espiritualidade e outras formas de dinamizar a prática e a pertença eclesial dos membros das Cebs. Em tais espaços formativos, celebrativos e espirituais, as canções ocuparam um lugar de destaque.

Claro que palestras, painéis, subsídios, textos e estudos são elementos importantes na formação da consciência, e assim aconteceu de verdade no que se refere às Cebs. Mas as canções se impuseram como maneira de ajudar a consciência a se formar porque, além de ensinar, as canções também permitem convivência, dança, espaço lúdico e maneira concreta de fazer o que é essencial na vida de uma comunidade: fazer comunhão. Ao mesmo tempo em que as canções ajudavam a formar a consciência participativa, também ocasionaram a possibilidade de uma afirmação de pertença e de reconhecimento de sua própria identidade. Passaram a ser, então, canções de Cebs, que animavam a vida dessas comunidades e cuja entoação lembrava sua maneira de ser e seus compromissos socioeclesiais. Isso foi tão forte que, no momento em que as Cebs deixaram de ser hegemônicas, aquelas canções praticamente desapareceram do cenário eclesial, fazendo aparecer outro gênero musical que fundamenta outro modelo de Igreja.

As canções das Cebs afirmam e espalham no ar a mentalidade que permite a formação de Cebs, celebram a vida das comunidades e professam sua fé. São, assim, canções de celebração, de devoção religiosa e de compromisso social. Uma coisa não se separa da outra porque elas estão juntas na vida das pessoas. Evidentemente, elas refletem uma Teologia, aquela onde as Cebs têm possibilidade de existência, mas elas também possibilitam uma Teologia a partir daquilo que afirmam como leitura da realidade, da sociedade e do humano. Por isso encontramos, sim, nessas canções traços bem límpidos de Teologia da Libertação, o que explica que, em outros ambientes e cenários, elas não sejam repetidas ou executadas.

Uma análise mais acurada e mais abrangente pode afirmar outras características dessas canções. Aqui nos propomos a afirmar três elementos que cumprem a função de formar consciência religiosa e social além de animar e incentivar a vida e a participação em tais comunidades. São eles: a identidade das Cebs, sua fé no Deus libertador e seu ideal de mundo de justiça fundamentado no conceito de Reino de Deus. Estes três elementos, que correspondem, em outra leitura, ao método ver-julgar-agir, formam como que a espinha dorsal das canções produzidas e entoadas nas Cebs. Muito se investiu nessas canções, em composições específicas, na realização de gravações próprias e em livros e folhetos de canto espalhados por todo o país.

Quanto mais não fosse, a simples afirmação do gosto do povo por canções explicaria e fundamentaria a realização de tais esforços.

Música

O povo simples sempre gostou de música em suas festas, as chamadas festas populares. A música anima, alegra, movimenta, facilita a partilha e a convivência e, além disso, aquilo que dizem forma o pensamento ao menos pela repetição das palavras. As festas religiosas populares sempre precisaram de música, pois o povo se afirma através delas, ali se reconhece e nelas projeta seus ideais ou sua leitura de mundo. No Brasil, festas como a Folia de Reis ou a Folia do Divino são bastante antigas e tradicionais no meio do povo simples, e suas músicas são específicas em seus ritmos e letras.

Sem esgotar as possibilidades abertas pela semiótica de leitura significativa de sinais não escritos e mesmo não verbais, alguns elementos precisam ser destacados naquilo que se refere à música do povo simples e pobre e que explica a preferência que existe na criação de ritmos e melodias nas canções nas Cebs. Um primeiro elemento é o fato de que os instrumentos musicais usados na execução de tais canções precisam ser simples e portáteis. A preferência recai, então, sobre o violão e o acordeão, e uma pequena percussão, como pandeiro, triângulo ou zabumba. São instrumentos de fácil transporte, são pequenos e não são excessivamente complicados de tocar, além de não se excluírem mutuamente. O acordeão anima festas e bailes e pode ser levado para qualquer lugar, inclusive a igreja ou o salão da comunidade. Já um órgão (ou piano) não é portátil, e os teclados modernos exigem instalação nem sempre possível em espaços populares ou festas de terreiro. A facilidade do manuseio do acordeão possibilita sua popularização, o que faz com que muitos saibam tocá-lo mesmo não conhecendo música. A mesma facilidade do violão e seus parentes, como a viola e o cavaquinho. São instrumentos sonoros, de fácil transporte e de fácil aprendizado, já que baseados em acordes mais do que em notas para solistas. Acompanham os cantos de maneira muito ágil e criativa, e são os preferidos nas cantorias populares. Para marcar o ritmo, uma pequena percussão como zabumba, timba, triângulo, chocalho ou pandeiro. Lá onde não existe instrumento, uma panela pode ser usada. Estão em todos os lugares e a facilidade em tocá-los é também bastante grande, pois se trata de marcar o ritmo, embalando os passos e as palmas.

Por outro lado, o povo simples prefere sempre cantar e não apenas ouvir. As músicas instrumentais são raras, apenas usadas para animar as danças de salão. Já a cantoria reúne todas as pessoas porque todos cantam, inclusive em orquestrações vocais. O povo gosta mesmo é de cantar e não simplesmente de ouvir alguém cantar. Por isso, os ritmos populares são contagiantes, movimentam e chamam a uma participação sonora. Duetos entre o cantor e o povo são favorecidos, assim como os refrãos devem ser de fácil memorização. Importante é possibilitar ao povo participar do canto. Curiosamente, esta também é uma indicação da reforma litúrgica do Vaticano II, a de que a assembleia celebrante seja participativa, inclusive nos cantos. No meio do povo simples, é isso mesmo que eles querem. Por isso, estranham certos tipos de concertos ou cantorias onde apenas uma pessoa, um conjunto ou uma banda podem cantar. Isso pode ser admitido em um show, em um espetáculo, mas não em uma reunião da qual participa, efetivamente, toda a comunidade.

Ao lado da preferência pelo canto e pelos instrumentos portáteis e populares, o ritmo também precisa ser popular. O povo gosta de ritmos que sejam próximos de sua história, de sua cultura e de seu gosto. Preferem, por isso, o samba, o choro, o baião, o maxixe ou outros ritmos bem populares ainda que tradicionais, como a valsinha. Ritmos militares são deixados para os hinos, e nesse sentido há muita diferença entre as canções das Cebs e aquelas cantadas em antigas procissões ao som da banda da cidade e seus instrumentos de sopro. Há também diferença entre as canções das Cebs e ritmos mais ao gosto da classe média, como o rock ou as baladas, que não são tão populares e se prestam mais a shows que à convivência comunitária.

As letras das canções, por sua vez, podem responder a vários formatos, a várias formulações poéticas e a imagens diversas, mesmo algumas não fazendo parte do cotidiano da comunidade. É que sempre é possível transcender a realidade, e se a música possibilita isso, as imagens poéticas das canções também o fazem. No exemplo a seguir enumeramos apenas três canções entre tantas que as Cebs produziram e tornaram emblemáticas de um modelo de Igreja que tem raízes e características especificamente latino-americanas.

Letras

Na realidade, a análise das letras de uma canção não obedece apenas a critérios de leitura de uma poesia, porque ela possui ritmo e melodia e os procedimentos estabelecidos pelo diálogo entre Teologia e Literatura não dão conta da análise da música. Mas, mesmo assim, arrisquemos e olhemos para as letras de algumas canções como se fossem apenas poesia, deixando para outro momento a preocupação com a melodia que a acompanha.

A mística dos pobres em canções das CEBs

Igreja é povo que se organiza (Pe. Leôncio Asfury)

Igreja é povo que se organiza/ Gente oprimida buscando libertação/ Em Jesus Cristo, a ressurreição.

O operário lutando pelo direito/De reaver a direção do sindicato. / O pescador vendo a morte de seus rios, / Já se levanta contra esse desacato.

O seringueiro com sua faca de seringa/ Se libertando das garras do seu patrão. / A lavadeira, mulher forte e destemida, / Lava a sujeira da injustiça e opressão.

Posseiro unido que fica na sua terra/ E desafia a força do invasor/ Índio poeta que pega sua viola/ Que canta a vida, a saudade e a dor.

É gente humilde, é gente pobre, mas é forte/ Dizendo a Cristo: meu irmão, muito obrigado/ Pelo caminho que você nos indicou/ Para ser um povo feliz e libertado.

Esta canção, como tantas outras, afirma a identidade das Cebs e aquilo que elas representam na vida da Igreja. Entende a Igreja, e não apenas as Cebs, como povo organizado, e não apenas um povo como se não houvesse relação entre seus membros. É como povo organizado que a Igreja luta por libertação, seguindo o caminho e o exemplo de Jesus Cristo. A Igreja, pois, é o povo simples e pobre organizado em vista da conquista de sua libertação, simples assim. Desta forma é que se entende a Igreja como seguidora de Jesus e continuadora de sua ação.

A canção, exemplificando, identifica quem faz parte desse povo: operário, pescador, seringueiro, lavadeira, posseiro, índio, ou seja, os pobres da sociedade, aqueles que são desprezados e não contam. Este povo, reunido e lutando pelos seus direitos, organizados como comunidade em Igreja, segue o exemplo de Jesus, o libertador dos pobres. A pertença à comunidade não se faz apenas pela presença ou por ato ritual, mas pelo compromisso de transformação da sociedade em benefício dos mais pobres. Isso é ser Igreja, a Igreja dos Pobres onde eles são protagonistas, verdadeiros sujeitos eclesiais assumindo sua história própria e afirmando como se é Igreja latino-americana tal qual o expresso pela Teologia da Libertação. Outros desdobramentos são possíveis a partir de uma reflexão mais abrangente e mais acurada da letra da canção, mas por ora basta-nos esta identificação eclesiológica.

Esperança (Siumara, Marcos, Benedito).

Javé o Deus dos pobres, do povo sofredor/ Aqui nos reuniu pra cantar o seu louvor, / Pra nos dar esperança e contar com sua mão/ Na construção do Reino, mundo novo, povo irmão.

Sua mão sustenta o pobre, ninguém fica ao desabrigo, / Dá sustento a quem tem fome com a fina flor do trigo.

Alimenta os nossos sonhos mesmo dentro da prisão, / Ouve o grito do oprimido que lhe toca o coração.

Cura os corações feridos, mostra ao povo o seu poder/ Dos pequenos é a defesa: Deixa a vida florescer.

A canção retrata a base da fé e da esperança do povo organizado e reunido nas Cebs: Javé é o Deus dos pobres. A canção, aqui, parte de uma Missa intitulada "Para criar comunhão", baseia-se no texto do Êxodo para afirmar a parcialidade do Deus que liberta seu povo. A celebração litúrgica tem como finalidade louvar a Deus, sim, mas à condição de perceber como ele concede esperança ao povo simples em sua tarefa de construção histórica do Reino de fraternidade. Deus é afirmado como aquele que sustenta o pobre não simplesmente o consolando, como se tivesse pena dele, mas assumindo sua causa, alimentando-o, acolhendo-o e afirmando-lhe sua dignidade e direitos. Deus se compadece do sofrimento dos oprimidos, dos aprisionados de todos os tipos, e se configura como aquele que defende a vida dos fracos. A confiança é na ação de Deus que, como libertou seu povo da escravidão do Egito, liberta também os sofredores e escravizados de todos os tipos, com preferência para os últimos da sociedade, uma vez que apenas aquilo que

A mística dos pobres em canções das CEBs

integra os últimos pode ser para todos. Trata-se de uma afirmação da fé do povo simples que não enxerga Deus distante do mundo ou de suas realidades, mas como seu aliado na construção de um mundo de mais justiça. A raiz é a confiança em um Deus que não é apenas Deus, mas sim Deus dos pobres, e as consequências teológicas e pastorais podem ser já entrevistas. Deus precisa ser distinguido dos ídolos da opressão, e seu compromisso com o processo de libertação dos pobres é um dos grandes critérios para esse discernimento. Toda uma Teologia pode ser desenvolvida a partir desse ponto, como efetivamente se fará.

Axé (Irá chegar) (Vera Lúcia)

> Irá chegar um novo dia, / Um novo céu, uma nova terra, / Um novo mar. / E nesse dia, os oprimidos/ A uma só voz a liberdade irão cantar.
>
> Na nova terra o negro não vai ter corrente, / E o nosso índio vai ser visto como gente. Na nova terra o negro, o índio e o mulato, / O branco e todos vão comer no mesmo prato.
>
> Na nova terra o fraco, o pobre e o injustiçado, / Serão juízes deste mundo de pecado. / Na nova terra o forte, o grande e o prepotente/ Irão chorar até ranger os dentes.
>
> Na nova terra a mulher terá direitos, / Não sofrerá humilhações e preconceitos. / O seu trabalho todos vão valorizar, / das decisões ela irá participar.
>
> Na nova terra os povos todos irmanados, / Com sua cultura e direitos respeitados, /Farão da vida um bonito amanhecer, / Com igualdade no direito de viver.

A esperança do povo simples é a realização da promessa divina de novos céus e nova terra. Nesse novo mundo de Deus, seu Reino, não haverá mais sofrimento e por isso não haverá mais opressão. Daí o canto de liberdade dos oprimidos. A canção se insere dentro da afirmação da igualdade de direitos de todas as raças. Posiciona-se radicalmente contra todo tipo de racismo e por isso seu título é uma valorização da cultura negra, como, aliás, está dito em várias de suas expressões. Por outro lado, inspira-se no canto do Magnificat anunciando um novo mundo onde os humildes serão glorificados e os poderosos serão abatidos, daí a mulher poder participar integralmente da vida social, sem nenhum tipo de discriminação. Esta nova realidade, a fraternidade estabelecida, nascerá com o amanhecer do novo dia, aquele que o Senhor fez para nós. Do ponto de vista estritamente teológico, mostra que o povo pobre radica sua esperança no Mistério Pascal, referência para a fé cristã e a compreensão da pessoa de Jesus. Não se trata, pois, de simples esperança de horizonte intra-histórico, mas de caráter mais abrangente, que aponta para a salvação de toda a humanidade e do ser humano integral. Percebe a transcendência do Reino e para ele direciona o processo de libertação dos pobres que, sem deixar de ser histórico, transcende a realidade em direção de plenitude e de eternidade.

Outras tantas canções poderiam ser inseridas aqui enriquecendo a reflexão e mostrando como elas afirmam a crença, a identidade e o compromisso das Cebs, ou seja, uma eclesiologia baseada em uma Teologia de horizonte escatológico, portanto dentro da mais legítima tradição cristã. Diferentemente de canções que apenas afirmam a grandeza de Deus, seu poder ou seus milagres, estas canções insistem no compromisso da vida cristã, aquele de lutar para transformar o mundo e fazê-lo em benefício dos pobres. São, sim, canções engajadas, comprometidas socialmente, que não escamoteiam os conflitos e afirmam a parcialidade do Deus que prefere os pobres e os últimos. Tais canções formam consciências mostrando como são as Cebs e animam a pertença e a vida de seus membros e de toda uma Igreja que se compromete na mesma direção.

Mística

Uma das falácias que se ouvem em tempos atuais é aquela que diz que a Teologia da Libertação apenas afirmava a ação social e não tinha

A mística dos pobres em canções das CEBs

espiritualidade. Uma afirmação no mínimo equivocada quando se lembra que sua história foi marcada por tantos mártires que deram sua vida para que o mundo pudesse ser transformado, como efetivamente o foi. Não se pode esquecer de gente como Dom Oscar Romero, que será brevemente canonizado, e outros como Monsenhor Angeleli, Pe. Ezequiel Ramin, Santo Dias da Silva, tantos leigos, religiosos, ministros ordenados, toda uma Igreja comprometida com o Evangelho de Jesus a ponto de, como ele, entregarem suas vidas. Não se pode dizer que essa Igreja e sua Teologia não tinham espiritualidade. O argumento vai na linha de dizer que os templos se esvaziaram por conta do compromisso da Igreja com os pobres e com a transformação da sociedade. Atribui-se a diminuição da prática religiosa ao compromisso cristão pelo estabelecimento da justiça. O ideológico de tal afirmação aparece imediatamente, mais ainda quando se lembra que Jesus também foi preso, julgado, torturado e executado por seu comportamento político, e não porque fazia alguma oração de maneira diferente. Ademais se percebe que, depois de os chamados novos movimentos de espiritualidade terem se tornado hegemônicos na Igreja e assumirem seu controle, a diminuição da prática religiosa não foi estancada, ao contrário, avolumou-se. Esse fenômeno precisa ser analisado com outras referências mais complexas e não com simplificações de interesse político e ideológico.

Esquece-se que as transformações vivenciadas em nossos países se devem muito à luta desenvolvida pela Teologia da Libertação e pelas Cebs. Nossas sociedades latino-americanas tornaram-se mais democráticas não por concessão dos poderosos, mas por conquista da população mais pobre que, engajando-se nas lutas sociais, conquistou o direito de participação nos debates e decisões sobre a vida social. O período de lutas vivido em nossa Igreja não foi sem sentido, nem deixou de produzir resultado, é bom que isso fique afirmado.

Mas é lícito perguntar-se qual a mística que motiva as Cebs e está por trás das canções que ocasiona. A análise das canções que trouxemos, assim como de outras semelhantes, ajuda a identificar alguns de seus aspectos. Fundamentalmente, o que dizemos é que se trata da mística dos pobres fundamentando o compromisso e a vivência cristãos. Não se trata da mística da pobreza, no estilo de Francisco de Assis por exemplo, que implicaria desprendimento e, por esse viés, identificação com os mais pobres. Não é uma mística que fala da grandeza do despojar-se para poder contemplar a grandeza de Deus, ou algo nessa direção. Nas Cebs, como na Teologia da Libertação, a pobreza é vista como mal porque é privação dos bens necessários à vida e dos direitos mais elementares das pessoas. Ela não é uma decisão que alguns podem realizar, seja a decisão de abrir mão, desapegar-se e assumir compromissos com os mais pobres. Ao lado da grandeza de gestos assim, é preciso reconhecer que a possibilidade de optar em abrir mão dos bens exige que se os possua ou que se possa possuí-los. Por seu lado, os pobres não têm direito a essa opção: eles são despossuídos, empobrecidos. Falar da grandeza da opção pela pobreza àqueles que são obrigados a serem pobres pela opressão do sistema é, no mínimo, desrespeito à sua condição, para não falar de atentado contra a dignidade humana. Não, não é bom ser pobre, não é bom ser oprimido. A pobreza conduz à morte, afirma a dominação e impede o desenvolvimento da pessoa humana. Ela desumaniza porque é desumana. Há que se lutar contra a pobreza para que todas as pessoas tenham direito à vida e a possibilidades de realizarem seus sonhos e projetos, na igualdade fundamental de todos os seres humanos, em caminho de humanização.

Relacionar mística e os pobres pode acontecer por dois caminhos: entender que o engajamento social é consequência da experiência mística ou reconhecer nos pobres o lugar do encontro com Deus. O engajamento ao lado dos pobres não é resultado da experiência mística, mas, de alguma forma, a constitui. É no meio dos pobres que Deus se revela, ali que ele habita porque assim ele quis. Há que se respeitar o ser de Deus, deixá-lo ser quem é e não querer domesticá-lo ou impor-lhe comportamentos que vêm de nossa preferência. Os pobres são o caminho pelo qual Deus se faz presente na história e sua ação constante é

A mística dos pobres em canções das CEBs

com vistas à sua libertação, sua dignificação e afirmação de seus direitos fundamentais. Assim, os pobres trazem Deus à humanidade possibilitando sua presença e sua ação. Não é essa a metáfora do presépio, Deus que vem ao mundo em meio aos pobres? Aqui a importância da chamada Igreja dos Pobres, onde Deus se faz presente porque é lugar dos pobres. No mesmo sentido, os pobres possibilitam a experiência de Deus já que, encontrando-se com eles, se pode encontrar Deus. Claro, Deus e os pobres são diferentes porque os pobres não são Deus, mas ele está em seu meio, são como que seus portadores preferenciais. A experiência da pobreza pode, claro, conduzir a Deus e consolidar-se através de experiência mística. Porém, o encontro com o pobre em suas dores e dificuldades, em sua pequenez e opressão pode também ser ocasião de uma experiência mística, aquela que transcende a realidade e permite perceber ali, dando vida, aquele Deus que combate o mal e a morte para salvar seus filhos. Não é esta a metáfora da Verônica e seu lenço?

Existe a experiência mística dos pobres, aquela vivenciada por eles e que serve de parâmetro para toda a Igreja e para todo tipo de experiência do gênero. Trata-se da fé dos pequenos e pobres que reconhecem e atestam a presença em seu meio do Deus Libertador. Na mística dos pobres, Deus não é aquele que consola na opressão, mas que liberta da escravidão; não é aquele que concede paciência para suportar a dor, mas que motiva para a luta de conquista dos direitos e afirmação de dignidade; não é aquele que permite que o mal e a dominação se estabeleçam e vitimem tantos de seus filhos amados, mas que se levanta contra o mal e a opressão e torna-se capaz de tantos feitos portentosos, como testemunham as escrituras, apenas para defender seus preferidos; não é aquele que traz bem-estar e tranquilidade, mas aquele que inquieta e incomoda até que comecem os movimentos e as ações com vistas à transformação da sociedade para ser um ambiente de mais justiça; não é aquele de prazeres estéticos despreocupados, dos formalismos ritualísticos ou dos legalismos que afastam a maior parte dos seres humanos, mas o que insiste no comportamento ético de todas as pessoas, perguntando constantemente: onde está teu irmão? É aquele da vida pulsando na liberdade de homens e mulheres chamados a decidirem suas vidas e estabelecerem a igualdade da fraternidade. Sua experiência mística é de liberdade, de justiça e de fraternidade anunciada em seus ideais de mundo novo, de Reino onde todos possam ser iguais, onde todos possam ter seus direitos respeitados e possam afirmar a mesma dignidade humana. Onde todos possam reconhecer Deus como Pai porque todos são irmãos. A mística dos pobres é uma experiência que transcende o real de suas vidas marcadas por miséria, sofrimento, opressão e morte, apontando para a esperança do novo mundo de Deus, do novo dia de Deus.

A mística dos pobres, que se fundamenta na fé no Deus Libertador, inclui a dimensão comunitária, porque ultrapassa os limites da individualidade. Não é apenas uma experiência vivida coletivamente, embora possa sê-lo também, mas algo que se refere à comunidade enquanto constitutivo da própria experiência. Encontrar-se com o Deus Libertador é encontrar-se com a comunidade, porque leva a ela e porque acontece em seu meio. O referencial de vida dos pobres nunca traz individualismo ou isolamento. Os pobres sempre necessitam uns dos outros, sabem que, sozinhos, não podem fazer face aos desafios da vida, e por isso a dimensão comunitária lhes é constitutiva, expressando-se em entreajudas, em parcerias, em solidariedade efetiva. São os pobres que sempre socorrem os pobres em suas necessidades e, assim, o Deus que liberta não é experimentado como aquele que liberta alguém, mas sim como aquele que liberta a todos. Sim, Deus é assim porque, além de ser comunidade quer, em seu desígnio de amor, salvar toda a humanidade, e não simplesmente salvar cada ser humano isoladamente, como ensina a *Lumen Gentium*. A fé no Deus Libertador se engaja na vida em comunidade em perspectiva de comunhão solidária, e isso é constitutivo da mística dos pobres. As canções aqui apresentadas afirmam exatamente essa perspectiva.

A fé cristã funda a esperança escatológica do acontecimento definitivo de salvação. A esperança cristã não se esgota dentro da história, em seus limites e estreitezas, mas aponta para a eternidade. Como dito, isso não exclui a concretização histórica, até porque a fé cristã baseia-se na encarnação do Verbo de Deus e, portanto, a encarnação faz parte de sua maneira de ser. Encarnar-se significa levar a sério a história tanto naquilo que se refere à realidade do Filho de Deus como naquilo que se refere à Igreja, e por isso se refere também à esperança cristã, apontando para a realidade do Reino de Deus. O Papa Francisco define evangelizar como "fazer o Reino de Deus presente no mundo" (EG, 176). Reino e história não são incompatíveis, pelo contrário. O Reino, que a cada dia pedimos que venha acontecer em nosso mundo, expressa a esperança da plenitude eterna da vida em Deus. Jesus anunciou sua proximidade e instaurou-o definitivamente na história. O Reino, portanto, não tem apenas dimensão de futuro, mas também de atualidade. Nessa perspectiva, os pobres é que anunciam atualmente a chegada do Reino de Deus e apontam para sua plenificação, quanto mais não fosse pelo fato de serem os pobres aqueles que não estão satisfeitos com a realidade presente e, portanto, pedem outra coisa. Os que não são pobres nem se preocupam em ter esperança, porque estão satisfeitos com a realidade atual. Quem sofre as dores cotidianas da opressão, da injustiça e da violência são os que esperam outro mundo, aquele onde todas estas coisas sejam superadas. Este mundo futuro também tem características históricas porque, como foi dito, a encarnação faz parte do ser cristão. A mística dos pobres, neste sentido, aponta para a esperança da chegada do Reino de Deus que se faz presente na história humana e se plenifica na vida de Deus.

Na mística dos pobres se pode recuperar a mais legítima tradição cristã que enxerga na Páscoa seu centro de referência. Porque "este é o dia que o Senhor fez para nós, alegremo-nos e nele exultemos" (*Salmos* 118:24). A Páscoa, vitória da vida sobre a morte, significa vitória das possibilidades de vida sobre as realidades de morte que afligem o Povo de Deus. Ultrapassa-se a simples compreensão de volta à vida depois da morte para pensar a dimensão da realização eterna do Reino de Deus.

"Se Cristo não ressuscitou, é vã a nossa fé", diz Paulo, e "somos os mais miseráveis dos homens" (*1Coríntios* 15:17,19). Porque isso significaria que ele não é o Messias e que o Reino que ele anunciou não se concretizou e não é a destinação da humanidade. Mas não, ensina o Apóstolo, Jesus ressuscitou (*1Coríntios* 15:20) e instaurou definitivamente o Reino de Deus, aquele onde todos podem ser iguais porque todos são irmãos, e por isso destinado aos últimos em primeiro lugar. O Reino que concretiza a preferência de Deus para com os últimos da sociedade é o futuro da humanidade, esta nossa esperança que brota da experiência mística dos pobres. Em seu meio se pode conhecer o Deus que salva porque torna capaz de humanidade aqueles que o pecado desumanizou. Por isso, a afirmação de nossa fé nos reúne em comunidades onde a fraternidade pode ser experimentada, o que nos compromete na construção de um mundo de mais justiça, um mundo onde o povo pode viver como irmãos.

Referências bibliográficas

BINGEMER, Maria Clara; PINHEIRO, Marcus Reis (orgs.). *Narrativas místicas*. São Paulo: Paulus, 2016.

CELAM. *Conclusões de Medellín*. 1968.

PAPA FRANCISCO. *Evangelii Gaudium*. 2013. GODOY, Manoel; JUNIOR, Francisco de Aquino (orgs.). *50 anos de Medellín*. São Paulo: Paulinas, 2017.

MANZATTO, Antonio. Certas canções: teologia e literatura na música brasileira. *Teocomunicação*, v.45, n.1, p.24-37, jan.-abr. 2015.

TEIXEIRA, Faustino. *Caminhos da mística*. São Paulo: Paulinas, 2012.